Im VW-Bus um die Erde

Im VW-Bus um die Erde

Ein Handbuch in drei Teilen von Wil Tondok (Text)
und Sigrid Tondok (Fotos und Zeichnungen)

Teil I

350.000 km im VW-Bus:
Abenteuer, Erlebnisse, Eindrücke

Teil II

Das Reise-know-how:
Ratschläge, Informationen, Tips

Teil III

Die optimale VW-Bus-Einrichtung:
Beschreibung, Ausbau-Anleitung, Tricks

Reisebuchverlag
die TONDOKs
Nadistraße 12
D-8000 München 40

Sechste Auflage 1989

Umschlag: Konzept und Design M. Schömann, P. Rump, Bielefeld
Druck: Fuldaer Verlagsanstalt GmbH, Fulda
Erhältlich im Buchhandel oder gegen Voreinsendung von DM 24,80 an den Verlag

Bezugsadressen für den Buchhandel:
BRD: Prolit GmbH, Postfach, D-6300 Gießen
Berlin: Rotation, Mehringdamm 51, D-1000 Berlin 61
Schweiz: AVA-buch 2000, Postfach CH-8910 Affoltern
Österreich: Ennsthaler, Stadtplatz 42, A 4402 Steyr
Niederlande: Nilsson & Lamm BV, NL-1380 AD Weesp

ISBN 3-921838-09-6

Zu diesem Buch

Vielleicht ist die Kombination von Erlebnisbericht, Informationen und einer Ausbauanleitung für Wohnmobile in einem Buch etwas ungewöhnlich. Doch wir meinen, daß sie haargenau zusammenpaßt:

Mit diesem Buch wollen wir Ihnen den Mund wäßrig machen auf Reisen in die ferne Welt und Ihnen daher die Geschichten unserer Reisen ohne Pathos oder Selbstbeweihräucherung schildern. Wir erzählen den nachvollziehbaren Traum vom Fernreisen auf eigene Faust.

Das erscheint uns jedoch nicht ausreichend. Sie sollten auch nachlesen können, wie man größere Reisen selbst in die Tat umsetzen kann. Daher finden Sie im zweiten Teil alles Wissenswerte und Wichtige zum Thema Vorbereitung und Durchführung von Fernreisen. Etwas nüchterner zwar, aber auch für diejenigen interessant, die nur beim gemütlichen Lesen im Ohrensessel die weite Welt erleben wollen. Denn auch hinter den Tips und Informationen stecken viele Erlebnisse, die schließlich als Erfahrungen in die Tips eingeflossen sind.

Den dritten Teil dieses Buches - die VW-Bus-Ausbauanleitung - haben wir geschrieben, weil wir Ihnen auch aufzeigen wollen, wie die Inneneinrichtung eines Wohnmobils aussehen sollte. Zum anderen glauben wir, daß den üblichen Wohneinrichtungen der kommerziellen Anbieter ein paar Ergänzungen gut täten. Hier findet der Wohnmobilbesitzer Tips und Tricks, die aus den Erfahrungen von über 350 000 km Strecke stammen. Nicht zuletzt ist unsere Idee vom VW-Bus mit "Erker" ein guter Vorschlag zum Wohnen mit mehr Platz.

Also doch, die drei unterschiedlichen Teile dieses Buches sind zusammen eine runde Sache.

"Im VW-Bus um die Erde" erschien 1977 in der ersten Auflage, bis zur jetzt vorliegenden sechsten Auflage wurde das Buch immer wieder ergänzt und erweitert. Aber es soll kein aktueller Reiseführer sein, der dem Leser detailgenau die ganze Welt erschließt. Es ist vielmehr ein "Appetizer", der Wege in die Ferne aufzeigt.

Noch ein paar Worte über die Autoren. Sigrid und Wil Tondok wurden durch Reise-Publikationen bekannt. Nach ihrer dreijährigen Reise um die Erde gaben sie mit einer ganzen Reihe von Veröffentlichungen anderen Fernweh-Hungrigen den Anstoß, ebenfalls aufzubrechen. Inzwischen stehen sie selbst wieder ganz im Berufsleben - Sigrid Tondok als Fotografin und Wil Tondok als Elektronik-Ingenieur -, aber ihr Sinnen und Trachten ist nach wie vor auf die Ferne gerichtet.

Noch eine Bemerkung zur Herstellung. Dieses Buch wurde im sogenannten Desk Top Publishing hergestellt, daß heißt mit einem Personal Computer , einem Laser-Drucker und einem Typographie-Programm namens Venutura Publisher. Trennungen werden automatisch vorgenommen, sind aber nicht immer korrekt - wir bitten daher, gelegentliche Falschtrennungen zu entschuldigen.

Inhaltsverzeichnis

TEIL I

350 000 km im VW-Bus:

ABENTEUER, ERLEBNISSE, EINDRÜCKE

Es geschah an einem kalten, regenverhangenem Novembertag im Jahr 1969. Wie so häufig hingen wir unseren Träumen von der weiten Welt nach. Wir breiteten die große Weltkarte auf dem Fußboden aus, schätzten Entfernungen ab und begannen zu rechnen. Abends fiel die Entscheidung: wir werden unsere Zelte abbrechen und einmal um die Erde reisen.

Mit einer Konsequenz, die uns selbst überraschte, folgten wir dem Entschluß. Vor uns lag ein Ziel, für das es sich lohnte, Geld zu sparen und Schritt für Schritt den Auszug aus dem bürgerlichen Leben vorzubereiten.

Wir besaßen einen ganz normalen VW-Campingbus, der uns aber für eine lange Reise zu klein war. Eine Weile liebäugelten wir mit anderen, größeren Fahrzeugen, kamen aber schließlich auf den VW- Hochraumkastenwagen zurück. Dieses Modell kauften wir im Sommer 1970 fabrikneu und ohne Inneneinrichtung und dachten, in ein paar Monaten mit dem Selbstausbau fertig zu sein. In Wahrheit arbeitete ich bis kurz vor der Abreise am Auto.

Um die Reise detailliert zu planen, klapperten wir alle Bibliotheken ab und sammelten soviele Informationen wie nur möglich. Das war bei weitem der schönste und attraktivste Teil unserer Vorbereitungen. Mit jedem Buch packte uns die große Vorfreude mehr, zumal wir wußten, daß wir all die schönen Plätze wirklich besuchen würden. Besonders für den ersten Teil der Reise betrieben wir derart intensive Forschungen, daß wir uns einen eigenen Reiseführer schrieben und tatsächlich sehr genaue Vorstellungen entwickeln konnten, welche Länder und Orte wir wie lange besuchen wollten.

Vor allem aus klimatischen Gründen hatten wir die Abfahrt auf den 1. Oktober 1971 festgelegt. Obwohl wir einen ziemlich genauen Zeitplan für die tausenderlei Erledigungen - Kündigungen, Wohnungsauflösung, Impfungen etc. - vorbereitet hatten, blieb uns in den letzten beiden

Monaten keine freie Minute; die Probleme überstürzten sich. Besonders das Wohnungsauflösen kostete Zeit und Nerven. Wir wollten nur die wertvollsten und wichtigsten Dinge aufheben und bei Verwandten unterstellen, alles andere sollte verkauft, verschenkt oder auf den Müll geworfen werden. Die Wohnungseinrichtung mit allen Möbeln konnten wir komplett verkaufen. Den Rest, den wir nicht aufheben wollten, mußten wir unter großem Zeitaufwand loswerden, d.h. meist auf den Sperrmüllplatz bringen.

An meinem letzten Arbeitstag am 30. September saß ich vor Erschöpfung wie ein Toter am Schreibtisch. Auch die Abschiedsfeier mit meinen Kollegen konnte mich nicht mehr aufmuntern. Am nächsten Tag, dem geplanten Abfahrtstag, waren wir zu kaum einem Handschlag fähig; obwohl die neuen Mieter bereits vor der Wohnungstür standen. Schließlich verließen wir Deutschland am 4. Oktober 1971 nachmittags - erschöpft und ohne große Empfindungen.

Die Route über Belgrad, Sofia, Istanbul, Ankara nach Teheran kennen wir von früheren Reisen gut. Daher widmen wir die ersten Reisetage nur der Erholung. Einer von uns beiden sitzt am Steuer, der andere liegt hinten im Bett und regeneriert sich. Doch in Ankara bereits melden sich die ersten Reise-Probleme. Andere Touristen erzählen, daß die iranische Grenze geschlossen sei, weil der Shah das 2500- jährige Bestehen des Perser-Reiches feiert. Aber genaue Auskunft kann uns weder die persische noch die deutsche Botschaft geben. Wir fahren ein wenig langsamer, um erst gegen Ende der Jubelfeier an der Grenze anzukommen.

Es ist der 15. Tag der Reise. Wir schlafen in Erzurum, einer zugigen und kalten Stadt im Osten der Türkei. Als wir morgens aus den Schlafsäcken kriechen, ist die Wasserleitung eingefroren. Zum Aufwärmen fahren wir zunächst eine Weile und frühstükken abseits der Straße in der Morgensonne. Bald brechen wir auf und treffen nicht weit entfernt zwei Amerikaner, die um die Erde wandern. Ihr Gepäck transportieren sie mit einem kleinen Pferdewagen, auf den sie geschrieben haben "first walk around the world". Ein gutes Jahr später treffen wir die beiden Wanderer in Afghanistan wieder - einen Tag bevor der eine erschossen und der andere schwer verletzt wird.

Von Erzurum führt die Straße über einige einsame Pässe und

Kameltreiber in Afghanistan

trifft am Fuß des Großen Arrarat auf die iranische Grenze. In einer engen Serpentine stehen plötzlich zwei Männer mitten auf der Straße. Der eine richtet seine Pistole auf uns. Wir stoppen. Der Pistolenheld kommt zum Fenster und gestikuliert uns irgendetwas zu. Sigrid sagt: "Fahr weiter".

Doch schon beim ersten Ruck zieht der Bursche seine Pistole und zielt aufs Vorderrad. Er gibt sich als Polizist aus, Sigrid fragt nach seinem Polizeiausweis. Da hält er lässig seine Pistole hin. Wir verstehen soviel, daß sein Begleiter bis zum nächsten Dorf mit uns fahren wolle. Eine Weile versuchen wir noch, die Gäste hinzuhalten. Wir hoffen, daß vielleicht ein anderes Auto vorbeikommt. Aber nichts ist zu hören. Sigrid öffnet die Türverriegelung und will den Begleiter einsteigen lassen. Aber der angebliche Polizist drängelt auch hinterher. Da faßt Sigrid Mut, schiebt den Mann raus, dem Polizisten auf die Füße. Ich fahre an, die beiden stolpern, Sigrid reißt die Tür zu und wir hauen ab, so schnell es nur geht. Kein Schuß fällt, nach fünf Minuten atmen wir erleichtert auf.

Am späten Nachmittag erreichen wir die Grenze. Voller Spannung fahren wir um die letzte Kurve - die Grenze ist geöffnet. Auf der persischen Seite lernen wir einen deutschen LKW-Besitzer kennen, der zwischen München und Teheran hin- und herpendelt.

Er erzählt uns wilde Geschichten von Überfällen in diesen Breitengraden. Aber auch davon, wie er Pornohefte nach Persien und Teppiche nach Deutschland schmuggelt. Ein halbes Jahr später treffen wir ihn an der bulgarischen Grenze wieder: gerade in dem Augenblick, als Polizisten 50 kg Haschisch aus seinem Ersatzreifen leeren und ihn für diverse Jahre hinter bulgarischen Gittern verschwinden lassen.

Nach einer Woche verlassen wir Persien. Die Grenze nach Afghanistan liegt halbwegs in der Wüste. Ein Soldat am Schlagbaum begrüßt uns. Seine Uniform scheint schon der Großvater getragen zu haben. Als bei der Andeutung von Salutieren seine Hand an die Hose schlägt, löst sich eine Staubwolke. Die Grenzabfertigung der Afghanen scheint in jedem Einzelfall ein kleines Ereignis zu sein, wir amüsieren uns über die schwerfällige und furchtbar umständliche Bürokratie.

Teilansicht der Moschee in Mazar-i-Sharif

Afghanistan ist das erste fremde Land unserer Reise. In Herat, der großen Stadt im Westen, traben Pferdedroschken mit Gebimmel über die Straße. Die Frauen gehen tief verschleiert, die meisten Häuser sind aus Lehm gebaut. Wo auch immer wir anhalten, sofort ist das Auto von einer Menschentraube umlagert. Wir müssen die Leute mit der Tür zur Seite schieben, um aussteigen zu können.

Die Menschen sind herzlich, freundlich und ungehemmt neugierig. Jedes fremde Ding müssen sie anfassen, um es zu "erfassen". Sei es ein fremdes Auto oder eine Kamera. Im letzten Fall führt das hin und wieder zu Mißverständnissen.

Ein Wüstenvolk wie die Afghanen entwickelt ein ganz

besonderes Verhältnis zum Wasser. Nie werden wir das Restaurant an der Hauptstraße vergessen. Der "Ober" geht mit den Tellern vor die Tür, bückt sich, reibt sie mit der Hand im schwarz-brackigen Abwasserkanal ab und stellt sie vor uns auf den Tisch. Wortlos verlassen wir das Lokal, wie selbstverständlich schiebt der Ober die Teller dem Nachbarn hin. Mit kostbarem, frischem Wasser etwa Teller abwaschen, das wäre Verschwendung.Herat gefällt uns. Immer wieder freuen wir uns über die unverfälschte und offene Art der Menschen. Bei der Weiterreise dehnen wir unsere Liebe auf dieses ganze wilde Wüstenland aus. Sei es die faszinierende Gebirgslandschaft des Hindukusch oder die brettflache Seistan-Wüste im Süden, immer wieder sind wir begeistert.

Von der kleinen, mehr wie ein einziger orientalischer Bazar wirkenden Hauptstadt Kabul aus machen wir einen Abstecher nach Norden. Die Straße schraubt sich atemberaubend in den Hindukusch hinauf, ein Tunnel in 3800 m Höhe durchquert den Gebirgsriegel. Langsamer, einem wildromantischen Bach folgend, führt sie hinunter nach Mazar-i-Sharif. In diesem Wallfahrtsort finden wir die schönste Moschee im persischen Stil außerhalb des Iran.

Wieder einmal bringen uns Gerüchte in Konflikte. Plötzlich geistert der 17. November als Kriegsbeginn zwischen Indien und Pakistan durch aller Mund. Wir beeilen uns. Am 16. November überqueren wir den berühmt-berüchtigten Khyber-Paß, der nur 1200 m hoch ist, dessen steile Felswände jedoch mit Erinnerungstafeln übersät sind für eng-lische Regimenter, die hier verbluteten. Auf der anderen Seite er-wartet uns das Indusbecken.

Soviel Grün auf einmal tut weh, wenn man so lange nur Stein und Wüste sah. Es verändert auch die Stimmung. Die Herausforderung der Wüstenlandschaft wechselt über in eine Art Unbesorgtheit: hier fällt einem die reife Banane in den Mund, dort mußte man kämpfen darum. Wir fahren zügig durch Pakistan und gehen am 17. November über die Grenze nach Indien.

Die Zöllnerin auf der indischen Seite ist uns seit langem bekannt. Um ein paar hundert Filme und 7000 Rupies ins Land zu bringen, laden wir die Dame zu einer Tasse Tee ins Auto. Auf dem Tisch liegt unser Geldbeutel mit 300 indischen

Nomadenfrau im Norden Pakistans

Rupies. Sofort schaut sie hinein, erzählt uns, die Einfuhrvon indischen Rupies sei verboten - und läßt 100 Rupies in ihrem BH verschwinden.

Unkontrolliert betreten wir das Land. Fünf Minuten später halten wir. Hohe Platanen werfen Schatten über die Straße, ein Teppich von Lotosblumen liegt auf einem Teich, Vögel zwitschern in den Bäumen, Blumenduft zieht betörend von der Wiese her; wir umarmen uns vor Glück. Das ist der erfüllte Traum: Wir stehen wirklich und wahrhaftig auf indischer Erde.

Damals lag der Grenzübergang noch bei Ferozipur. Wir wollen Amritsar besuchen und müssen unterwegs endlose Armeekolonnen kreuzen - die Kriegsgerüchte scheinen nicht aus der Luft gegriffen. In Amritsar fragen wir nach einem Platz zum Übernachten. Ein Polizeioffizier bietet uns an, im Goldenen Tempel zu parken.

Da stehen wir nun mit unserem Auto im Vorhof des Goldenen Tempels. Der Duft von Jasminsträuchern erfüllt den Wagen, vom Tempel her hören wir das Harmoniumspiel und die liturgischen Gesänge der Sikh- Priester. Später in der Nacht gehen wir hinüber. Der Tempel ist eine Insel in einem großen Wasserbecken, eine zierliche Brücke verbindet ihn mit dem Land. Die vergoldeten Außenwände schimmern matt im Mondschein, das zarte etwas unwahre Bild spiegelt sich im Wasser. Wir sitzen auf immer noch sonnenwarmen Marmorfliesen am Beckenrand, Traum und Wirklichkeit verweben sich miteinander.

Wir treffen andere Deutsche, die uns von einem Heiligen erzählen, dessen Lehre viele Leute aus der ganzen Welt anziehe. Gemeinsam besuchen wir Dera Baba Jamail Singh, den Ort seines Wirkens. Ein Diener führt uns ins Gästehaus, das zwischen Blumenrabatten in einem schattigen Park liegt. Etwa 30 Gäste aus Europa, Südafrika und USA versammeln sich zum Abendessen. Wir erfahren, daß der "Master" juristisch gesehen der Vorstand der Sekte ist. Praktisch jedoch gibt es keinen Zweifel, daß er den christlichen Gott beider Konfessionen, den jüdischen Gott, Allah, Brahma und sogar Buddha hier auf Erden stellvertritt.

Nach dem Essen werden wir zur Privataudienz beim Master

Marmorschnitzerei im Roten Fort, Dehli

geladen: ein Sikh von der Tracht her, etwa 40 irdische Jahre alt, wohlgenährt und gutaussehend, vollendete Manieren. Bei unseren Fragen nach dem Inhalt seiner Verkündung verweist er uns auf die Bibliothek des Hauses. Er interessiert sich hauptsächlich für Sigrids Schmuck aus Afghanistan. Zum Schluß lädt er uns zu weiterem Aufenthalt ein und bietet uns die Initiation an.

Nach einer gemeinsamen Gebetsstunde aller Gäste klärt uns ein holländischer Pilot, der zum europäischen Stellvertreter des Stellvertreters erkoren ist, auf, daß uns der Master aus München hierher gerufen habe. Die Initiation bedeute, daß man in den Kreis der Ausgewählten aufgenommen und vom Rad der Wiedergeburten befreit werde. Wie auch von der Last des irdischen Besitzes, der möglichst bargeldlos auf des Masters Konto überzugehen habe. Wir nehmen die Einladung gern für drei Tage an, gehen aber der Initiation aus dem Weg.

Der Abschied fällt etwas kühl aus, als wir zur Weiterreise nach Dehli aufbrechen.

Den neuen Teil der Hauptstadt Indiens - New Dehli - haben die Engländer gebaut. Man spürt noch über die üppig wuchernden Bäume, Blumen- und Sträucher hinweg das britische Understatement, ein bißchen auch die Kühle. Alt-Dehli dagegen ist ein brodelnder Hexenkessel mit winkeligen Gassen, in denen sich Autos aller Jahrgänge, Ochsen- und Eselskarren, heilige Kühe, Fahrräder, Rikschahs, Lastenträger und unzählige Fußgänger drängeln.

Am Rand des Kessels liegt das Rote Fort, hinter dessen Mauern schattige Ruhe herrscht. Einer der Marmor-Pavillions dort ist so schön geraten, daß die überwältigten Erbauer in die Decke meißeln ließen: "Wenn es ein Paradies gibt auf Erden, so ist es hier, ist es hier".

In Dehli erfahren wir definitiv - im Gegensatz zu Auskünften indischer Stellen in Deutschland - daß Touristen höchstens sechs Monate in Indien bleiben dürfen. Erst nach einem halben Jahr dürfen sie erneut einreisen. Sechs Monate aber reichen uns nicht für dieses riesige Land. Wir überlegen lange, wo wir das halbe Jahr außerhalb Indiens verbringen sollen. Wenn wir für diese Zeit nach Deutschland fahren, könnte Sigrid Reise-Fotos auswerten, während ich mir einen vorübergehenden Job suchen müßte. Wir entscheiden uns für diese gar nicht schlechte

Lösung: vor der indischen Regenzeit in den deutschen Sommer zu flüchten und vor dem deutschen Winter in die indische Trockenzeit. Dementsprechend legen wir die Route für diesen Reiseabschnitt fest. Wir wollen mehr oder weniger den äußeren Umrissen Indiens folgen, Nepal besuchen und etwa im März des kommenden Jahres in Richtung Deutschland aufbrechen.

Am Abend vor der Abfahrt aus Dehli schmilzt beim Kuchenbacken der Gasschlauch am Küchenherd. Niemand ist im Wagen. Zufällig entdecke ich von außen die lodernde Flamme, schreie "Feuer, Feuer" und finde vor Aufregung den Feuerlöscher nicht - obwohl wir täglich darüber stolpern. Endlich kann ich ihn aus der Halterung reißen und einen kräftigen Strahl in die Flammen schießen. Das Feuer erlischt, im letzten Moment. Der Innenraum des Autos ist rußgeschwärzt; unser Kuchen schmeckt nach Feuerlöschmittel.

In Udaipur genießen wir den Sonnenuntergang am See. Besser als je zuvor empfangen wir die Nachrichten der Deutschen Welle. Die Schlagzeile "Kriegsausbruch zwischen Indien und Pakistan" läßt uns den friedlichen, weltabgeschiedenen See vergessen. Wir fahren - wie auch andere Wagen - mit Standlicht zurück in die Stadt. Plötzlich hören wir Geschrei. Ein Lastwagen vor uns hält an, Inder zerren den Fahrer aus dem Führerhaus. Schon sind auch wir umzingelt. Wir vergaßen die Schiebetür abzuschließen, die Inder stürmen ins Auto. Wütend springt Sigrid nach hinten und treibt die Burschen widerstandslos aus dem Wagen. Ich fahre an, biege in eine Seitenstraße ab: ohne jedes Licht im Stockdunklen, die Straße nur am dunkel sich abhebenden Asphalt erahnend. Irgendwie finden wir zu einem sicheren Rasthaus, auf dessen Parkplatz wir übernachten.

Am nächsten Tag fahren wir weiter auf den Mount Abu. Dort oben, auf der Höhe eines Mittelgebirges, genießen wir unglaublich schöne Tempel der Jains, (eine sehr alte Hindu-Sekte). Alle Innenwände sind mit hauchzarten, filigranhaften Marmorschnitzereien verziert. Wir haben nirgends auch nur annähernd Ebenbürtiges wieder gesehen.

Nach der Stille des Mount Abu trifft uns in Ahmadabad die Wirklichkeit des Krieges. Morgens erreichen wir die Stadt.

Marmorfiguren Mount Abu

An einer der ersten Kreuzungen stoppt uns ein Polizist. Er spricht nicht englisch und fragt dann die Passanten, wer uns übersetzen könne, daß wir als Spione gesucht würden. Im Nu kreisen hunderte von Menschen unser Auto ein - leibhaftige Spione sieht man nicht alle Tage. Wir müssen eine Stunde warten, bis wir im Polizei-Konvoi mitsamt Auto abtransportiert werden. Diese Stunde zählt zu den riskantesten unseres Lebens. Zum Glück hören wir erst später, daß häufig bei solchen Gelegenheiten die Autos samt Insassen angezündet werden...

Ein Inspektor verhört uns stundenlang. Das Auto wird durchsucht. Nach einem zermürbenden halben Tage geht er endlich darauf ein, warum wir verhaftet sind. "Was haben Sie gestern Mittag verbrannt?" fragt er. Ich erzähle, daß wir in Dehli Straßenkarten gekauft hatten, derenRandgrößer als die Karte selbst war. Ich schnitt mittags alle Ränder ab, um die Karten handlicher zu machen. Das Abfallpapier verbrannte ich. Eifrige Inder untersuchten die Asche und konnten Städtenamen mit Planquadratangaben lesen. Ich hole die Karten, der Inspektor läßt sich schließlich überzeugen. Im Polizeischutz werden wir zu unserer Sicherheit aus der Stadt geleitet.

Wir erleben Bombay während des Krieges und dürfen nicht einmal historische Bauwerke fotografieren. Ein hysterischer Inder hört angeblich pakistanische Flugzeuge, benachrichtigt die Flugabwehr, diese eröffnet Abwehrfeuer. Von den herunterfallenden Flakgranaten werden die einzigen Kriegsopfer Bombays getötet - Flugzeuge waren nie in Sicht.

Einen Tag nach Kriegsende erreichen wir Goa. Und dort finden wir unser Paradies, auch heute noch für uns der schönste Platz

Fischerhütten in Südindien (oben); unser Rastplatz in Goa (unten)

der Welt(obwohl wir viele schöne Plätze sahen). Ein Felsenhügel steigt aus dem Meer empor, nur eine einzige Palme nimmt er sich als Schmuck. Unter dieser Palme wohnen wir. Kein Mensch weit und breit. Vor uns liegt das Meer, auf dem Lastensegler vorbeiziehen oder nachts weit draußen vor Anker gehen. Delphine spielen in der Bucht, zu beiden Seiten unseres Felsens goldgelbe Sandstrände, dahinter wiegen sich Palmenwälder im Wind.

Wir verleben vier glückliche Wochen, Weihnachten und Neujahr im Paradies. Allein mit uns, dem Meer und den Palmen. Nur schwer können wir uns trennen und nehmen uns fest vor, im nächsten Jahr zurückzukehren.

Wir folgen der Westküste der indischen Halbinsel bis zu deren Spitze am Cape Comorin. Unterwegs erleben wir Wasserfälle ohne Wasser - weil es stattdessen ein Kraftwerk treibt -, sehen sehr schöne Tempel in Belur und Halebid, finden den saubersten Markt Indiens in Mysore und einen Wildpark ohne Wild, aber mit schöner Landschaft in Mudumalay.

Cape Comorin ist die einzige Stelle Indiens, wo man Sonnenaufgang und Sonnenuntergang im Meer erleben kann. Morgens stehen fromme Hin-dus auf den Felsausläufern des indischen Subkontinents und begrüßen die aufgehende Sonne mit Gesängen, abends verabschieden sie den un-tergehenden Feuerball. Anschließend hocken viele zwischen den Fels-spalten und entleeren ihren Darm. Man muß nach Sonnenuntergang auf-passen und um die stinkende Hinterlassenschaft herumbalancieren.

Inder kennen bei natürlichen Bedürfnissen keine Scheu. Immer wieder erlebt der Reisende, wie besonders am frühen Morgen ganze Dorfgemeinschaften am Straßenrand hocken, das nackte Hinterteil in die Sonne haltend. Wasser, meist in einer Büchse mitgenommen oder mit der hohlen Hand aus dem Fluß geschöpft, dient anstelle von Toilettenpapier der abschließenden Reinigung. (In Dehli übernachteten wir stets auf einem Platz der Pfadfinder. Obwohl Toiletten vorhanden waren, zogen es fast alle jungen Leute vor, mit der Wasserbüchse in den umliegenden Büschen zu verschwinden.)

Cape Comorin bedeutet für uns den Wendepunkt: wir folgen jetzt der Ostküste nach Norden. Wir besuchen die großen südindischen Tempelanlagen, die von

Hinduistischer Heiliger

außen Festungen gleichen, innen meist wie kleine Dörfer wirken. An den äußeren Mauern liegen Wohnungen und Geschäfte, weiter im Innern nimmt der weltliche Betrieb ab, der Dienst der Priester zu. Das Allerheilige dürfen nur Hindus betreten.

In Mahaballipuram bei Madras bewundern wir das größte Basrelief der Welt: eine Felswand ist über und über mit Darstellungen aus der hinduistischen Mythologie geschmückt. Madras selbst gehört zu den weniger schmutzigen indischen Städten. Es besitzt den größten Hafen Südindiens. Ich lasse in einer Werkstatt, an der ein selbstgemaltes VW-Schild hängt, einen der üblichen Kundendienste machen. Die Mechaniker dort verwirklichen ihre eignen Vorstellungen von Motor- Einstellungen, vor allem erledigen sie alles nur nach Gefühl. Nachdem fünf Leute einen halben Tag lang ständig irgendwo am Auto herumgefummelt haben, zahle ich 10 DM - und fahre nur bis zum allernächsten Platz, um alle Arbeiten zu überprüfen. Dabei stelle ich fest, daß die Herren nahezu alles falsch eingestellt hatten, was sich überhaupt verstellen ließ.

Wir fahren weiter in das Gebiet um Bhubanesvar, Konarak und Puri. In Konarak steht eine schöne, alte Tempelruine mit erotischen, in Stein gehauenen Darstellungen. Als englische Forscher zum ersten Mal diese Anlage sahen, verschwiegen sie wegen der "anstößigen" Bilder schamvoll ihre Entdeckung.

Wishnu-Heiliger in Puri

In Puri fahren wir durch winklige Gassen zum großen Tempel der Stadt. Plötzlich sehen wir ein alptraumhaftes Bild. Vor uns, auf den letzten hundert Metern zum Tempel, sitzen leprakranke Bettler, einer neben dem anderen. Hundert oder mehr Armstümpfe recken sich bettelnd auf; hilflose, entstellte Gesichter flehen um eine Gabe.

Durch ein Gebiet, in dem erst kürzlich ein Wirbelsturm hauste, führt unser Weg nach Calcutta. Calcutta, eine Stadt, in der alle Extreme aufeinanderprallen. Menschen werden gezeugt, geboren, leben und sterben auf dem Bürgersteig oder im Rinnstein. Die etwas Bessergestellten besitzen hundehüttengroße Verschläge aus Brettern und Pappe, mit Schlamm verputzt. Bei Regen fließt der Putz davon. Die Ärmeren kauern sich nachts in einen Hauseingang oder liegen irgendwo am Straßenrand. Sterben sie, so merkt es die Umgebung erst, wenn sich Tiere mit der Leiche beschäftigen oder Kinder darauf spielen. Dagegen liegen mitten in der Stadt feudale Rennclubs der Reichen, Golfplätze und Parks. Und doch treffen wir in dieser Stadt die freundlichsten und herzlichsten Inder. Wir sind so fasziniert von Calcutta, daß wir zwei Wochen dort bleiben.

Die Straße nach Nepal führt lange durch die Gangesebene. Dann, plötzlich und unvermittelt, taucht die Wand der Himalaya-Riesen aus dem Dunst. Das Vorgebirge steigt gleich bis auf 3000 m steil auf. Die Straße windet sich mühsam bis zur Paßhöhe, wir biegen um die letzte Kurve - und vor uns breitet sich ein Panorama von schneebedeckten Giganten aus, dessen Pracht uns schweigend staunen läßt. Zum Greifen nahe liegen die höchsten Berge der Erde vor uns. Ganz im Osten der Mount Everest, ihm folgt ein schneeweißer Gipfel nach dem anderen bis zum 8500 m hohen Anapurna-Massiv im Westen. Einsam und erstarrt zeichnen sich diese Felsmassive vor dem stahlblauen Himmelhintergrund ab; ein Bild, das sich unauslöschlich einprägt.

Kathmandu, die Hauptstadt Nepals, ist eine sympathische und sehr quirlige Stadt. Das Zentrum scheint nur aus Hindu-Tempeln, die mit schönen Holzschnitzereien verziert sind, zu bestehen. Am Stadtrand liegen die buddhistischen Stupas, auf deren Turm in jeder Himmelsrichtung ein Augenpaar gemalt ist, das den Betrachter streng und herrisch fixiert. Wir sehen auch eine leibhaftige Göttin, ein kleines Mädchen, das mit den ersten Zeichen der Pupertät gegen ein jüngeres ersetzt wird. Die Stadt wimmelt von Hippies, die dort der preiswerten Rauschgifte wegen leben.

In der Nähe von Kathmandu liegt ein Opfertempel der schwarzen Göttin Kali. Unter großer Anteilnahme westlicher Touristen finden dort zweimal wöchentlich Opferungen statt. Ein hurtiger Priester trennt den Opfertieren - vor nicht allzu langer Zeit waren es Menschen, bevorzugt Kolonialbeamte - mit einem einzigen Schnitt den Kopf ab. Ich beobachte, wie ein kopfloses Huhn auf dem Boden entlangflattert und aus Versehen einer indischen Dame unter den Sari schlüpft. Die gute Frau steht zu Stein erstarrt, während die Hühnerleiche unter ihrem Sari zuckt und ruckt. Am Ende schreitet sie wortlos davon. Wir verlassen Nepal über Pokhara. Unser nächstes Ziel heißt Benares, die heiligste Stadt der Hindus. Genauer gesagt ist dort der Ganges, noch genauer nur das linke Ufer ein kurzes Stück ganz besonders heilig. Dagegen gilt das rechte Ufer als unheilbringend, dort ist nicht eine einzige Hütte zu entdecken.

Der Hinduglauben verkündet, daß jeder, der in Benares

Swayambunath-Stupa

stirbt, von der Kette der Wiedergeburten befreit wird. Reiche und Bettler suchen die Stadt zum Sterben auf. Hauptsächlich an zwei Stellen direkt am Fluß brennen die Scheiterhaufen. Für die Armen reicht meist das Holz nicht. Wir sehen, wie halbverkohlte Leichenteile in den Ganges geworfen werden, nach denen noch schnell die Krähen schnappen. Ein Hund schleppt offenbar einen Oberschenkelknochen davon.

Jeder Pilger hat rituelle Waschungen im Fluß vorzunehmen. In tiefer Überzeugung tauchen die Menschen im Wasser unter und trinken andächtig einen Schluck vom heiligen Ganges. Daß diese Leute nicht reihenweise von Seuchen dahingerafft werden - Lepra- und Pockentote z.B. werden unverbrannt dem Fluß übergeben - scheint uns unerklärlich. Später lesen wir als Ergebnis wissenschaftlicher Untersuchungen, daß der Ganges im Laufe seiner mehrtausendjährigen Praxis hohe Selbstreinigungsmechanismen entwickelt habe.

Seit Kriegsausbruch ist die Grenze zwischen Indien und Pakistan gesperrt. In Dehli wird ein Touristen-Konvoi zusammengestellt, der angeblich am 12. März die Grenze passieren darf. Wir kommen zu spät und buchen für den nächsten Konvoi am 27. März. Bald hören wir, daß die erste Gruppe nicht die Grenze passieren durfte, sondern noch immer im Grenzgebiet feststeckt. Gerüchte jagen Gerüchte. Plötzlich taucht ein ernstzunehmendes Gerücht auf, die Grenze sei bereits am 25. März geöffnet. Zusammen mit anderen Touristen fahren wir hoffnungsvoll an die Grenze. Militär empfängt uns, kein Mensch weiß was passiert. Dann taucht ein emsiger Mann vom Verkehrsministerium auf. Nach vielem Hin und Her öffnet sich der Schlagbaum. Die Inder fertigen uns mit dem üblichen und üblich-sinnlosen bürokratischen Aufwand ab. Drei Stunden später betreten wir die pakistanische Grenzstation. In 20 Minuten haben wir alle Formalitäten erledigt - der Heimfahrt steht nichts mehr im Weg.

Nach ein paar Tagen Aufenthalt im freundlichen Kabul fahren wir zügig westwärts. In Ankara streift uns, während wir parken, ein leerer Omnibus. Bis die Polizei nach 1 1/2 Stunden eintrifft, hat der Fahrer den Bus voller Zeugen gesammelt, die alle erlebt habenwollen, daß wir den Omnibus rammten. Um wenigstens meinen Paß zurückzubekommen, muß ich vor einem Schnellrichter antreten, dort - mit geballter Faust in der Tasche - meine angebliche Schuld beschwören. Wir lassen die Tür und den Holm am Einstieg in Ankara mehr schlecht als recht für 80 DM reparieren.

Mitte April 1972 treffen wir mit gemischten Gefühlen in Deutschland ein. Spätestens am 30. September wollen wir wieder abfahren. In der Zeitung lese ich eine Stellenanzeige des Olympischen Komitees, das einen Ingenieur der Nachrichtentechnik vom 1.5. bis zum 20.9. sucht... Ich bekomme den Job, Sigrid schlüpft später auch unter die

Fittiche des OK. Wir leben wie eh und je in unserem Auto, das wir auf dem Parkplatz des Organisationskomitees geparkt haben. Noch nie hatten wir so kurze Wege - sogar Fußwege - zum Büro.

Die Zeit ist angefüllt mit Hektik, Aufregungen, Spannungen. Es macht uns Spaß, weil alles unkompliziert mit viel Entscheidungsspielraum läuft. Wir erleben Atmosphäre und Tragik der Olympischen Spiele hautnah mit. Vierzehn Tage nach der Schlußveranstaltung gehen wir erneut über die Grenze Richtung Osten. Rückblickend scheint es uns, als ob wir die Reise gar nicht unterbrochen hätten. Wir hatten unkonventionelle Jobs, lebten unkonventionell und ließen unser geliebtes Auto bis auf wenige Tage nicht im Stich. Und weil wir kaum mit Ausgaben belastet waren, füllten wir unser Konto höher auf als vor der ersten Abreise.

Am 10. Oktober 1972 treffen wir wieder in Kabul ein und fühlen uns zu Hause. Am 14. Oktober findet zu Ehren des Königs - wohl zum letzten Mal, denn im kommenden Jahr wird der gute Mann abgesetzt - das Buz Kachi statt. Es ist ein wildes Reiterspiel aus alter Hunnenzeit. Damals kämpften zwei Reitermannschaften um den Besitz eines am Ende sicher toten Gefangenen, heute geht's nur noch um ein totes Kalb, das in der Mitte eines riesigen Platzes liegt. Auf ein Trompetensignal hin stürmen die Reiter auf den Kadaver zu. Dort angekommen, zuckt ein Knäuel aus Pferdeleibern und Reiterrücken in einer Staubwolke hin und her. Plötzlich löst sich ein Reiter, er hält das Kalb seitlich am Pferd und reitet wie wild auf die Zuschauer los. Die ergreifen die Flucht, doch im letzten Augenblick wird der Reiter von der Horde eingeholt, einer versucht das Kalb zu entreißen, andere dreschen auf sein Pferd und ihn ein. Uns wundert's, daß keiner die Pistole zieht und den Kalbs-Halter einfach vom Pferd schießt. Wahrscheinlich mußten die Leute vorher alle Waffen abliefern. Dieses wahrlich rauhe Spiel währt solange, bis es einem Reiter gelingt, das Kalb in einen Kreis vor der Königsloge zu werfen. In der Endphase verschwinden die Logen im Staub, Fahnenmasten stürzen um, Zuschauer gehen selbst auf den Logendächern in Deckung, dann plötzlich erlösende Stille: das Kalb liegt im Kreis. Die nächsten Mannschaften treten an.

Die Seen von Band-i-Amir (oben); Buz-Kachi-Reiterspiel (unten)

Einen Tag später fahren wir auf abenteuerlichen Staubstraßen hinauf in den Hindukusch nach Bamyan. Riesige Buddha-Statuen kündigen in diesem wild-romantischen Hochtal vom längst vergessenen Glauben. Etwa 80 km entfernt liegen die Seen von Bandi-Amir. Der gleichnamige Fluß hat sich terassenförmig gestaut und fünf Seen gebildet. Jeder See leuchtet in einer anderen Farbe: tiefblau, grün, sogar weiß, azurblau und fast schwarz. Ein fast unwirkliches Kleinod in der Abgeschiedenheit des Hindukusch.

Kurz vor dem Khyberpaß treffen wir die beiden amerikanischen Weltumwanderer wieder, denen wir vor einem Jahr in der Türkei begegneten. Am nächsten Abend schlafen die beiden neben der Straße; Afghanen wollen sie bestehlen. Die Amerikaner schießen. Daraufhin holen die Afghanen Verstärkung und Gewehre: der eine Amerikaner wird erschossen, der andere schwer verletzt. (Der wanderte später trotzdem weiter und kehrte zwei Jahre später nach Amerika zurück.)

Fast einen ganzen Tag brauchen wir für den Grenzübertritt von Pakistan nach Indien. Ein indischer Beamter kann meinen Paß nicht lesen und schreibt in sein Kontrollbuch als Vorname "Oval" und Nachname "Blau" - die Angaben unter "Gesichtsform" und "Augenfarbe" im Paß.

Gleich hinter der Grenze biegen wir nach Norden in die Berge von Kashmir ab. Das Kashmirtal ist sicherlich im Sommer sehr hübsch. Aber im November empfinden wir nur noch Kälte. Die Kashmiri schleichen mit ihrer Individual-Heizung durch die Straßen: sie tragen einen kleinen Tonkrug, in dem Holzkohle glimmt, unter einem weiten Umhang. Ein frierender Postbeamter goß zusätzlich Petroleum in seinen Ofen; er verbrannte mitsamt Postamt und Briefen.

Wir wollen den Dalai-Lama besuchen und kämpfen uns über schmale, aber hübsche Straßen am Himalaya-Rand entlang nach Dehra Dun. Dort fragen wir - und erfahren, daß der Dalai-Lama seit Jahren in Dharmsala lebt. Wir müßten weit in der Richtung, aus der wir kommen, zurückfahren; wir verzichten auf den Besuch.

Wieder besuchen wir Dehli, eine Stadt, die wir bei unseren letzten Aufenthalten sehr schätzen lernten. Wir bleiben so lange, daß wir an unserem nächsten Ziel, in Agra, in der Vollmondzeit ankommen. Wiederum

Taj Mahal, Agra

gilt unser Besuch dem Taj Mahal. Dieses Bauwerk ließ ein reicher Mogul-Herrscher seiner Lieblingsfrau als Grabmal errichten. Schon bei unserem ersten Besuch zog es uns ganz in seinen Bann. Diesmal betreten wir das Eingangsgebäude im Vollmondschein. Aus dem Dämmerlicht hebt sich zuerst die weiße Hauptkuppel ab, blaßweiß, zart und empfindsam vom Mondlicht nachgezeichnet. An beiden Seiten schimmern die Seitenkuppeln in mattem Glanz, darunter, mehr als dunkler Schatten, das quadratische Basis-Gebäude. Die große Kuppel scheint über ihrem Fundament zu schweben, von den beiden Seitenkuppeln gestützt. Wir bleiben fast eine ganze Nacht und können uns nicht sattsehen. Schon bei Sonnenaufgang kehren wir zurück und erleben, wie Licht und Schatten ein ganz neues Bild zeichnen. Das Taj Mahal ist für uns das schönste Gebäude der Welt, schön und vollkommen.

Folgten wir bei der ersten Indienreise den Küsten der Halbinsel, so haben wir jetzt unsere Route quer durchs Land gelegt. Wir berühren einige Orte, die nur selten von westlichen Touristen aufgesucht werden. Hier auf dem Land, abseits der

Zentren, gefallen uns die Inder, besonders die einfachen Leute. Ihre Augen strahlen vor Herzlichkeit und Wärme. Obwohl kaum jemand englisch spricht, finden wir immer wieder Kontakt. Und wenn wir heute an all die von uns bereisten Länder zurückdenken, so glauben wir, daß geradedie einfachen indischen Dorfbewohner zu den Menschen zählen, die glücklich zu sein scheinen. Glück - soweit es sich an strahlenden Augen, offenen Gesichtern und Fröhlichkeit ablesen läßt.

Wir sehen uns die ältesten Stupas Indiens in Sanchi an, besuchen die buddhistischen Höhlenklöster in Ajanta mit 1300 Jahre alten und eindrucksvollen Fresken. Nicht weit entferntliegt Ellora. Dort haben Hindu-Baumeister in fast irrwitziger Arbeit zunächst eine Höhle in einen Felshügel getrieben, deren Innenwände genau einem gemauerten Tempel entsprechen. Dann trugen sie von außen den Fels solange ab, bis nur noch Wände in üblicher Mauerstärke stehenblieben: es entstand ein Tempel aus gewachsenem Stein.

Auf dem Weg gen Süden berühren wir kleine Orte wie Daulatabad, Aurangabad, Badami und Pattakal. Unser Ziel jedoch heißt Goa, Paradies Goa. Dort angekommen, fahren wir geradewegs zu unserer Palme vom vorigen Jahr: unberührt wiegt sie sich im Wind. Nichts hat sich verändert. Wir hatten befürchtet, daß uns der zweite Besuch enttäuschen würde, aber wieder genießen wir diesen herrlichen Platz, wieder sind wir glücklich wie vor einem Jahr.

Mit einer kurzen Unterbrechung allerdings. Sigrid hatte vor der Abreise leichte Leberbeschwerden. Sie fühlt sich seit ein paar Tagen etwas schlapp und geht vorsichtshalber zum Arzt, das heißt in die ambulante Abteilung des Krankenhauses. Vor dem Sprechzimmer warten vielleicht hundert Menschen. Ein Angestellter entdeckt Sigrid am Ende der Schlange und führt sie gleich ins Sprechzimmer. Dort jedoch teilen sich vier Ärzte den einen Raum und eine einzige speckige Untersuchungspritsche. Hinter jedem Arzt drängeln sich Wartende. Jeder Inder,

Eine der ältesten Stupas Indiens in Sanchi

der wenigstens eine Aktentasche und Schuhe besitzt, geht an der geduldigen Warteschlange vorbei direkt ins Zimmer. Sigrid bittet eine Ärztin, ihre Leberfunktionen zu überprüfen. Die Ärztin steht auf, zieht Sigrids linkes Augenlid hoch und stellt die Schnelldiagnose: "Gelbsucht". Zur Untermauerung ihrer These ordnet sie noch die üblichen Laboruntersuchungen an. Die Untersuchungsergebnisse sollen drei Tage später vorliegen.

Wir fahren zurück zu unserer Palme und üben dort den Ernstfall. Sigrid bewegt sich nur zwischen Campingliege und Bett im Auto, ich koche. Pünktlich erscheinen wir im Krankenhaus. Die Leberbefunde zeigen eindeutig: alles in Ordnung.

Kurz nach Weihnachten verlassen wir voller Wehmut unser Paradies. Diesmal wissen wir nicht, wann wir wieder zurückkehren - aber daß wir es tun werden, daran zweifeln wir nicht.

Weil Burma für jeglichen Transitverkehr gesperrt ist, muß jeder Autofahrer, der von Indien aus nach Osten vordringen will, sein Auto auf's Schiff laden. Wir suchen eine Weile in Madras nach einem billigen Frachter, buchen aber schließlich auf der regulären Linie, die zwischen Indien und Malaysia beziehungsweise Singapore verkehrt.

Uns bleiben noch 10 Tage bis zur Abfahrt. Diese Zeit nutzen wir und fahren per Eisenbahn - weil die Autoverladung zu teuer und zu kompliziert ist - nach Ceylon. Von Madras aus sind wir bis Colombo 50 Stunden unterwegs. Doch die indische Eisenbahn ist ein Erlebnis für sich. Von Station zu Station fahren Bauchladen-Händler mit, die selten mehr als 5 Flaschen Coca Cola oder ein paar Brotfladen oder Reisportionen anzubieten haben. Ein ununterbrochener Strom von Verkäufern wälzt sich durch den Zug. Weil die einzelnen Wagen keinen Verbindungsweg besitzen, springen die Leute akrobatisch- abenteuerlich während der Fahrt von einem Wagen zum anderen. Stundenlang sitzen wir bei offener Tür auf den Treppen unseres Wagens und genießen die gemütliche Fahrt durch Reisfelder, Palmenwälder und kleine Dörfer.

Sri Lanka - die englischeBezeichnung Ceylon ist verhaßt im Land - gefällt uns schon gleich nach der Ankunft. Eine wunderschöne tropische Insel mit freundlichen Menschen, einsa-

Meditierender Buddha in Polonnaruwa

men Stränden und alter buddhistischer Kultur. Zum ersten Mal begegnen uns deren Mönche in ihren safrangelben Kutten, mit kahlgeschorenen Köpfen und abrasierten Augenbrauen. Stille, unaufdringliche Diener einer friedlichen Religion.

In Dambulla besuchen wir einen Höhlentempel, in dessen Dämmerlicht viele Buddhastatuen stehen. Es ist ganz still. Ein Mönch führt uns und gibt mit leiser, fast behutsamer Stimme seine Erläuterungen. An einer Stelle tropft von der Decke Wasser und er sagt, daß man dieses quellklare Trinkwasser nur den Buddhas zum Trinken darbiete. Er schweigt und wir hören in der Stille der Höhle die Tropfen fallen. Wir fahren auch auf der Insel meistens per Eisenbahn spazieren. Die Schienen führen entweder durch ausgedehnte Kokospalmenplantagen oder durch dschungelartigen Wald. Wohin das Auge schaut, immer ist alles grün. Selbst die Ruinen und Buddha- Figuren von Polonnaruwa müssen in stetem Kampf vor dem Überwuchern geschützt werden.

In Kandy dagegen wurde das zügellose Wachsen unter Kontrolle gebracht. Die Engländer schufen einen botanischen Garten, der nach unserem Eindruck einzig sein dürfte. Eine in jedem kleinsten Winkel gepflegte Anlage, deren Vielfalt an allen nur denkbaren tropischen Gewächsen und deren park- und fast gartenartige Atmosphäre uns in helle Begeisterung versetzt.

Wir fliegen zurück nach Madras. Dort laden wir zwei Tage später unser Auto aufs Schiff. Mit viel Geschrei wird der Wagen, dessen Batterie abgeklemmt sein muß, von einer vielköpfigen Mannschaft auf je ein Netz unter Vorder- und Hinterachse geschoben. Dann senkt sich der Kranhaken mit einem Gestell, in das die Netze eingehängt werden. Dann ruht der Betrieb.

Der Vormann der Schiebe- und Schrei- Mannschaft erzählt mir ausführlich, wie hart seine Männer arbeiten müssen, und wie leicht der Kranfahrer einen falschen Hebel bedienen könne, und dann würde das Auto gegen die Schiffswand geschleudert. Oder er könne beim Hinablassen in den Schiffsbauch vergessen, die Bremse zu betätigen. Ich sage dem guten Mann sehr bestimmt, daß wir bereits dem Schiffsagenten - als Bestandteil seiner Maklergebühren - ein stolzes Bakschisch für die Docker gegeben hätten. Ich weigere mich, noch einmal zu zahlen. Endlich, nach 20 Minuten, ruckt der Kran etwas unsanft an, unser Auto schwebt zwei oder drei beängstigende Minuten in der Luft, landet aber schließlich unversehrt im Schiff.

Ein paar Stunden vor Ablegen beginnt der Kampf der Inder um einen Platz an Bord. Die "Rajula", unser fast 40 Jahre altes Schiff, befördert in den ersten drei Klassen ca. 400 Passagiere, in der vierten jedoch drängeln sich 1800 Menschen. Es sind ausschließlich Inder, die in Malaysia arbeiten. Bleiben sie länger als 6 Monate außerhalb Malaysias, dann verlieren sie die Arbeitserlaubnis dort. Wer das Schiff verpaßt, hat verspielt.

Eine Tagesreise südlich von Madras ankern wir draußen vor der Küste. Das Schiff lädt einen ganzen Tag lang Zwiebeln. Lastensegler pendeln zwischen Land und Schiff. Wir beobachten voller Anerkennung, wie die schwer beladenen Boote im Wind liegen, im letzten Augenblick die Segel raffen und recht sanft an der Bordwand entlang zum Kran schleifen.

Schließlich holt auch die "Rajula" die Anker ein: Indien versinkt langsam im Meer. Wir stehen an der Reeling, wehmütig und wissend, daß uns dieses Land trotz einiger häßlicher Erlebnisse in seinen Bann geschlagen hat. Und wir spüren die Hoffnungslosigkeit, mit der Indien in die Zukunft blickt. Wie es an der jeden kleinsten Lebensbereich überwuchernden, dazu unfähigenBürokratie erstickt, Korruption auf jeder Ebene, Arroganz und Ignoranz, häufig Unfähigkeit der Führungsschicht. Dabei scheinen uns generell die Menschen aufgeweckt, freundlich und herzlich.

Eine Woche später ist Land in Sicht: die Insel Penang, die nur einen Steinwurf vom malaysischen Festland entfernt liegt. Einen halben Tag dauert die Paßabfertigung, erst am späten Abend, öffnen sich die Ladeluken; die Autos sollen entladen werden. Vor einem Jahr fiel hier der Wagen eines Freundes beim Ausladen kopfüber aus dem Kranhaken - für den Schrotthaufen sollte er zum Schluß noch Hafengebühren zahlen. Ein halbes Jahr später passierte ein ähnlicher Unfall. Wir meinen, daß die Dockarbeiter inzwischen dazugelernt haben müßten. Ich schaue mir trotzdem das Ladegeschirr an - es ist nicht zu glauben: ein Stahlseil ist bereits wiederum zur Hälfte gerissen. Sofort stellen die Leute das Ausladen ein, suchen stundenlang den Hafen nach einem Ersatzseil ab, dann baumelt unser Auto am Haken und senkt sich langsam zur Erde. Eine Beule am Radkasten bleibt als Erinnerung zurück. Ich gehe zur Verwaltung und verlange Schadenersatz. Der Hafeningenieur meint ganz trocken: "An Ihrer Stelle wäre ich froh, daß nicht mehr passiert ist. Unser Ladegeschirr ist nur für eine Tonne berechnet..." Wir jedoch brachten 2,4 Tonnen mit.

Die Insel Penang gehört zu den kleinen Paradiesen dieser Erde. Von tropischer Vegetation überwuchert, mit steilen Bergen und traumhaften, noch einsamen Sandstränden. Zum ersten Mal treffen wir auf eine starke chinesische Minderheit, die vor allem Handel und Kleingewerbe der Städte fest in der Hand hat. In Georgetown, der Hauptstadt, wimmelt es von Chinesen-Läden und Restaurants. Für ein paar Pfennige essen wir "flied lice", das soll eigentlich fried rice heißen, aber den Chinesen gelingt diese Aussprache nicht, weil ihrer Zunge ein "r" völlig fremd ist.

Eine Woche lang genießen wir Penang, dann setzen wir auf's Festland über und verlassen ein paar Stunden später Malaysia in Richtung Thailand. Wir betreten ein Land, das nach unseren indischen Eindrücken fast unbewohnt aussieht. Die Straße führt stundenlang durch tropischen Regenwald, nur hin und wieder macht der Dschungel ein paar Feldern und luftigen Holzhäusern Platz. Diese Hütten stehen auf Stelzen, die Wände sind aus Schilfrohr-Matten geflochten, der Fußboden ist meist ein Lattengerüst. In diesem luftigen Gebilde bringt auch der schwächste Windhauch den Bewohnern Abkühlung.

In Bangkok kommen wir an einem Montagmorgen im dicksten Verkehr an. Durch Abgaswolken stehen wir uns vorwärts. Trotzdem fasziniert uns die Stadt von Anbeginn. Alle paar Minuten taucht ein buddhistischer Tempel aus dem Häusergewirr auf; bunte Pagodendächer, Windglocken, Mönche in safrangelben Kutten. Dann wieder Restaurants, kleine Märkte auf dem Bürgersteig, Chinesen-Läden.

Wir finden keinen Platz für die Nacht. Zusammen mit Berliner Reisefreunden mieten wir uns ein Hotelzimmer zum Duschen und übernachten auf dem Parkplatz des Hauses. Beim Frühstück fragt uns ein freundlicher Mensch, warum wir hier und nicht nebenan im grünen Park essen - er ist der Besitzer der zum Park gehörenden Villa und lädt uns in seinen Garten ein. Aber nicht nur in den Garten, auch zu seinen Parties und denen andrer Leute und zu Bootsfahrten auf dem Menan. Nach einer Woche voller Stadtbesichtigungen und nächtlicher Parties sind wir am Ende unserer Kräfte und flüchten an den Golf von Siam.

In dem Mode-Badeort Pattaya laden uns Touristen eines bekannten deutschen Reiseunternehmens ein, auf dem Innenhof des Hotels zu übernachten. In der lauen Tropennacht gesellen sich immer mehr Fernreisende zu uns und erzählen ihre Geschichten. Es geht natürlich nur um eine Geschichte: Sex in Thai. Von den zu allem willigen Thai-Mädchen, die fast schon zur Einrichtung der Hotelzimmer gehören - man muß sie abbestellen wie in Deutschland das Frühstück, wenn sie nicht erwünscht sind.

Morgens werden wir von Geschrei geweckt. Ein rüstiger Rentner poltert die Treppe hinunter und schwört, daß er nie wieder mit dieser Reisegesellschaft reisen werde. Ein Mädchen verabschiedete sich, als er noch erschöpft darnieder

Schwimmender Markt in Bangkok

lag. Sie nahm nicht nur ihre Hand-, sondern auch seine Brieftasche mit. Diese Erfahrung kostete ihn ein paar tausend DM.

Wir fahren weiter in Richtung Laos. Ein Fährboot bringt uns über den Mekong. Drüben beginnt der Rechtsverkehr - aber nach 20 km endet jeglicher Verkehr. Die laotische Hauptstadt Vientiane liegt wie eine Insel im Pathet-Lao-Gebiet. Bei unserer Ankunft treffen wir gleich den richtigen Mann: den "Rupp vom Mekong", deutscher Schulmeister und Direktor der von der Bundesrepublik gebauten Gewerbeschule. Er lädt uns in seine Schule ein und wir verbringen einige alkoholreiche Tage und Nächte dort. Die Ausländer leben stets sprungbereit in Vientiane. Fast jeder hat ein Boot am Mekongufer liegen - die Ängstlichen mit laufendem Motor, sagen böse Zungen. Damit man bei politischer Gefahr sofort das andere Ufer, das thailändische, aufsuchen kann.

Auch die Königsstadt von Laos, Luang Prabang, liegt wie eine Insel im Pathet-Lao-Gebiet. Eine der zahlreichen Inseln, die aus der Luft versorgt werden müssen. Laotische Bauern haben daher den Reisanbau eingestellt. Laotische Kinder glauben, der Reis käme vom Himmel, weil die meisten Dörfer keinen Flugplatz besitzen und Reissäcke abgeworfen werden.

Wir fliegen mit einer uralten DC 3 nach Luang Prabang. Die erste Sitzbank, auf der wir uns im Flugzeug niederlassen wollen, kippt um. Aus dem Polster der zweiten flüchten Kakerlaken. Eine Stunde später sollen wir landen. Doch wir geraten in ein heftiges Gewitter, Sturzbäche ergießen sich in die Pilotenkanzel. Als nach ewigen Zeiten die Maschine zur Landung ansetzt, erkennen wir unter uns Vientiane, den Platz, von dem aus wir zuvor gestartet waren. Ein späterer Flug endet erfolgreich.

Alle Unbill und vermutlich auch Gefahr hat sich gelohnt: In Luang Prabang finden wir mit Abstand den schönsten buddhistischen Tempel. Als wir einen Tag später zurückfliegen, übergibt der Pilot einem Freund den Steuerknüppel und lädt uns zu einer Flasche Wein in die Kanzel. Der Mann, Franzose von Geburt, verdiente und verdient sich ein Vermögen mit

Frauen vom Yao-Bergstamm in Nordthailand

Opiumflügen: von improvisierten Pisten in den Bergen fliegt er die heiße Fracht zum Golf von Siam und wirft sie zielgerecht neben Schmuggelbooten ins Meer.

Wir fahren zurück nach Thailand. In Sukhotai, der ersten Hauptstadt der Thais,

Bang Pa-In, Nähe Bangkok

erleben wir die Aufnahmezeremonie von Mönchen ins Kloster. Zwei etwa zwanzigjährige Burschen und zwei Knaben von höchstens zwölf Jahren verabschieden sich vom weltlichen Leben. Das ganze Dorf versammelt sich zu einem bunten Zug. Voran marschiert eine Musikkapelle, es folgt eine Tanzgruppe mit den schönsten Mädchen des Dorfes, dann die Novizen in weißen Gewändern und zum Schluß die Freunde und Verwandten. Vor dem Tempel gibt sich die Musik noch einmal alle Mühe, die Mädchen tanzen. Dann ein letzter Tusch. Die Novizen werfen als Symbol des Abschieds ihr letztes Geld unters Volk und schreiten würdig die Stufen zum Tempel hinauf. Der Abt - ein buddhistischer Tempel ist immer ein Kloster - erwartet sie in der Schar seiner Mönche. In langer Zeremonie bitten die Novizen um die Aufnahme. Zum Zeichen der Annahme dürfen sie ihre weißen Gewänder gegen die Mönchskutten tauschen. Und wenn sie wollen, können sie am nächsten Tag das Kloster wieder verlassen. Buddhistische Mönche gehen keine Verpflichtung ein.

Im Norden Thailands leben Bergstämme, die vor 100 und mehr Jahren aus Südchina einwanderten. In Chiang Mai betreibt ein geschäftstüchtiger Unternehmer eine Art "Zoo", in

Abgeschlagener Buddha-Kopf in Ayutthaya

Szene aus einer chinesischen Oper in Taipeh

dem eilige Touristen ein paar Familien aus den Stämmen bei Arbeit und Familienleben betrachten können. Die meisten Stämme leben jedoch weit abseits und in Höhen über 1000 Meter. Bis zur Erfindung von Transistorradios versorgte sich jede Familie komplett selbst, angefangen vom täglichen Reis und Opium bis zu den bunten Trachten. Heute bauen sie Opium nicht nur für den Eigenbedarf an.

Auf hals- und achsbrecherischen Pfaden besuchen wir einige Stämme und freuen uns über die meist unkomplizierte und freundliche Begegnung mit Menschen, die auch heute noch weit entfernt von aller Zivilisation leben.

Auf Umwegen kehren wir schließlich nach Bangkok zurück. Wir bereiten eine Flugrundreise nach Japan vor und starten Mitte April. In Hongkong legen wir die erste Zwischenlandung ein. Schon beim Landeanflug dominieren zwei Eindrücke: Hochhaus neben Hochhaus und - eigentlich unerwartet - recht viel grünes Hinterland, womit sich unsere Vorstellung von einer Art Berlin schnell verwischt.

Sowohl die eigentliche Insel Hongkong als auch der Stadtteil Kowloon bieten ein dauernd wechselndes, immer geschäftiges Bild. Die Straßenfronten sind so dicht mit Reklametafeln in chinesischer Schrift behängt, daß die Hochhäuser kaum mehr zu erkennen sind. Es gibt alles und fast alles billiger als anderswo zu kaufen, rotchinesische Kaufhäuser wechseln mit Juwelierläden ab. Im Hafen von Aberdeen liegen einige tausend Dschunken dicht bei dicht, auf denen die Besitzer mit Kind und Kegel leben. Man sagt, daß einige noch niemals Festland betreten hätten.

Wir fliegen weiter nach Taiwan, das von den Portugiesen einst Ilha Formosa, "Herrliche Insel" genannt wurde. Begeistert sind wir von der Taroko-Schlucht. In den Bergen der Ostküste hat sich der Taroko-Fluß seinen Weg zum Meer regelrecht durch die Felsen gefräßt. Fast direkt zu beiden Seiten des Flußbettes wachsen die Felswände 300 m hoch senkrecht in den Himmel.

Einen ganzen Nachmittag verbringen wir in einer chinesischen Oper. Als einzige Zuschauer ohne Schlitzaugen und ohne auch nur ein Wort zu verstehen. Aber die Hingabe der Schauspieler und die Begeisterung der Zuschauer fesseln uns.

Ein paar Tage nur gönnen wir uns auf der schönen Insel, dann fliegen wir weiter nach Seoul, der Hauptstadt Südkoreas. Ganz überrascht sind wir, eine supermoderne Großstadt zu sehen mit dreistöckigen Straßenüberführungen, mit gewaltigen Hochhäusern und, wie könnte es anders sein, Verkehrsverstopfungen a la München. Sehr deutlich macht sich der japanische Einfluß allenthalben bemerkbar, sogar in den alten Palastanlagen der Stadt. Umgeben von sorgsam gehegten und gepflegten Parks strahlen die Holzbauwerke Freundlichkeit und Harmonie aus. Wir wollen aufs Land hinaus Richtung Pusan fahren, aber ununterbrochener Regen nimmt uns Sicht und Lust, enttäuscht kehren wir in die Stadt zurück und fliegen weiter nach Tokyo.

Auch Tokyo empfängt (und entläßt) uns in strömendem Regen. Das billigste noch freie Hotel kostet fast 50 DM pro Nacht. Auf dem Weg dorthin geraten wir in den Berufsverkehr. Von den Massen heimfahrender Arbeitsmenschen werden wir in eine U-Bahn geschoben, gezwängt und gepreßt. Sigrid kann nicht mehr atmen, unsere Rucksäcke gleichen Pfannkuchen. Auf dem nächsten Bahnsteig steigen wir , von Panik getrieben, aus. Trotzdem und trotz des ewigen Regens gefällt uns Tokyo sehr bald. Die Berichte und Gerüchte von der Stadt, die im Smog erstickt, von Industrie überwuchert wird und sich im Verkehrschaos entnervt, finden wir nicht bestätigt.

Wir fahren hinaus aufs Land. Über Kamakura,den Hakone-Park am Fujijama, die Perlenzüchter-Insel Toba, über Ise und Nara und Kyoto erreichen wir schließlich Hiroshima. Japan zieht uns von der Landschaft und der alten kulurellen Tradition her so an, daß wir im Zug nach Hiroshima beschließen, in Singapore unser Auto aufs Schiff nach Japan zu laden und ein paar Monate in diesem Land zu leben.

Wir kommen gegen Mittag in Hiroshima an. Zuerst buchen wir ein Hotel und fahren dann hinaus zum Friedenspark. Hier explodierte 1945 die erste Atombombe. Im Museum, das den sekundenschnellen Untergang der Stadt dokumentiert, prägt sich unauslöschlich ein Bild ein. Auf einer Treppenstufe hatte ein Mensch gesessen. Die gewaltige Hitze verdampfte ihn förmlich. Der Schatten seines Umrisses brannte sich dunkel in die Marmorstufe ein.

Tief deprimiert verlassen wir den Ort des Grauens. Schweigend fahren wir am späten Nachmittag hinaus zur Insel Miyajima. Dort steht ein Shinto-Schrein im seichten Wasser einer Bucht. Wir haben Pech, es ist Ebbe und das Bauwerk ragt auf grauen Pfählen aus dem nassen Sand. Wir schauen den trotzdem schönen Schrein an. Zum Schluß schlage ich Sigrid einen Abendspaziergang unten am Strand vor.

Ich springe vom Tempel hinunter in den Sand. Sigrid springt hinterher. Beim Aufkommen sackt ihr linker Fuß in den feuchten Sand ein, sie knickt um. Ich werde nie das laute, dumpfe Knacken vergessen, als ihr Bein bricht.

Im ersten Augenblick wollen wir die Wahrheit nicht glauben. Aber Sigrid kann nicht auftreten. Ich klettere zurück in den Tempel, frage den Priester um Hilfe. In der Nähe wohnt ein Arzt, der gerade einen Gartenstuhl anstreicht. Er fragt, ob ich Amerikaner sei. Erst als ich verneine, unterbricht er seine Arbeit und eilt mit zu Sigrid.

Sie liegt schmerzverkrümmt im feucht-kalten Sand. Der Arzt stellt den Bruch fest und bandagiert das Bein notdürftig. Er bestellt einen Krankenwagen. Zwei Männer laufen mit einer Tragbahre über den Sand. Sie heben Sigrid auf die für Japaner gebaute Liege. Obwohl wir nicht groß sind, hängen Sigrids Kopf auf der einen Seite und, schlim-

Torbogen des Shinto-Schreins in Miyajima

mer noch, die Füße auf der anderen herunter.

Die beiden Männer tragen sie hinüber zum Krankenwagen auf der Straße. Es ist ein umgebauter Personenwagen, in den sie die Tragbahre hineinschieben. Schnell wollen sie die Tür zuschlagen, Sigrid schreit, daß ihr Fuß noch draußen sei. Auch der Wagen ist zu kurz. Der Fahrersitz muß ganz weit nach vorn gestellt werden, erst dann paßt Sigrid ganz ins Auto. Eine Stunde dauert die Fahrt zurück nach Hiroshima.

Wir halten vor einem Krankenhaus, das angeblich das beste der Stadt sein soll. Sigrid wird auf einen Röntgentisch getragen. Die Aufnahme zeigt zweifelsfrei: Schienbein, Wadenbein und ein Stück vom Fußgelenk sind gebrochen. Der Arzt zeigt uns das, aber damit hört auch schon die Verständigung auf. Sigrid kommt in ein Zimmer im zweiten Stock, aber wieder wird sie von kleinen Japanern auf einer wieder zu kurzen Bahre hinauf getragen. Ein Lift existiert nicht. In dem Zimmer liegen fünf andere Frauen. Jede hat noch - es ist inzwischen 22 Uhr - Besuch. Mindestens drei Fernsehgeräte laufen. Eine Dame unterhält sich mit ihrem Papagei.

Der Arzt holt sich ein Lexikon und gibt uns zu verstehen, daß übermorgen ein Spezialist kommen und sich um das Bein kümmern werde. Damit enden seine Bemühungen. Das Bein ist weder geschient noch irgendwie fixiert. Niemand kümmert sich um Sigrid. Nach einer Weile ziehen sich die Besucher, offenbar die Ehemänner der Patientinnen aus und legen sich auf eine Reisstrohpritsche, die unter dem Patientenbett steht. Wir bemerken das mit Verwunderung, warten auch vergeblich oder zu lange auf Hilfe der Schwester.

Gegen Mitternacht fahre ich zurück ins Hotel: für eine schlaflose Nacht mit der fatalen Einsicht, daß eine winzige Fehlentscheidung, ein nur sekundenlanges Geschehen unsere gesamte Reise-Zukunft umkrempeln wird. Morgens im Krankenhaus sagt Sigrid, daß sich immer noch keine Schwester richtig um sie kümmert. Ich laufe nervös von Institution zu Institution auf der Suche nach einem englisch sprechenden Menschen. Durch Zufall werde ich mittags an ein freundliches Mädchen weitervermittelt, das fließend englisch spricht. Sie kommt mit ins Krankenhaus und klärt uns auf: es ist üblich, daß sämtliche Handreichungen von Angehörigen der Patienten erledigt werden. Schwestern sind nur für die medizinische Betreuung zuständig. Ich ziehe also wie auch die japanischen Angehörigen ins Krankenzimmer und richte mich unter dem Bett meiner Frau zwischen den beiden Rucksäcken und der Kameratasche häuslich ein.

Die freundliche Dolmetscherin sorgt auch dafür, daß der Knochenspezialist bereits am selben Tag kommt. Er untersucht das Bein und sagt, daß es in ca. 10 Tagen operiert werden müsse. Außerdem legt er einen Gipsverband an. Trotz allem finden wir nur wenig Vertrauen zu diesem Krankenhaus. Auch die hygienische Seite entspricht nicht so ganz unseren Vorstellungen. Z.B. teilt sich die gesamte Frauenabteilung fünf Bettschüsseln, um die ein steter und zäher Kampf geführt wird.

Wir telefonieren mit Deutschland und entschließen uns für Sigrids Rückflug und die Operation in München. Zwei Tage später verlassen wir das Krankenhaus. Vor uns liegt ein halber Tag Bahnfahrt nach Tokyo. Sigrid muß mit Krücken auf endlos langen Bahnsteigen humpeln. Beim Umsteigen in Okoyama müssen wir zwei Stockwerke ohne Aufzug hinauf. Sigrid kann nicht Treppen steigen. Ein Japaner holt eine Tragbahre. Vorn trägt der Japaner, ich hinten. Aber ich habe zusätzlich vorn und hinten je einen Rucksack und die Kameratasche umgeschnallt. Nach dem ersten Stock breche ich fast zusammen. Freundliche Japaner nehmen mir die Rucksäcke ab, die ihnen bis in die Kniekehlen hängen. Von Tokyo-Hauptbahnhof nehmen wir ein Taxi zum Flughafen. Dort bekommt Sigrid einen Rollstuhl. Plötzlich erscheint ein Lufthansa-Mann und sagt, er müsse Sigrid ins Flugzeug bringen.

Hastig verabschieden wir uns, eine Tür schließt sich, ich bin allein. Langsam begreife ich die Einsamkeit. Auf dem Beobachtungsdeck warte ich, bis die Lufthansa-Maschine zum Start aufgerufen wird, auf die Startbahn hinausrollt und in die Dunkelheit der Nacht davonschwebt. Mit sehr feuchten Augen gehe ich zurück, hole Rucksack und Kameratasche aus der Gepäckaufbewahrung. Ich muß in der Nacht noch mit überfüllten Bummelzügen nach Osaka fahren, von dort fliegt am nächsten Morgen meine Maschine nach Bangkok. Beim Zwischenlanden in Taipeh steigen zufällig unsere Berliner Reisefreunde ein, die vom Besuch Taiwans zurückkehren.

Sigrid und ich hatten vereinbart, daß ich in Malaysia auf ihre Rückkehr warte. In Bangkok bekomme ich einen Brief australischer Freunde, die mich einladen. Auch scheint mir die Chance, in Australien die Reisekasse aufzufüllen, günstiger zu sein. Ich beschließe, lieber nach Australien zu gehen.

Zusammen mit den Berliner Freunden fahre ich in den Süden Thailands. Aber all die zauberhaften Landschafts-Schönheiten wie Pukhet und Umgebung kann ich ohne meine Frau und wirkliche Weggefährtin - im wörtlichen Sinn - nicht genießen. Ich fühle nur zu deutlich, daß für mich das Glück, etwas Schönes zu sehen und zu erleben, im Teilen und Mitteilen liegt.

Die Freunde wollen noch in Südthailand bleiben, ich fahre allein weiter in Richtung Singapore. In Kuala Lumpur bekomme ich die erste und ersehnte Post von Sigrid. Sie ist nach knapp 24 stündigem Flug in München gelandet und ein paar Tage später operiert worden. Sie hat alles, die Flugstrapazen und die Operation gut überstanden.

An der Grenze nach Singapore sagt der Grenzbeamte, daß man mit "Autos, in denen man schlafen kann" nicht auf das Gebiet des Inselstaates einreisen darf. Es helfen keine Bestechungsversuche, ich muß zurück nach Malaysia und dort das Auto stehen lassen.

Dort haben sich bereits andere Reisende angesammelt. Wir kochen vor Wut, weil wir per Omnibus nach Singapore fahren müssen. Aber kein Protest hilft. Vielleicht finde ich deswegen nichts an dieser im Vergleich zu Hongkong farblosen Stadt. Der Inselstaat liegt wie ein flacher Pfannkuchen der malaysischen Küste vorgelagert. Malaysia dagegen gefällt mir ausgesprochen gut. Ein zentraler Bergrükken, der sich von Norden nach Süden über die ganze Halbinsel zieht, bildet das Rückgrat. Malerische und einsame Strände auf beiden Seiten der Halbinsel, freundliche und offene Menschen.

Kranverladung in Singapore

Ich buche ein Schiff nach Australien. Am Tag der Verladung darf ich nach Singapore einreisen. Ein Beamter steigt an der Grenze zu und soll mich auf dem kürzesten Weg in den Hafen dirigieren. Gegen ein kleines Bakschisch entwickelt sich der Mann zum eifrigen Helfer bei allen Besorgungen, die ich noch zu erledigen habe. Auf den direkten Weg zum Hafen legt er jetzt keinen Wert mehr.

Spät am Abend legt die "Malaysya" ab und schlängelt sich um die vielen kleinen Inseln herum ins offene Meer. Sehr zum Ärger einiger älterer Damen gibt es nur eine Klasse an Bord: die allabendlichen Parties und etwas verkrampften Gesellschaftsspiele gehen uns Autofahrern - drei andere Wagen sind noch an Bord - auf die Nerven. Bald empfängt uns auch der rauhe Indische Ozean mit schlechtem Wetter. Das Schiff schaukelt, jeder kämpft allein für sich gegen Gott Neptuns Forderungen.

Erst bei der Einfahrt in den Hafen von Freemantle beruhigt sich das Schiff - aber noch tagelang scheint die australische Erde unter meinen Füßen zu schwanken. Der erste Eindruck vom fünften Kontinent: Sauberkeit, Ordnung und Ruhe. Nach dem langen Aufenthalt in Asien fällt mir dieses etwas sehr sterile Leben besonders deutlich auf. Auch geht mir die Sterilität der Australier gleich nach der Ankunft ins Geld. Das Auto muß dampfgereinigt werden, damit keine auf der Insel unerwünschten Bakterien einreisen. Für die Vernichtungsaktion zahle ich über hundert DM.

In Perth, der Hauptstadt Westaustraliens, lebe ich zwei Wochen bei Freunden. Bei einem Ausflug nach Süden fällt das Auto plötzlich in der Geschwindigkeit ab, ich schalte zurück, da rumpelt es furchtbar und der Motor rührt sich nicht mehr. Ich versuche zu starten, aber der Anlasser bewegt den Motor überhaupt nicht. Das ist mir Gewißheit genug: der Motor ist kaputt. Der Kilometerzähler zeigt 81 032 km.

Ich halte einen Wagen an, der mich zum 10 km entfernten Städtchen Busselton mitnimmt. An einer Tankstelle baumelt das VW-Schild im Wind. Der Besitzer hängt unser trauriges Auto - zum einzigen Mal auf der ganzen Reise - an den Abschlepphaken. Wir bauen den Motor aus und entdecken im Innern nur noch wüste Eisenteile. Der Ventilkopf vom Auslaßventil des dritten Zylinders war bei 80 km/h abgerissen, hatte den Kolben durchlöchert und den Zylinder gespalten. Die Eisensplitter hatten auch die drei anderen Zylinder weitgehend zerstört.

Die kleine Werkstatt bestellt beim Großhändler in Perth einen sogenannten Rumpfmotor, für den ich gut das Doppelte vom deutschen Preis bezahle. Jedoch ein paar Tage späterverlasse ich Perth, um durch die Halbwüste des Nullabor Plains nach Sydney zu fahren. Dort liegen die Tankstellen hunderte von Kilometern entfernt,VW-Werkstätten vielleicht 1000 km und mehr. Während ich allein im Regen und auf Schlammpisten durch die Einsamkeit fahre, male ich mir des öfteren einen Motorschaden in dieser Gegend aus...

Die geographische Gestalt Australiens läßt sich am besten mit einem Teller vergleichen: an den Seiten gewölbt, in der Mitte flach. Von Perth nach Sydney bin ich 9 Tage unterwegs; vom ersten bis zum achten Tag ändert sich der Landschaftscharakter nicht: von morgens bis abends brettflaches Land. Erst am letzten Tag fahre ich über den etwa 1000 m hohen Gebirgszug der Blue Mountains an der Ostküste, und mit Begeisterung genieße ich das Kurvenfahren.

Ich habe noch eine knappe Woche in Sydney auf Sigrids Rückkehr zu warten. Ich zähle Minuten und fast schon Sekunden bis dahin. Lange vor der Ankunft der Maschine stehe ich auf dem Flughafen. Dann endlich, mit einer Stunde Verspätung, schwebt der Lufthansa-Vogel ein. Die Zollabfertigung findet hinter verschlossenen Türen statt, draußen quetschen sich die Wartenden. Endlich entdecke ich Sigrid am anderen Ende der Halle, sicher renne ich ein paar Leute auf dem Weg zu ihr um. Wir fallen uns in die Arme - nach 77 unglücklichen Tagen sind wir endlich wieder vereint.

Opernhaus in Sydney

So lange Sigrid noch nicht gehen darf, mieten wir ein möbiliertes Zimmer in der Nähe der Universität. Vier Wochen später, nach den ersten erfolgreichen Gehversuchen, brechen wir zu einer Rundreise ins nördliche Australien auf. Ursprünglich wollten wir bis nach Cairns ganz im Norden fahren, geben aber unsere Pläne unterwegs auf, weil sich auch hier die Landschaft immer gleicht. In dieser Zeit beginnt unsere Enttäuschung über Australien langsam zu wachsen. Wir vermissen die Abwechslung und auch die Herausforderung fremder Kulturen. Hier fällt alles im täglichen Einerlei zusammen: der Landschaftscharakter ändert sich nicht, die Australier pendeln zwischen Arbeitsplatz und Fernsehgerät. Nachts, ja bereits am frühen Abend, sind die Straßen selbst in Sydney wie ausgestorben.

In Rockhampton kehren wir um. Wir fahren nach Lightning Ridge. Dort graben ein paar tausend Leute nach Opalen, und das "Goldgräberfieber" der Pioniere liegt tatsächlich über dem Städtchen. Es gibt kein anderes Thema als Opal und Geschichten über Leute, die über Nacht steinreich wurden. Jeder kann sich für ein paar Dollar Gebühren einen Claim abstecken und ein Loch bis zur etwa 10 m tief liegenden, opalführenden Schicht graben. Die meisten tödlichen Unfälle in Lightning Ridge passieren, weil betrunkene Opal-Sucher in diese Löcher fallen und sich das Genick brechen.

Wir suchen ein paar Tage lang, vergeblich natürlich, in aufgelassenen Claims nach übersehenen Steinen und fahren dann zurück nach Sydney. Wir hatten für Anfang Dezember ein Schiff für die Überfahrt nach Südamerika gebucht. Die zwei Monate bis dahin wollen - vielmehr müssen - wir arbeiten, unserer Reisekasse zuliebe.

Ich finde sofort einen Job als Ingenieur, Sigrid beschäftigt sich mit Büroarbeit, weil sie für eine Fotografen-Arbeit noch zuviele Schwierigkeiten mit ihrem Bein hat. Unsere Firma möchte, daß ich mich für Jahre verpflichte. Selbstverständlich will sie bei der Wohnungssuche behilflich sein. Wir aber wollen weder so lange bleiben, noch in eine Wohnung einziehen. So spielen wir ein ärgerliches Spiel. Vom Campingplatz fahren wir auf Umwegen in die Firma, damit niemand sieht, wo wir herkommen. Und wenn es, was sehr häufig passiert, eine Woche lang ununterbrochen regnet, kriecht der Schimmel an den Schuhen hoch, die Kleidung ist feucht und klamm. Sigrid muß manchmal kurz vor derAbfahrt meine Hose bügeln - australische Campingplätze bieten alle Stromanschluß - und ich ziehe sie erst auf dem Firmenparkplatz an.

Die Wochenenden verbringen wir meist in der Stadt. Wir haben einige Deutsche und Österreicher kennengelernt, vor deren Häusern wir häufig übernachten (wir schlafen grundsätzlich immer in unserem Auto). Aber unser Lieblingsplatz im Stadtzentrum liegt im alten Botanischen Garten: wenn wir morgens aufwachen, fällt der erste Blick auf das Opernhaus in Sydney. Von diesem Gebäude sind wir fast genauso begeistert wie vom Taj Mahal in Agra. Die "weißen Betonsegel" an der Hafeneinfahrt von Sydney stellen für uns ein einsames Meisterwerk moderner Architektur dar, gewagt und sicher genial mit den überhängenden Muschelschalen.

Der arabisch-israelische Krieg bricht aus. Seine Folgen treffen uns gleich: die einzige Schiffahrtslinie, die zwischen Australien und der Westküste Südamerikas operiert, stellt zunächst den Verkehr ein. Dann

Wendekreis des Steinbocks und Känguruhs in Australien

nimmt sie zwar den Dienst wieder auf, aber die Abfahrt verzögert sich von Woche zu Woche. Ursprünglich wollten wir Weihnachten bereits in Peru feiern, wir sitzen aber noch bis zum 15. Januar in Australien. Dann endlich können wir unser Auto im Hafen abliefern. Es wird erst einige Tage später verladen.

Wir fahren per Omnibus nach Brisbane. Dort steigen wir auf ein anderes Schiff, die "Columbus Australia", - als Deckarbeiter. Der Kapitän hat uns den Job und eine gut eingerichtete Kammer, wie die Seeleute sagen, angeboten. Die "Columbus Australia" läuft nur zwischen Australien, Neuseeland und den USA hin und her, sie gehört einer deutschen Reederei und transportiert hauptsächlich Kühlcontainer.

Wir heuern abends an, nachts läuft das Schiff aus und am nächsten Morgen dürfen wir zum Arbeiten antreten. Das Schiff schlingert und rollt gegen Windstärke 8 an, wir sind seekrank wie noch nie. Der Bootsmann, unser Boß, hat kein Mitleid. "Das ist ganz einfach: kotzen und arbeiten". Wir lassen unsere Kammertür weit offen, damit's nicht auf den frischgereinigten Flur geht. Erst kurz vor der Ankunft in Neuseeland beruhigt sich das Meer.

In Wellington mieten wir uns zusammen mit ein paar Seeleuten ein Auto und fahren quer durch die Nordinsel nach Auckland. Nach den 6 Monaten australischer Einheitslandschaft brechen wir in Begeisterung aus. Herrliche, erfrischende Landschaft, irgendwo an das dünnbesiedelte Mitteleuropa vor hundert Jahren erinnernd. Glasklare Flüsse und Seen, aus denen man noch trinken kann. Aktive Vulkane und sprudelnde Geysire sorgen für zusätzliche Abwechslung. Wir verlassen Neuseeland mit der Erkenntnis, ein noch sehr unberührtes Land, das alle klimatischen und auch zivilisatorische Ansprüche für Mitteleuropäer erfüllt, gesehen zu haben.

Es folgen 16 lange und harte Tage "Robben". So nennen die Seeleute unseren Job, für den wir nur in Naturalien bezahlt werden: freie Überfahrt und freies Leben an Bord. In Auckland sind noch zwei amerikanische Robber zugestiegen und wir klagen uns täglich unser täglich Leid. Die beiden allerdings wurden den Ölfüßen, den Männern im Maschinenraum, zugeteilt. Dort herrschen Temperaturen von 40 Grad, und die amerikanischen Kollegen dürfen Heißwasserleitungen entro-

Maori-Torbogen, Vulkanausbruch inNeuseeland;Deckschrubben als"Robber"

sten. Ich werde schließlich auch zu den Ölfüßen versetzt, dort aber dem Blitz - dem Bordelektriker - zugeteilt. Sigrid flickt derweil mit der einzigen Nadel und dem einzigen (weißen) Faden an Bord blaue Arbeitsanzüge der Matrosen.

Von unseren professionellen Seefahrerkollegen sind wir ziemlich enttäuscht. Eigentlich hatten wir Leute mit Freude am Reisen erwartet. Aber die Männer kennen kaum mehr als drei oder vier Bars in den Hafenstädten der Erde. Einzige Gesprächsthemen sind Frauen und Saufen. Es vergeht kaum ein Abend ohne ein Zechgelage, bei dem im Laufe der Zeit mehr als die halbe Heuer draufgeht. Interessant ist uns lediglich der Kapitän, ein richtiger alter Haudegen, von allen Wassern der Erde gewaschen. Seinen Seefahrergeschichten hören wir mit Begeisterung zu.

Endlich erreichen wir Panama. Während die "Columbus Australia" in den Kanal einläuft, steigen wir auf eine Barkasse um, die uns an Land bringt: wir betreten amerikanischen Boden. Von Balboa, dem Hafen der Kanalzone, bringt uns ein kleiner Omnibus nach Panama City. Der fröhliche Neger am Steuer spielt Rennfahrer. Er geht in die Kurven, daß der Holzaufbau ächzt und knirscht, die Fensterglasscheiben klirren, selbst das bunte Marien-Porträt über seinem Kopf zu zittern beginnt. Heiße lateinamerikanische Rhythmen aus dem Radio stacheln den Fahrer zu tollkühnen Überholmannövern an. Wir strahlen vor Freude: endlich wieder Leben, endlich Neues, Unbekanntes, Unerwartetes.

Wir bleiben nur einen Tag im teuren Panama und fliegen weiter nach Guayaquil in Ecuador. Wir wollen die Galapagos-Inseln besuchen. Vor 2 Jahren fuhren Freunde für 10 Dollar pro Person hinüber. Wir wandern drei Tage lang von Schiffs- zu Schiffsagentur und finden kein Angebot unter 170 Dollar. Außerdem ist für die nächsten zwei Wochen alles ausgebucht, dann aber soll unser Auto bereits in Peru ankommen. Schweren Herzens verzichten wir.

Mit einer Maschine der Ecuatorian Airlines wollen wir nach Lima weiterfliegen. Die Maschine wird einen halben Tag lang repariert. Bei der Paßabfertigung gesteht uns eine Amerikanerin, daß sie für diesen Flug wegen der langen Reparatur mit ihrem Leben abgeschlossen habe. Tatsächlich fliegen außer der Amerikanerin und uns nur noch zwei Nonnen mit. Vor dem Start gießt der Pilot schnell Öl in die Turbopropmotoren.

Weil uns stets von Raubüberfällen in Südamerika erzählt wurde, haben wir unser Geld in die Schuhe gesteckt. Das erweist sich als fatal. In der Tropenhitze wanderten wir stundenlang, jeder auf 500 Dollar pro Fuß. Derartigen Beanspruchungen jedoch scheinen Dollarnoten nicht gewachsen. Im Flugzeug ziehe ich eine Note aus dem Schuh: sie ist buchstäblich abgelaufen. Alle vier Ecken sind ausgefranst, die Farbe total verwaschen. Den anderen drei Noten, die zu oberst in den anderen Schuhen lagen, ist es nicht anders ergangen. Derartige Scheine dürften auf keinem Schwarzmarkt mehr umzutauschen sein.

In Lima erfahren wir zu unserer Bestürzung von der Schiffsagentur, daß das Schiff mit unserem Auto wegen Treibstoffersparnis und Hafenstreik in Australien erst zwei bis drei Wochen später ankommen wird. Wir suchen uns das billigste Hotel zum Warten. Es liegt in der Hauptgeschäftsstraße, eine schmale Gasse, durch die auspufflose Motorräder donnern oder noch lautere Omnibusse. Einige Zimmernachbarn dämmern im Haschischrausch dahin, andere können wir nach einem Geld-Schwarzmarkthändler ausfragen. Der Mann mit dem günstigsten Kurs betreibt einen kleinen Souvenirladen.

Beim ersten Besuch ist der Herr mißtrauisch. Er lotst mich in die eine Ecke seines Ladens. Dort steht ein riesiger Bauernschrank. Er öffnet eine Tür und bittet mich hinein: drinnen handeln wir den Kurs aus, jeder prüft die Scheine des anderen auf Echtheit. Dann verlassen wir den Schrank und tun sehr gleichgültig. Später kennen wir uns so gut, daß das Geschäft direkt über den Ladentisch geht. Beim letzten Wechseln fällt mir der Abschied von dem vorsichtigen Mann tatsächlich schwer.

In Australien hatten wir eine Peruanerin kennengelernt, die uns bei ihren Eltern anmeldete. Die Eltern wiederum bieten uns ein Zimmer im Haus von Verwandten an. Dort, in einem Einfamilienhaus am Stadtrand, lebt Berta, eine freundliche und attraktive Witwe zusammen mit ihrem Bruder Julio. Wir nehmen die Einladung gern an. Bertha und Julio sprechen nicht englisch. Wir büffeln, während wir insgesamt vier Wochen auf unser Auto warten, mit den beiden freundlichen Menschen spanisch.

Am ersten Wochenende fahren wir nach Huancayo, einem kleinen Städtchen in den Anden. Dort strömen am Sonntag die Indios der Umgebung zu einem farbenprächtigen Markt zusammen. Wir müssen die Eisenbahn nehmen, die auf dieser Strecke den höchsten Eisenbahnpaß der Erde in 4800 m Höhe zu überqueren hat, und sie startet in Meereshöhe. Vier Stunden lang keucht die Lokomotive mal ziehend, mal schiebend den Berg hinauf. Ein Mann, der allgemein als Doktor angesprochen wird, fährt in jedem Zug mit und teilt aus einem großen Gummisack Sauerstoff an Notleidende aus. Wir meinen, daß uns die Höhe überhaupt nichts ausmacht. Auf jeder Station springen wir hinaus, um zu fotografieren oder uns umzuschauen. Schon als der Zug die Paßhöhe überquert, fühle ich mich unwohl. Später nach der Ankunft im nur 3200 m hoch gelegenen Huancayo, schwanke ich ins erstbeste Hotel, mein Magen dreht sich um, und ich falle wie ein Stein ins Bett. Gegen Mitternacht habe ich mich erholt - doch jetzt baut Sigrid ab. Übelkeit, Atemnot und Herzbeschwerden beunruhigen uns. Wir nehmen ein Taxi ins Krankenhaus. Der diensthabende Sanitäter holt mürrisch eine Sauerstofflasche herbei, Sigrid muß sich in ein schmuddeliges Bett legen, der Sanitäter gibt ihr die Sauerstoffmaske und eine Spritze. Dann legt er sich schlafen. Es ist kalt im Krankenhaus, wir frieren. Auf der Suche nach einer Wärmequelle finde ich schließlich eine elektrische Kochplatte, die ich unter Sigrids Bett zum Heizen aufstelle. Gegen Morgen hat auch Sigrid sich erholt.

Der Indiomarkt hält tatsächlich alle Versprechungen. Handgeknüpfte Teppiche, Ponchos, bunte Borten und Keramiken. Die Stände brechen fast zusammen. Auch die Preise liegen trotz der hin und wieder auftauchenden Touristen im günstigen Bereich. Am nächsten Morgen gehen wir zum Bahnhof, setzen uns in den Zug und warten auf die Abfahrt. Nach einer Stunde spricht sich herum, daß ein Erdrutsch letzte Nacht die Gleise verschüttet habe. Vielleicht können wir am nächsten Tag fahren.

Erwartungsvoll wandern wir einen Tag später erneut zum Bahnhof. Doch diesmal dampft

Peruanischer Wachsoldat

und raucht immerhin eine Lokomotive. Wir suchen uns einen Platz, bald rumpeltder Zug los. Kaum haben wir die Stadt verlassen, bricht eine alte Dame in helle Aufregung aus: ihre Handtasche mit allem Geld und allen Dokumenten ist gestohlen. Bald läßt sich das Geschehen rekonstruieren. Zwei junge Burschen nutzten den Moment der Abfahrt, griffen blitzschnell die Handtasche und verschwanden aus dem Zug. Ein Amerikaner zeigt uns den Schnitt im Rücken seines Anoraks. Als er gestern morgen vor dem Fahrkartenschalter wartete, schnitt ein Dieb eine Öffnung in Anorak, Hemd und Unterhemd, zerschnitt den Tragriemen seines umgehängten Brust-Geldbeutels und zog ihn heraus, ohne daß es der Besitzer gleich bemerkt hatte.

Ein deutscher Lehrer, der in Kolumbien lebt, erzählt, daß er eines Tages von einem Lastwagen ziemlich langsam überholt wurde. Beim nächsten Halt schaut er seinen Dachgepäckträger an, jedoch der ist völlig leer. Während des Überholens hatten die Diebe kurzerhand vom Dach seines Autos in das ihre umgeladen. Ein Schweizer zeigt die Narbe am Unterarm, die ihm als einziges bei einem Überfall in Acapulco blieb: die Räuber schnitten das Armband seiner Uhr ein bißchen zu fest durch. Wir können nur die Geschichte Berthas in die allgemeine Aufregung des Abteils flechten: bei einem Sonntagsnachmittagsspaziergang mit ihren beiden Freundinnen in Lima springen drei Männer plötzlich von Motorrädern, entreißen den Damen Handtaschen und Schmuck. Eine der Freundinnen trägt Ohrringe, die sich in der Eile nicht öffnen lassen. Der Räuber wählt die schnellste Lösung, er schneidet die Ohrläppchen mitsamt der Ringe ab. Wir kaufen uns in Lima, bevor wir uns auf den Heimweg durch finstere Gassen machen, eine Fahrradkette als Waffe und schnallen die Kameratasche mit einem zweiten Riemen am Gürtel fest.

Bis zur Ankunft unseres Autos vergehen vier Wochen. Um die Zollabfertigung im Hafen zu erledigen, muß ich in elf verschiedenen Büros Unterschriften unter einem Berg von Papieren sammeln. Normalerweise brauchen die Agenten zwei Tage für die Prozedur. Weil ich Zeit habe, trainiere ich das Wettrennen vor der Ankunft und kann den zermürbenden Papierkrieg in einem halben Tag erledigen.

Indiofrau in Huancayo

Wir sind glücklich, daß unser Auto gut gelandet ist, und wir endlich wieder in unseren eigenen vier Wänden wohnen und auf dem eigenen Herd kochen können. Nach ein paar Tagen verlassen wir Lima und fahren gen Süden. Bis kurz vor Santiago de Chile zieht sich der Wüstenstreifen, der zwischen Küste und Anden-Region liegt und von zahlreichen Oasen unterbrochen wird. Über 3000 km Fahrt durch Wüstenlandschaften. Ein Erlebnis, das uns immer wieder in seinen Bann zieht.

An der chilenischen Grenze beginnt der Ärger mit dem Militär - und dem Gemüse. Die Einfuhr von Obst und Gemüse ist verboten. Wir haben aber gerade das Auto vollgeladen mit Feldfrüchten. Der Grenzbeamte herrscht uns an, daß das Gemüse zu vernichten sei. Sigrid erwidert, daß sie es stattdessen vor seinen Augen für's Mittagessen kocht. Der Mann nickt unwirsch und weicht nicht vom Kochtopf. Plötzlich verschwindet er unmotiviert. Sigrid nutzt den Augenblick, um alles was sie nicht kochen kann, in den Schlafsäcken und sonstwo zu verstecken (nach 14 Tagen findet sie einen verfaulten Apfel tief im Kleiderschrank). Anschließend lassen wir uns zum Essen nieder, mit vollem Bauch und rohem Gemüse im Schlafsack reisen wir ein.

Wir schauen uns ein bißchen im Grenzstädtchen Arica um, das einen sauberen Eindruck macht. Sigrid kauft die neue Gemüsevorräte wegen der vor uns liegenden langen Fahrt. Wir fahren weiter. Nach allerhöchstens zwei Stunden taucht plötzlich in einem menschenleeren Wüstental ein Schlagbaum auf - Militärkontrolle und Gemüsekontrolle. Junge Soldaten durchwühlen gerade einen Omnibus mit penetranter Pingeligkeit. Sigrid nutzt die eineinhalbstündige Wartezeit und versteckt erneut alles Gemüse.

Ein paar Tage später überrascht uns mitten im Land die dritte Gemüsekontrolle, diesmal aber so unverhofft, daß wir bereits vormittags um 9.30 Uhr Mittagessen kochen müssen. Irgendwo verstehen wir natürlich, daß die Chilenen Gemüse- oder Fruchtkrankheiten nicht quer durchs Land schleppen lassen wollen.

Santiago de Chile ist eine gepflegte Stadt mit vielen Grünanlagen; sie macht einen wesentlich saubereren und auch liebenswürdigeren Eindruck als Lima. Der blutige Allende-Umsturz ist inzwischen aus dem

Wüstenlandschaft in Peru (oben); Dünen bei Tanaca, Peru

öffentlichen Bild soweit wegretuschiert, daß die Außenmauern des Regierungspalastes keine Spuren mehr zeigen.

Südlich von Santiago fahren wir direkt in den beginnenden Winter. Schon von Ferne sehen wir die schwarze Wolkenwand uns entgegenziehen: Schnee- und Regenschauer hüllen uns ein. Das haben wir den Arabern mit ihrem Ölembargo zu verdanken. Ohne sie wären wir Weihnachten mitsamt Auto in Peru angekommen und hätten problemlos mindestens noch den Lago Argentina - eins der angeblich größten Naturwunder Südamerikas - erreicht. Jetzt ist das fast unmöglich.

Wir hören von den Chilenen, daß Aussicht auf Wetterbesserung erst in Wochen bestünde. Daher biegen wir kurz hinter Temucco nach Osten ab und überqueren in der Nähe von Villarica die Anden. Eine Schotterstraße schlängelt sich durch ein wunderschönes, wildromantisches Tal. Die Paßhöhe ist bei 1200 m erreicht und wir betreten Argentinien in einem großen Naturschutzpark. Aber es regnet auch auf dieser Seite der Anden. Als wir im ersten Ort tanken und beim Bezinpreis von fast 1 DM/Liter halbswegs in Ohnmacht fallen, erzählt der Tankwart, daß am Vortag der Preis um 120 % angehoben wurde. Vor Schreck fahren wir auf dem kürzesten - aber immer noch 2000 km langen - Weg direkt nach Buenos Aires. Bei den ewig schnurgeraden, immer langweiligen Straßen durch die argentinische Pampa beschließe ich endgültig, Handgas ins Auto zu bauen. Anschließend kann ich beide Füße auf die Armaturentafel legen und gemütlich am Steuer dösen. Was bei deutschen Verkehrsverhältnissen ganz undenkbar wäre.

In Buenos Aires fühlen wir uns wohl. Die Stadt ist eine freche Mischung aus Rom, Paris, Wien und Berlin. Es gibt unzählige Kaffeehäuser und vor allem auch Menschen, die nichts anderes lieber mögen als Kaffeehäuser. Die Argentinier - im übrigen eine eigene Mischung aus Italienern, Spaniern und Mitteleuropäern - leben erst abends richtig auf. Ab 21 Uhr erreicht die Jagd nach freien Restaurant- und Kaffeehausstühlen ihren Höhepunkt. In der Gegend der geschmackvollen Florida, der Haupteinkaufsstraße, herrscht dann größeres Gedränge als am Tag.

Der Rotary-Club in einem hübschen Vorort, dem Tigre-Delta, lädt uns zum Abendessen ein. Wir kommen schon nachmittags, parken das Auto im Schatten des hauseigenen Parks und machen eine Bootsrundfahrt. Gegen 19 Uhr klopft der Hausmeister und Koch ans Auto, druckst eine Weile herum und meint dann, wir könnten nicht in Jeans zum Essen erscheinen. Wir beruhigen ihn. Zehn Minuten später klopft er erneut. Wir müßten uns doch sicher waschen, ob wir nicht in sein Bad kommen wollten. Wieder beruhigen wir ihn und führen unser fließendes Wasser vor. Als wir dann frisch gewaschen und gesellschaftsfähig herausgeputzt zum Abendessen erscheinen, vom Präsidenten auf den Ehrenplatz gesetzt werden, da ist dem Hausmeister sein Fragen so unangenehm, daß er uns zum Abschied eine Flasche Sekt überreicht.

Das Fährschiff über den Rio de la Plata startet früh am Morgen. Wir übernachten der Einfachheit halber auf dem Parkplatz vor der Bootseinfahrt. Kaum stecken wir morgens den Kopf aus dem Fenster, spricht uns Herr Fischer aus Wien an. Er ist vor dem zweiten Weltkrieg nach Argentinien geflohen und betreibt eine Textilfabrik. Auf dem Schiff unterhalten wir uns; die Überfahrt über das breite Mündungsbecken des Rio de la Plata dauert ein paar Stunden. Herr Fischer lädt uns nach Punta del Este ein, einem kleinen Badeort am Südostzipfel von Uruguay.

Wir besuchen zunächst Montevideo. Selbst die Hauptstadt von Uruguay - das einstmals die Schweiz Südamerikas genannt wurde - verfällt. Wir sehen eingestürzte Hauswände und Bauruinen, die verrotten.

Durch eine hübsche Hügellandschaft fahren wir nach Punta del Este. Dort trauen wir unseren Augen nicht. Reiche und Superreiche aus den umliegenden Ländern haben sich hier Villen, manchmal fast Schlösser gebaut. Die Architekten konnten sich bedenkenlos austoben und schufen Bauten in jedem nur denkbaren Stil. Aber alle respektierten den natürlichen Baumbestand und versteckten ihre Phantasiegebilde meist hinter Wald und Hecken. Natürlich entstand auch viel Komisches und Kitsch.

Bald fahren wir weiter nach Brasilien. Brasilianisch, das heißt portugiesisch klingt uns wie russisch in den Ohren. Allerdings leben gerade hier im Süden des Landes viele Deutsche. Und als wir abends auf einer Hazienda fragen, ob wir auf der Wiese übernachten dürfen, spricht man deutsch. Auf dem Weg nach Norden folgen wir der Atlantik-Küste. Bald ändert sich die Vegetation in tropischen Regenwald. Wir übernachten an einsamen Stränden, von niemandem gestört.

Auf der Strecke von Curitiba nach Sao Paulo lernen wir die ununterbrochenen Lastwagenkolonnen kennen, die den größten Teil des brasilianischen Güterverkehrs bewältigen. Ohrenbetäubender Lärm der schweren, möglichst schalldämpferlosen Wagen, blaue Abgaswolken, riskante Überholmannöver. Kurz vor Sao Paulo machen wir abseits der Straße Mittagsrast. Ein furchtbar emsiger Mann kommt und erzählt, er sei Reporter. Wir wollen unsere Ruhe und beachten ihn kaum, er fotografiert unentwegt und stellt uns Fragen, die wir nur unwillig beantworten.

Die Groß- und Weltstadt Sao Paulo beeindruckt uns gewaltig. Ein Wolkenkratzer steht neben dem anderen, aber wiederum nicht so dichtgedrängt, daß man sich verloren fühlt. Auch hier spürt man die gestalterische Freiheit der Architekten, die einige wirklich elegante Hochbauten geschaffen haben. Von einem Aussichtsrestaurant schauen wir allerdings auch direkt in die schwarzen Fensterhöhlen eines ein paar Monate zuvor ausgebrannten Hochhauses, aus dessen obersten Stockwerken Menschen vom Feuer getrieben in den Tod sprangen. Sao Paulo wird, wie auch die anderen brasilianischen Großstädte, von einem autobahnähnlichen Straßensystem durchzogen. Wenn es überhaupt Straßenschilder gibt, dann sind sie so winzig, daß man sie kaum lesen, geschweige denn rechtzeitig erkennen kann. Wir verfahren uns dauernd, und zum ersten und einzigen Mal geht mir das Fahren so auf die Nerven, daß ich froh bin, als wir die Stadt verlassen.

Von Sao Paulo nach Rio de Janeiro führt eine Autobahn und die zwei Spuren in beiden Richtung sind mit Lastwagen angefüllt. Wir kommen vormittags in Rio an. Am deutschen Konsulat holen wir unsere Post ab; lesen Briefe und essen am Strand mit Blick auf den Zuckerhut zu Mittag. Bereits dieser erste Eindruck von der phantastischen Lage der Stadt fesselt uns. Als wir ein paar Tage später auf den Corcovado, den gut 700 m hohen Berg mit der Chri-

Stadtzentrum von Sao Paulo

Rio de Janeiro mit dem weltbekannten Zuckerhut

stusstatue, hinauffahren und sich die Stadt mit ihren vielen Buchten und Badestränden zu unseren Füßen ausbreitet, erklären wir Rio von der Lage her zur schönsten der uns bekannten Städte. Der Ausblick aus dieser Höhe auf das Häusermeer läßt uns nicht los. Wir übernachten auf dem Corcovado und können vom Bett aus hinunterschauen auf den Lichterglanz der nächtlichen Stadt.

Wir bleiben viel länger als wir planten in Rio. Endlich brechen wir auf nach Brasilia. Die Hauptstadt liegt gute 1300 km nordwestlich, halbwegs in der Steppe. Voller Spannung auf die weltbekannte und - kritisierte Konzeption erreichen wir die Stadt - und verlassen sie einen Tag später wieder, enttäuscht. Vielleicht gewinnt Brasilia in einigen Jahren oder Jahrzehnten an Reiz, wenn ein paar grüne Bäume gewachsen sind, und auch die Menschen die Leere verdrängen.

Wir fahren noch einmal nach Sao Paulo. Weil uns in Rio ein Tankwart mit der Hebebühne die Motoraufhängung beschädigte, suchen wir das VW-Werk auf. Auch verliert der relativ neue Motor Öl. Aus Kulanz bietet man uns nach einigem Verhandeln an, daß wir den Arbeitslohn tragen und VW das Material. Als wir abends bezahlen wollen, entläßt man uns mit den besten Empfehlungen und

Platz der Drei Gewalten in Brasilia

lehnt zu unserem Erstaunen jede Berechnung ab. Während Sigrid in einem Supermarkt einkauft, spricht mich ein Brasilianer im Auto an und fragt, ob ich nicht für ihn den Toto-Zettel ausfüllen wolle. Ich frage: "Warum?" "Sie sind doch ein Glücksvogel, das steht doch hier in der Zeitung!" antwortet er und zeigt mir die heutige Zeitung, in der ein halbseitiger Bericht jenes emsigen Mannes steht, der uns vor ein paar Wochen die Mittagsruhe raubte. Jetzt meinen wir auch das Entgegenkommen von VW zu verstehen.

Als nächstes Ziel steuern wir die Iguazu-Wasserfälle an. Sie liegen an einem Dreiländereck aus Brasilien, Argentinien und Paraguay. Bei unserer Ankunft geht die Sonne über den Fällen unter. Sie taucht die Wasserschleier, die als Gischt versprüht aus der Tiefe aufsteigen, in purpurrotes Licht. Dahinter die schwarzdunkle Wand des Dschungels. Ein überwältigendes und unvergeßliches Erlebnis. Und eines der großen Naturschauspiele: über eine sichelförmige Kante von 2,5 km Länge stürzt der Fluß in die Tiefe.

Um von Brasilien ins Nachbarland Bolivien zu kommen, müssen wir wegen nicht vorhandener oder überschwemmter Straßen durch Paraguay und Nordargentinien fahren. Zwar hätten wir uns das eigentlich gemütliche, von Herrn Stroessner streng regierte Land sowieso angesehen, aber der Umweg durch Nordargentinien kostet uns 2500 km.

Dort, ein Stück hinter Salta, beginnt die Straße stetig zu steigen. Nach einer Tagesreise haben wir uns in 3500 m Höhe der Anden- Gebirgswelt hinaufgeschraubt, eine Höhe, auf der wir uns viele Wochen weiterbewegen werden.Aber auch an ein zweites Kriterium der künftigen Verhältnisse gewöhnen wir uns: nicht asphaltierte Straßen oder gar pistenartige Strecken. In Bolivien hört dann jeder Verkehr fast auf. An einem Tag treffen wir nur 4 Lastwagen, müssen aber zweiundfünzig Mal Flüsse und Bäche durchqueren. Streckenweise gehen Weg und Flußbett ineinander über. Solange der Fluß halbwegs ausgetrocknet ist, läßt sich gegen diese doppelte Nutzung nicht viel sagen. In der Regenzeit jedoch fällt jeder Autoverkehr aus.

Über Potosi, das einst zu den reichsten Städten zählte, weil es an einem halbwegs aus Silber bestehenden Berg gebaut war, fahren wir nach La Paz. Die

Uru-Kinder auf dem Titicaca-See

Hauptstadt von Bolivien liegt in einer Talsenke, aber 4000 m über dem Meeresspiegel. Steile Straßen führen von der Hochebene hinunter in die Stadt. Ich habe Angst, ob wir jemals wieder hinauf kommen, weil dem Motor in dieser Höhe gute 40 % Leistung fehlen. Wir starten spät abends zu einer Probefahrt, und tatsächlich, mit der letzten Kraft schaffen wir es. La Paz gehört zu den ärmsten Hauptstädten Lateinamerikas. Es scheint uns, als ob ganze Stadtviertel nur Marktviertel sind, wo die Indios ein paar Tomaten oder eine Handvoll Kartoffeln zum Kauf anbieten, und auf den Käufer müssen sie vielleicht einen ganzen Tag lang warten.

Wir fahren weiter zum Titica-ca-See. Es ist der größte See in dieser Höhe, uns kommt er schon wie ein Meer vor. In Puno mieten wir ein Boot und fahren hinaus. Der See liegt bewegungslos wie Blei, im sauberen Wasser sehen wir Fische flüchten, die Luft in dieser Höhe ist ganz klar, kein Dunstschleier trübt den Blick auf die schneebedeckten Berge in der Ferne. Wir besuchen die Urdu-Indianer, die im kilometerbreiten Schilfgürtel des Sees leben. Sie reißen das Schilf aus, werfen soviel davon ins Wasser, daß tragfähige Inseln entstehen, auf denen sie ihre Hütten bauen, Schilfhütten natürlich. Wenn sie Hunger haben, essen sie - die Wurzeln vom Schilf oder sie fahren in Schilfbooten hinaus zum Fischen. Viele der zumeist gichtigen Leute betreten nie oder nur ungern Festland, weil sie auf hartem Boden nicht gehen können.

Unser nächstes Ziel ist die ehemalige Hauptstadt des Inka-Reiches, Cusco. Von dort lenkten einstmals die Inka-Herrscher ein Imperium, dessen gewaltige Ausdehnung vom heutigen Kolumbien bis südlich von Santiago de Chile alle bis dahin bekannten Staatengebilde übertraf. Eine Handvoll Spanier unter dem Kommando von Pizarro kam, sah und siegte. Mit List und Heimtücke metzelten sie die Führungsschicht nieder, schafften die unermeßlichen Goldschätze nach Spanien und zerstörten die Hauptstadt Cusco. Auf den Grundmauern bauten sie Kirchen und Klöster.

Nür diese Mauern und eine halbzerstörte Festung zeugen heute von der kaum vorstellbaren handwerklichen Geschicklichkeit der Inka- Baumeister.

Inca-Festung bei Cusco (oben); Sigrid in Machu Picchu

Inka-Festung Machu Picchu

Sie fügten die Steine so nahtlos dicht und ohne Mörtel oder Zement aneinander, daß diese Gemäuer allen Erdbeben widerstanden. Auch heute läßt sich nicht einmal eine Rasierklinge in die Fuge zwischen zwei Steinen schieben. Und das selbst bei über zwei Meter hohen und viele Tonnen schweren Blöcken.

Ein einziges, festungsartiges Dorf entging der Zerstörungswut der Spanier. Es lag so abseits, daß es erst 1911 wiederentdeckt wurde: Machu-Picchu, einer der Höhepunkte jeder Südamerika-Reise. Auch heute noch führt nur eine Eisenbahn bis in die Nähe der Festung. Dort, am Urubamba-Fluß, steigen wir aus und in einen Omnibus um, der uns in wilder Serpentinenfahrt 600 m den Berg hinauf vor die Tore von Machu Picchu bringt. Das ehemalige Wehrdorf klebt auf dem Verbindungsrücken zweier Berge. Tief unten schäumt in einer Haarnadelkurve der Urubamba um diese Festung. Dahinter, durch den Fluß getrennt, steigen dichtgrüne Berge empor, die von schneebedeckten Riesen in der Ferne noch einmal überragt werden. Diese unglaublich schöne Lage inmitten einsamer Anden-Welt ist das eigentliche Erlebnis Machu Picchu, daran können wir uns nicht sattsehen. Das Wehrdorfselbst mit dicken Mauern, Sonnentempel, einem kleinen Palast für den Herrscher, strohgedeckten Bauernhäusern und terassenförmig angelegten Feldern paßt sich in diese Landschaft so völlig ein. Es gewinnt erst durch sie seinen eigenartigen Reiz.

Ursprünglich planten wir, quer durch die Anden über Ayacucho und Huancayo zurück nach Lima zu fahren. Aber heftige Regenfälle hatten eine Brücke weggespült, ein Erdrutsch staute einen Fluß zu einem See, in dem die Straße verschwand. Um nicht hunderte von Kilometern auf Schotterstraßen zurückzufahren, wählen wir eine Querverbindung zur Küste bei Nasca. Noch bevor wir die Westbarriere der Anden überqueren, treffen wir amerikanische Reisekollegen, die mit einem ausgebauten Lastwagen und einem schwer beladenen, LKW-großen Jeep gerade dorther kommen, wohin wir wollen. Sie sind seit fünf Tagen auf der 300 km langen Strecke unterwegs, blieben viele Male stecken, kippten zweimal fast um. Der eine der Männer hält sich mit letzter Kraft aufrecht, am liebsten möchte er auf der Stelle nach Hause fliegen.

Gemeinsam mit einem englischen VW-Bus-Paar, mit dem wir seit La Paz zusammen reisen, machen wir uns trotz aller Warnungen auf den Weg. Im Hochtal vor dem ersten Paß legen wir einen Tag Pause ein, schauen die Autos durch, backen Kuchen auf Vorrat und tanken genügend Wasser (und Benzin natürlich). Frühmorgens brechen wir auf. Der schmale Weg klettert von 3200 m weitere 1000 m hinauf, häufig müssen wir um kleinere und größere Erdrutsche herumbalanzieren. Wir folgen einer Hochebene mit einsamen Indio- Dörfern, vor denen Lamas und Alpacas weiden. Schneebedeckte, majestätische Gipfel liegen zum Greifen nahe, wir fühlen die Herausforderung der Einsamkeit und der unbarmherzigen Umgebung in dieser Höhe. Aber trotz aller düsteren Vorhersagen kommen wir gut voran. Unsere Autos sind schmal und leicht genug, um zwischen den tiefen Gräben der Lastwagenräder gerade noch genug Halt zu finden. Mit Schwung und angehaltenem Atem fahren wir durch Schlammstrecken, ein paar Mal holpern und schaukeln wir im Fußgängertempo über puren Fels. Aber wir bleiben nicht ein einziges Mal stecken. In einem geschützten Tal übernachten wir und treffen am nächsten Mittag in Nasca ein. Dreieinhalb Tage früher als die Lastwagenbesitzer.

Wir hörten, daß man in der Nähe von Nasca auf einem Gräberfeld aus der Inkazeit nach Tonkrügen und alten Sachen graben könne. Einen halben Tag lang suchen wir den Rand der Wüste nach diesem Feld ab, kurz vor Sonnenuntergang biegen wir um einen Hügel. Ein sportplatzgroßes Feld ist übersät mit ausgebleichten Totenschädeln, mit Gerippen und Stoffetzen. Wir übernachten in der Nähe und machen uns am nächsten Vormittag an die archäologische Arbeit. In der Gruft einer hockend beerdigten Inka-Dame finden wir einen schönen bemalten Tonkrug, der gute 500 Jahre alt sein dürfte. Unsere englischen Freunde sind ähnlich erfolgreich. Den Peruanern gegenüber haben wir kein schlechtes Gewissen; in der Nähe von Lima gibt es ein ähnliches, aber weit größeres Feld, in dem professionelle Schatzgräber (und Fälscher) Touristen bedienen.

Jetzt, im Juni, liegt der Küstenstreifen von Peru und Chile unter einer ständigen, deprimierenden Nebeldecke. Nichts erscheint uns trostloser als Nebel über der Wüste, der Sand verliert alle Farbe, er wirkt feucht und grau wie die Farbe der Nebeldecke. Wir sind froh, daß wir diese Gegend während der schönen Jahreszeit erlebt haben.

Über Lima fahren wir, der Küste folgend, nach Norden. Einmal verlassen wir noch die gut ausgebaute Asphaltstraße und mühen uns über ausgefahrene Wege hinauf in die Berge, in die Umgebung von Huaraz. Dort rücken die westliche und die östliche Andenkette immer enger zusammen, bis sie sich in der Schlucht des Santa-Flusses fast berühren. Im Abstand von nur 15 m steigen sie fast parallel und wohl 1000 m senkrecht in die Höhe, ein fast beängstigender Anblick.

Diese Gegend gehört zu erdbebenreichen Gebieten der Erde. 1970 löste ein Erdbeben eine Gletscherwand, die Geröll mit sich reißend zu Tal stürzte. An einer engen Stelle des Tals schwappte sie über eine Hügelkette und begrub innerhalb von wenigen Augenblicken ein ganzes Städtchen, an einem Sonntagnachmittag als gerade ein Fest stattfand. Wir wandern über diese Geröllhalde. Der

Kirchturm liegt 50 Meter neben dem Platz, wo einst die Kirche stand, vom zentralen Dorfplatz blieben noch vier einsame Palmen übrig, ein VW-Käfer ist zu einem handlichen Paket zusammengefaltet; auch heute noch ein grauenhaftes Bild des Schreckens.

Wir fahren weiter nach Ecuador, das Land auf dem Äquator. Die flachen Küstengebiete kommen uns wie eine einzige, ununterbrochene Bananenplantage vor. Im Andengebiet dagegen, auf Höhen um 3000 m, weiden Kühe auf saftigen Wiesen, fühlen wir uns in mitteleuropäische Regionen versetzt. In Quito, der hübschen und hoch gelegenen Hauptstadt, wird es nachts richtig frisch - nur 15 km südlich des Äquators. Genauer gesagt, 15 km vom alten Äquator entfernt. Nachmessungen um 1960 ergaben, daß der echte Äquator gute 100 km weiter nördlich liegt.

Über Otavalo, einem Städtchen mit einem sehr malerischen Samstagsmarkt fahren wir zur kolumbianischen Grenze. Die Ecuatorianer haben sich plötzlich etwas ganz Neues ausgedacht. Sie verlangen eine Art Ausreisezoll für's Auto. Wir wollen die 50 DM nicht zahlen und fahren in einem günstigen Augenblick unbemerkt hinüber auf die kolumbianische Seite. Nach der Grenzabfertigung sind wir noch keine zwei Minuten unterwegs, als plötzlich ein dicker Baumstamm quer über der Straße liegt. Männer mit Eisenstangen in der Hand stoppen uns. Einer bückt sich und will die Luft aus dem Reifen lassen. Wütend springe ich aus dem Auto. Der Mann läßt zwar ab vom Rad, aber die anderen kreisen mich drohend ein.

Jonathan, unser englischer Freund, springt ebenfalls aus seinem Wagen und beruhigt erstmal die Leute und mich. Dann erfahren wir, daß gestern die Benzinpreise um 40 %, von 10 Pfg auf 14 Pfg pro Liter erhöht wurden. Die Lastwagenfahrer haben daraufhin Streik ausgerufen und blockieren mit Gewalt jeglichen Verkehr. So schnell wir können kehren wir um und flüchten vor den aufgebrachten Leuten zurück in die Grenzstation. Dort sitzen wir zwei Tage lang fest; des nicht gezahlten Zolls wegen können wir nichteinmal ins grenznahe Städtchen nach Ecuador zum Einkaufen.

Als endlich der Streik beendet ist, hält uns nach einer halben Tagesfahrt ein Polizeiposten auf: Die Straße sei 24

Stunden lang gesperrt. Über einen Bach war eine neue Brücke gebaut worden. Mit dem Abriß der alten hatte man gerade begonnen, ohne daß die neue befahrbar ist. Bagger schütten erst einen Straßendamm dorthin auf. Zum zweiten Mal sitzen wir ungewollt fest. Aber nach diesem etwas mißlichen Beginn ändert sich bald unser Kolumbien-Eindruck. Besonders die Landschaft genießen wir. Die Berge liegen unterhalb der Schneegrenze, sie sind überzogen mit saftig grünen Teppichen aus Buschwerk oder Gras oder Wäldern oder Kaffeeplantagen. Die Straße führt unentwegt bergauf und bergrunter. Die Kolumbianer lieben Blumen, ihre meist sehr fröhlich angepinselten Häuser schwimmen regelrecht in Blumengärten. Häufig sind sogar Haus- und Blumenfarbe aufeinander abgestimmt.

Kolumbien gilt als das gefährlichste Land Südamerikas, in Bezug auf Räuber und Diebe. Wir sind besonders vorsichtig, fahren immer im Konvoi zusammen mit unseren englischen Freunden und suchen uns für die Nacht Schutz auf Haziendas, bewachten Hotelparkplätzen und in der Hauptstadt Bogota auf dem Parkplatz des Goethe-Instituts. In Bogota verzichten wir auch auf den Besuch des Monserrate-Berges, von dem man einen guten Blick auf die Stadt haben soll. Die Zufahrtsstraße steht angeblich unter der Kontrolle professioneller Räuber. Vor einem Jahr bezahlte ein Deutscher für diese Erkenntnis 20 000 DM; die Räuber blockierten die Straße, der Arme mußte sein Geldversteck im Auto herzeigen und dann die Reise abbrechen.

Berühmt ist das Goldmuseum in Bogota. Es birgt wohl den größten Teil der wiedergefundenen Goldschmiedearbeiten aus der Inka-Epoche. Die wertvollsten Funde sind in einem Raum konzentriert. Der Wärter läßt die Besucher immer erst in den voll verdunkelten Raum treten, dann dreht er langsam die Beleuchtung auf. Die mit Gold bedeckten Wände und Vitrinen beginnen leicht zu glimmen, leuchten mehr und mehr und erstrahlen dann im vollen, tatsächlich blendenden Glanz.

Zwischen Kolumbien und Panama, also zwischen Süd- und Nordamerika, gibt es keine Straßenverbindung. Kenner der Situation rechnen mit vielen Jahren bis zur Fertigstellung einer seit vielen Jahren geplan-

Otavalo-Männer am Markttag (oben); Stop an der kolumbianischen Grenze

ten Straße: für die paar hundert fehlenden Kilometer Straße muß man leider irgendeine andere Transportmöglichkeit suchen. Auf dem Weg von Bogota nach Carthagena erkundigen wir uns in Medellin bei einer Frachtfluggesellschaft, die auch Autos nach Panama transportiert. Aber der Preis liegt ein paar hundert DM über den Schiffskosten.

In Carthagena, einem sehr alten spanischen Hafen mit hübschem Altstadtkern, kommen wir an einem Sonntag an. Zufällig treffen wir einen Amerikaner, dem wir bereits mehrere Male unterwegs begegneten. Er hat für Montag ein Schiff gebucht; das nächste kommt erst drei Wochen später. Wir wollten eigentlich nur buchen und, wenn wir noch Zeit hätten, für eine Woche nach Venezuela fahren. Aber am Montagmorgen stellt sich heraus,daß wir abends noch mitfahren können. So steigen wir zu und zahlen für die nur 17 Stunden dauernde Überfahrt 1118 DM. Jeder von uns betrachtet diesen Preis als eine moderne Art von Seeräuberei. Aber das ist noch die billigste Überfahrt, die wir überhaupt ausfindig machen können...

In Panama liegt die ganze Kette der kleinen mittelamerikanischen Staaten vor uns. Das wäre sehr interessant, wenn nicht der Ärger an jeder einzelnen Grenze wäre. Bevor er abgeklungen ist, hat man bereits die nächste Grenze mit dem nächsten arroganten, korrupten und schikanösen Beamten erreicht. Die Herren versuchen, für jeden Handschlag Geld zu verlangen, und außerhalb der Bürozeit Überstundengeld. Mit Lust ziehen sie die Abfertigung so hinaus, daß sie in die lange Siesta der Mittagszeit oder den Feierabend fällt. In Nicaragua telefoniert der einzige Paßbeamte 20 Minuten mit seiner Frau. Um 12 Uhr legt er den Hörer auf, schaut auf die Uhr und verlangt von mir 2,50 Dollar für die 10 Sekunden dauernde Unterschrift. Er weiß ganz genau, daß wir, wenn wir bis zum Ende seiner Pause um 14 Uhr warten, eine weitere Stunde in Honduras verlieren, weil sich die Nachbarn eine Sommerzeit leisten- und es dort dann erst 13 Uhr ist.Wütend gehe ich zum Vorstand der Station. Und nur, weil der gerade einen Diplomaten bedient, erläßt er mir gnädig den Überstundenzoll.

Von der Landschaft her gefallen uns die mittelamerikanischen Staaten - bis auf Honduras, von dem wir wenig sahen -

Im tropischen Regenwald bei Tikal, Guatemala

sehr gut. Costa Rica ist ein schönes, gepflegtes Ländchen, in dem sehr viele Mitteleuropäer, besonders Deutsche, leben. Auch Nicaragua mit seinem großen, von Vulkanen gesäumten See, macht einen sehr abwechslungsreichen Eindruck. In der Hauptstadt Managua suchen wir vergeblich das Zentrum. Ein Erdbeben ebnete die Stadt am 24.12.72 nahezu völlig ein, die Trümmer der niedrigen Häuser sind bereits von Gras und Gebüsch überwuchert, an einigen Hochhausruinen arbeiten Räumkommandos, Trümmerfrauen suchen Ziegelsteine und Alteisen aus dem Schutt.

Guatemala gefällt uns gut. Die Hauptstadt Guatemala City kommt uns recht gemütlich, mit dem spanischen Sinn für Siesta vor. Sie liegt in ewigem Sommerklima in den Bergen, von dort lassen sich die karibische Küste im Osten oder der Pazifik im Westen leicht erreichen. Die Menschen in Guatemala sind freundlich und aufgeschlossen. In Chichicastenango besuchen wir einen Indianermarkt, der vor zwei Kirchen stattfindet. Die Indianer gehen immer mal schnell in eine der Kirchen und murmeln ein paar Gebete; daß zumeist die alten Indianer-Götter gemeint sind, scheint die katholische Kirche zu tolerieren. Wir besuchen den Atitlan-See. Er liegt eingebettet zwischen hochaufragenden Vulkanen; malerischer könnte es gar nicht sein. An seinem unverdorbenen, glasklaren Wasser legen wir Rast ein und beneiden die Menschen, die dort leben.

Von Guatemala City fahren wir der karibischen Küste entgegen, aus der angenehmen Höhenluft hinunter in die tropische Schwüle. Wir besuchen die Maya-Ruinen von Tikal, die pyramidenförmig und hoch aus dem Urwald ragen. Der Weg dorthin ist in den Dschungel gehackt, streckenweise so eng, daß er mehr einem Tunnel gleicht. Von Tikal führt der Schlammpfad weiter nach Britisch Honduras oder Belice, wie sich der winzige Staat nach seiner vollständigen Unabhängigkeit nennen möchte. Auf ausgefahrenen Asphaltstraßen durchqueren wir das absolut flache Land und betreten Mexico auf der Halbinsel Yucatan.

Yucatan besteht aus weißem Kalkfels, dessen Oberfläche abgeflacht und von Dschungel oder dichtem Busch überwuchert ist. Der südöstlichen Küste sind lange Korallenriffe vorgelagert, die das Meeraquarium klar filtern. Durchsichtige Wellen

Laguna de Bacalar, Yucatan

rollen sanft auf schneeweißem Sand aus. Das Bild übertrifft jede kitschig-bunte Postkarte. In diesem warmen Wasser zu baden und zu tauchen, das müssen wir einfach ein paar

Maya-Priester auf einer Stele aus Yaxchi-

Tage lang tun. Zusammen mit unseren englischen Freunden suchen wir uns schattige Palmen am Strand für die Badepause. Keine 10 Tage nach unserer Abreise wird die Gegend von einem Wirbelsturm verwüstet.

Wir besichtigen die Maya-Ruinen von Chichen-Itza, Uxmal, Kabah und Palenque - und sind ein bißchen enttäuscht. Im Gegensatz zu den eleganten, manchmal fast verwundbar zarten Bauwerken vieler asiatischer Kulturen wirken die Ruinen hier meist grobschlächtig und plump. Vielleicht stört uns auch der Gedanke an die vielen Menschenopfer. Besonders ernüchternd - und erschauernd - betrachten wir daher die Ruinen der Azteken um Mexico-City. Dort brachten es die Priester fertig, an hohen Opfertagen bis zu 10 000 Menschen abzuschlachten, ihnen das Herz aus der Brust zu reißen und es, zuckend noch, als Opfer darzubieten.

Mexico City ist sicher die schillernste Stadt Lateinamerikas, mit absolut eigenem Gesicht. Spanische Kolonialbauten, riesige Wandgemälde oder Mosaiken oder auch einfach naive Malerei auf dem nackten Beton moderner Hochhäuser, winklige Gassen und die 10 Fahrbahnen breite Prachtstraße Reforma wetteifern um die Gunst der mexikanischen Seele. Oder zum Beispiel die Musikergruppen, die sich am Garibaldi-Platz versammeln und für ein paar Pesos jedes beliebige Stück aufspielen - da singt jeder mit, keiner geht vorbei. Uns gefällt die Stadt so gut, daß wir am liebsten gleich dort bleiben möchten für ein paar Jahre...

Nur ungern verlassen wir Mexico-City, aber wir wollen weiter, damit wir nicht in den

Die Atlanten von Tula

Winter Nordamerikas geraten. Auf der mexikanischen Hochebene kommen wir zügig voran und betreten in El Paso die Vereinigten Staaten. Auf dieses Land sind wir sehr gespannt und in unseren Voraus-Gefühlen gespalten. Wir schleppen all die Vorurteile mit, die besonders in Mitteleuropa gepflegt werden. Aber auf dem Weg über Arizona hinauf zum Monument Valley, zum Glen Canyon und dann zum Grand Canyon, begreifen wir erst richtig, welch' phantastische landschaftliche Schönheiten die USA besitzen.

Das Erlebnis Grand Canyon zählt noch einmal zu den großen Höhepunkten unserer Reise. Vor Jahrmillionen floß der Colorado River durch eine flache Hochebene. Im Laufe der Zeit trug er die Erde davon und grub sich eine immer tiefere Rinne. Heutzutage schäumt der Fluß am Grunde eines 1000 Meter tiefen Grabens, dessen unbewachsene nackte Steilhänge ziegelrot schimmern und mit weißen, schwarzen, violetten oder senffarbenen Streifen oder Punkten durchsetzt sind. Für den Geologen Abbild der Erdgeschichte, für uns ein gewaltiges, in seiner Pracht und Größe überwältigendes Gemälde der Natur.

Über Las Vegas, das Death Valley und den landschaftlich schönen Yosemite Park fahren wir, mit einem Abstecher nach Monterrey, nach San Franzisco. Von der Stadt, die landschaftlich prächtig an der großen Bucht liegt, hatten wir viel erwartet. Wir stellten uns eine Art großes Künstlerviertel mit buntem Leben vor. Aber trotz intensiver Suche finden wir nur eine Kleinausgabe und verlassen ein wenig enttäuscht die Stadt.

Auf dem Weg nach Salt Lake City und weiter zum Yellowstone Park freuen wir uns an einer in allen Farben schwelgenden Herbstlandschaft. Der Yellowstone Park empfängt uns mit eisiger Kälte und Schneeschauern. Aber die folgenden Tage sind klar und wir erleben die landschaftliche Schönheit dieses riesigen Gebietes in all ihrer Vielfalt: die Geysire, die phantastischen Gebilde der Kalk- und Mineralablagerungen, den Yellowstone Canyon und den großen stillen See des Yellowstone River. Aber neben all der großartigen Landschaft imponiert uns, daß die Amerikaner bereits im vorigen Jahrhundert dieses Gebiet zum Nationalpark erklärten und damit schützten. Zu einer Zeit, als bei uns kein

Mensch auf solche Ideen kam. Und auch heute noch pflegen sie ihre Parks mit einer Sorgfalt, die Bewunderung verlangt.

Für die Weiterreise nach Norden, nach Kanada, hat uns die strenge Kälte jede Lust genommen. Wir biegen nach Osten ab und fahren über Mount Rushmore und die Badlands nach Washington. Dort legen wir eine lange Pause bei Freunden ein und reparieren endlich auch die Federung hinten rechts am Auto, die kurz vor dem Yellowstone Park laut krachend gebrochen war. Über 3000 km legten wir mit dem hinkenden Wagen zurück.

Die letzte Etappe führt von Washington nach New York. Von der Verrazano-Brücke - eine der mächtigsten Hängebrücken der Welt - sehen wir zum ersten Mal dieses Betongebirge vor uns liegen. Vorn an der Spitze der Insel Manhattan überragen 120 Stockwerke hohe Türme des World Trade Center all die "Kleinen" mit nur 80 oder 90 Stock. Auch als wir später von der 110 Stockwerke hohen Spitze des Empire State Building hinunterschauen, scheint es uns kaum glaubhaft, daß Menschen zu einer derart geballten Bauleistung fähig sind wie Manhattan sie darstellt. Uns gefällt New York, wir finden kaum eins der vielen negativen Urteile bestätigt. Im Gegenteil, für uns ist diese Stadt die attraktivste der USA mit ihren zahllosen Bühnen, Kinos, Kneipen, Konzertsälen und Museen. Allen Warnungen zum Trotz übernachten wir 10 Nächte lang wie üblich im Auto, irgendwo auf einer etwas stillen Straße in Manhattan. Kein Mensch überfällt oder belästigt uns.

Für die Überfahrt nach Deutschland haben wir als billigste Linie die Atlantic Container Lines herausgefunden. Zu unserem großen Ärger müssen wir das Auto völlig ausgeräumt auf dem Schiff abliefern, das heißt, nur die fest eingebaute Einrichtung darf im Wagen bleiben. Trotzdem füllen wir alle Hohlräume wie Lüftungsschächte mit Büchern und anderen Utensilien auf. Außerdem scheinen uns einige Fächer im Auto immer noch sicherer zu sein als die Kartons, in die wir den Inhalt des Autos umfüllen müssen. Wir verstecken dort alle Wertsachen wie Tonbandgeräte und Radio und alle Souvenirs.

Das Schiff soll an einem Mittwoch New York verlassen, wegen eines halben Feiertages müssen wir das Auto bereits am Montagnachmittag abliefern.

Am Mittwoch fahre ich noch einmal zum Hafen, um nachzuschauen, ob alles klappt. Auf dem riesigen Parkplatz darf ich nur mit einem Angestellten der Reederei zum Wagen gehen. Und dort sehe ich die Katastrophe: ein Dieb hat die stabile Verbindungstür im Durchgang zwischen Fahrerhaus und Wohnabteil aufgebrochen und alles durchwühlt.

Ich bin sprachlos vor Schrekken; noch dazu kann ich in Anwesenheit des Angestellten nicht nachschauen, ob der Dieb unsere Verstecke ausgeräumt hat. Maßlos ärgert mich, daß sich die Reederei auf meine Vorwürfe hin nicht einmal äußert. Es kommt mir vor, daß Diebe und Räuber zumindest toleriert, wenn nicht gar als Arbeiter dort beschäftigt werden. (Bis zum heutigen Tag, an dem ich diese Zeilen schreibe, haben wir mindestens sechs andere Touristen getroffen, die mit dieser Linie verschifften. Jeder wurde schamlos bestohlen).

Deprimiert gehe ich zum Telefon und erzähle Sigrid von dem Unglück. Sie hat kurz zuvor einen Anruf einer Firma entgegengenommen, bei der ich mich vorgestellt und wegen einer Beschäftigung im Ausland nachgefragt hatte. Diese Firma braucht ganz dringend einen Mann meiner Ausbildung für wenigstens eine Woche in Teheran. Ob ich nicht aushelfen könne. Ich rufe an und sage zu. Vierundzwanzig Stunden später soll ich abfliegen.

Ich trage Jeans und Pullover. Alles andere ist verpackt und nach Deutschland unterwegs. Wir müssen Anzug, Hemden und Krawatten kaufen, weil ich in München nur einen kurzen Zwischenaufenthalt habe. Abends fliegen wir vom Kennedy Airport ab. Beim Zwischenaufenthalt in München besorge ich mir schnell ein paar Fachbücher. Sigrid bleibt zurück und geht zwei Tage später ins Krankenhaus, um unser letztes Reise-Souvenir bergen zu lassen: acht Stahlschrauben, mit denen ihr gebrochenes Bein zusammengeschraubt war.

Ich arbeite eine hektische Woche lang in Teheran. Dann fliege ich zurück nach Deutschland und hole in Bremerhaven unser Auto ab. Voller Spannung untersuche ich die Verstecke: die Diebe waren zu dumm zum Stehlen, nichts von den Wertsachen ist verschwunden. Da steht nun unser braves und tapferes Auto wieder auf deutschem Boden - und darf nicht fahren. Um Versicherung (die ja nur in

Auf der Brooklyn Bridge, New York

nerhalb Europas gilt) und Steuern zu sparen, hatten wir bei der Ausreise aus Europa den Wagen abgemeldet und waren mit unzugelassenem und zumeist unversichertem Auto einmal um die Erde gefahren. Nicht ein einziges Mal gerieten wir deswegen in Schwierigkeiten. Jetzt aber muß ich mir rote Nummernschilder besorgen, um nach München fahren zu können. Dort folgt die umständliche und teure Prozedur der Wiederzulassung.

Über München hängt grauer Novemberregen. Wir können uns nicht einfinden in die alte Umwelt, tagelang sitzen wir wie gelähmt, voller Trauer und Depression tatenlos herum. Daß dieses ganze Erlebnis der Vergangenheit angehören soll, dieser bitteren Erkenntnis fügen wir uns nur sehr schwer.

Und doch bereuen wir nicht einen Augenblick, auf die lange Reise gegangen zu sein. Es war eine Zeit, in der wir extrem bewußt lebten - an jeden einzelnen Tag können wir uns erinnern -, wir haben Alternativen zu unserer mitteleuropäischen Kultur und zu unseren Lebensgewohnheiten verstehen gelernt. Wir haben wenigstens einen kleinen Teil der Erde mit eigenen Augen gesehen, haben Sonne und Wind mit unserer Haut gefühlt, die fremde Wirklichkeit mit allen Sinnen eingefangen.

Jedoch, die Unruhe in uns lebt weiter, Zwar ist der größte Hunger gestillt - aber satt geworden sind wir nicht.

Mit diesen Sätzen endete unsere Reise-Geschichte, die wir unter dem Titel AUTO-WELT-REISE Anfang 1975 publiziert hatten. Inzwischen - im Jahr 1977 - gibt es noch ein paar Geschichten nachzutragen.

Damals, 1975, hatte ich eine Stelle in meinem Beruf gefunden, und wir mieteten uns eine kleine Wohnung im Olympischen Dorf in München. Wir versuchten, uns an den Alltag zu gewöhnen und die Härten der Rückgliederung ins normale Leben erträglich zu gestalten. Unsere Träume jedoch gehörten einer anderen Welt.

Kein Wunder, daß wir die erste Chance spontan ergriffen, die sich plötzlich und unerwartet bot: wir kamen von einem Pfingstausflug nach Hause zurück und fanden ein Telegramm im Briefkasten. Ich las es zweimal, bis ich die Tragweite des Inhalts begriff. Die Internationale Fernmelde-Union (eine Unterorganisation der UNO), bei der ich mich Ende 1974 beworben hatte, bot mir eine Stelle als "training expert" an einem College in Pakistan an. Als wichtigste Bedingung wurde genannt, daß ich in den nächsten Wochen bereits anfangen müsse.

Fieberhaft blätterten wir im Kalender und stellten fest, daß ich meine Stelle in München am nächsten Tag noch kündigen könne,andernfalls müßte ich ein weiteres Vierteljahr warten. Zur Entscheidung blieb uns nicht mal eine Nacht.

Wir schoben alle Bedenken beiseite. Vor allem sahen wir zwei Chancen: einmal würden wir Zeit und Gelegenheit finden, ein fremdes Volk viel intensiver kennenzulernen als es jemals einem Reisenden möglich ist. Zum anderen würden wir aktiv in der Entwicklungshilfe arbeiten können. Außerdem wäre Pakistan von der Lage her gar kein schlechter Platz, sowohl Afghanistan als auch Indien liegen vor der Haustür.

Auch das Städtchen Haripur, in dem wir wohnen würden, liegt recht günstig im Norden des Landes, nicht allzu weit von der Regierungshauptstadt Islamabad entfernt. Von unserer Reise her konnten wir uns sehr gut an die Gegend erinnern, zumal wir im naheliegenden Taxila übernachtet und in Islamabad ein paar Tage zugebracht hatten. Das alles sah sehr positiv aus.Nach wenigen Stunden hatten wir den Entschluß gefaßt und am nächsten Morgen kündigte ich meine Stelle. Sigrid begann mit dem Einpacken unserer Habseligkeiten. Einen Teil davon lagerten wir erneut ein, Haushaltsgeräte etc. konnten wir auf Kosten meines neuen Arbeitgebers nach Pakistan schicken. Ende Juni stand unser braves Auto - vorsichtshalber mit neuem Motor und Getriebe - gepackt wie in alten Zeiten vor der Tür.

Zum erstenmal fahren wir mitten im Sommer aus Deutschland ab. Die Balkan-Länder schwelgen noch in Grün, doch je weiter wir nach Süd- Osten gelangen, umso unerbittlicher brennt die Sonne. In den Wüstenstrichen des Iran herrschen Temperaturen von über 40 Grad, der Fahrtwind, der eigentlich kühlen sollte, bläst wie die Luft aus einem heißen Haartrockner ins Auto. Irgendwo in der schattenlosen Wüste länger anzuhalten, kommt einem Grillerlebnis gleich - allerdings meint man selbst auf dem Rost zu sitzen. Jetzt macht sich der zusätzliche Ölkühler bezahlt, den ich noch in den letzten Tagen vor der Abreise ins Auto baute:

während wir früher bei derartigen Wärmegraden immer wieder anhalten und Kühlpausen für den Motor einlegen mußten, bleiben wir nun unterhalb der kritischen Temperaturen.

Wir fahren zügig. Bald schon treffen wir in Afghanistan ein. In Herat bummeln wir durch den Bazar, besuchen die Moschee und feilschen mit den Händlern. Wir sind überglücklich, wieder zurück zu sein in diesem Land. Auch die Hauptstadt Kabul hat sich kaum verändert. Wir erforschen die paar Neuigkeiten und genießen die alten uns so lebendigen Plätze. Wir machen schnell einen Abstecher in das kleine Dörfchen Istalif, um dort für unseren Haushalt in Pakistan Keramik-Eßgeschirr zu erwerben: eine komplette Ausstattung für 8 Personen können wir zu DM 30,- erhandeln.

Aber zu bald müssen wir Afghanistan verlassen. An der Grenzstation am Khyber-Paß heißt uns der pakistanische Beamte als "residents" in seinem Land willkommen, unser Reise-Status ist damit offiziell mal wieder beendet, ein seßhaftes Leben als "Gastarbeiter" wird beginnen. Vom Khyber-Paß sind wir noch knappe 5 Stunden bis nach Haripur unterwegs. Je näher wir unserer neuen Heimat kommen, umso gespannter sind wir, nehmen jedes Detail der Umgebung kritisch wahr: wird unser künftiges Haus, unser Garten so oder so aussehen?

An einem späten Samstagnachmittag halten wir vor einem Schlagbaum, hinter dem sich die T & T Colony verbirgt. T & T steht fürTelefon- und Telegrafenverwaltung von Pakistan; eine Colony wurde dort in den fünfziger Jahren gegründet, um Angestellte und Arbeiter einer von Siemens errichteten Telefonfabrik anzusiedeln. Gleichzeitig wurde innerhalb der Colony das Telecommunication Staff College als Ausbildungsstelle für die Ingenieure und Techniker der T & T gebaut.

Auf der Suche nach dem College fällt uns auf, daß diese Colony für pakistanische Verhältnisse sehr gepflegt ist. Baumreihen säumen die sauberen Straßen, hinter hohen Hecken verbergen sich die Einheits- Ziegelhäuser der Bewohner. Schließlich finden wir meinen künftigen Chef, einen von der Bundespost freigestellten Beamten, der als Project Manager für die Aktivitäten der Fernmelde-Union hier verantwortlich ist. Er zeigt uns voller Stolz seine Dienstvilla, deren Bau er in zäher Kleinarbeit der T & T abringen konnte. Dieses Haus ist mit Abstand das größte und beste in der Colony und es dürfte, wie uns später klar wird, das beständigste Denkmal des Entwicklungshilfe-Projektes werden.

Der Project Manager steht einem Experten-Team vor, das aus einem Engländer, einem Kanadier und - nach unserer Ankunft - aus drei Deutschen besteht. Wir alle üben nur beratende Funktionen aus. Wir sollen in unserem jeweiligen Fachgebiet zusammen mit pakistanischen Kollegen - den Counterparts -Kurse für die verschiedensten Studentengruppen erarbeiten, diese Kurse halten und die Counterparts soweit ausbilden, daß sie nach Beendigung unseres Auftrags selbständig weiterarbeiten können. Die offizielle Unterrichtssprache am College ist Englisch.

Wir besichtigen unser künftiges Haus. Es wurde bereits vor zwei Jahren gebaut, aber seither wohnten nur Bauarbeiter zusammen mit ihren Familien und ihrem Viehzeug dort. Gerade machen sich Anstreicherkommandos darüber her, den Dreck der Vorbewohner zu übertünchen. Ein paar Tage später können wir, nach heftigen Beschwörungen der Handwerker, einige Räume provisorisch beziehen. Wir räumen kurzerhand die gesamte Wohneinrichtung aus unserem VW- Bus ins Haus um. Es gibt in Pakistan keine "Möbel-Märkte", jedes einzelne Möbelstück muß wie in der guten alten Zeit vom Schreiner nach Bestellung und Maßangabe gefertigt werden. So dauert es viele Wochen, bis unser Haus endgültig eingerichtet ist.

Zu meinen ersten dienstlichen Unternehmungen gehört es, den Ist- Zustand der Stromversorgungs-Technik festzustellen, über die ich unterrichten soll. Weil es keine brauchbaren Statistiken gibt und um ein eigenes Bild von den Problemen vor Ort zu gewinnen, brechen wir bald zu einer Rundreise durch Pakistan auf. Die Reise fällt unglücklicherweise in die vierwöchige Fastenzeit - Ramadan -, in der die Moslems zwischen Sonnenauf- und Sonnenuntergang fasten müssen: weder essen, noch trinken, noch rauchen. Mit Erstaunen stellen wir fest, daß sich sicher 90 % und mehr der Bevölkerung ganz strikt an die Regeln halten. Zwar läuft nach außen hin das Wirtschaftsleben in dieser Zeit seinen gewohnten Gang, aber es läßt sich nicht verleugnen, daß selbst bei gutem Willen ein Arbeitstag mit leerem Magen lang und hart ist.

Wir besuchen Quetta, die Provinzhauptstadt von Belutschistan, der man ihre auch äußerliche Verwandtschaft mit dem nahegelegenen afghanischen Kandahar deutlich ansieht. Dann bleiben wir ein paar Tage in der "Industrie-Metropole" Karachi, die nach der Teilung von Indien aus dem Boden gestampft wurde und sich als ziemlich gesichtslose, flächenmäßig sehr ausgedehnte Stadt darstellt.

Für einen kurzen Abstecher fahren wir nach Tata, wo wir neben alten Grabdenkmälern eine in Architektur und Details sehr schöne Moschee sehen. Auf dem Weg nach Norden besuchen wir Mohendjo Daro, einen der Hauptorte der vor über 4000 Jahren blühenden sogenannten Indus- Kultur. Wir bewundern die damals bereits zweistöckigen Ziegelhäuser, ein öffentliches Bad und das Kanalisations-System. Schließlich kehren wir über Multan und Lahore zurück nach Haripur.

Das offizielle Ergebnis der Reise betrachte ich als Herausforderung: auf meinem speziellen Fachgebiet kennt sich fast niemand richtig aus, für eine systematische Schulung und Unterrichtung schien jeder dankbar zu sein, mit dem ich sprach.

Unser Privatleben wird bald in die für ausländische Experten in der Dritten Welt typischen Bahnen gelenkt. Es läßt sich nicht vermeiden, daß wir einen Koch einstellen müssen, weil sonst die Haushaltsführung entsetzlich viel Zeit fressen würde; weil es z.B. kein Brot - die Pakistaner essen hauptsächlichFladenbrot - zu kaufen gibt, muß zu Hause gebacken werden. Mehl, Reis und ähnliche Produkte müssen mühselig auseinandersortiert werden: Würmer, Steine und Dreck auf die eine, der verbleibende Rest auf die andere Seite.

Das Einkaufen muß nach pakistanischer Sitte möglichst ein Mann besorgen, weil Frauen außerhalb des Hauses nicht viel gelten. Unser Koch ist vom frühen Morgen bis zum Abwaschen nach dem Mittagessen und um die Abendessenszeit vollauf beschäftigt.

Unser Haus besteht aus fünf Zimmern, einer großen Küche,

Raja-Bazar in Rawalpindi (oben); pakistanische Hochzeit

drei Bädern und einem weitflächigen Innenhof, dazu einer Garage, in der unser VW- Bus mit Leichtigkeit Platz findet. Täglich muß alles von einer Putzfrau geputzt werden, weil sonst der feinkörnige Staub aus der Umgebung kaum zu ertragen ist.

Neben dem Haus und im Innenhof lassen wir Gärten anlegen, die von einem halbtags beschäftigten Gärtner betreut werden. Und als bei einem Nachbarn eingebrochen wird, stellen wir schließlich auch noch einen Nachtwächter an.

Die vielen Probleme, die von diesen Angestellten ausgehen, belasten uns; außerdem stört uns die simple Tatsache, daß wir fast nie allein in unseren vier Wänden sind. Bald schon wünschen wir uns einen Supermarkt herbei, wo man alle Lebensmittel ohne Zeitaufwand und in hygienisch einwandfreiem Zustand erwerben kann. Wenn dann noch eine Spülmaschine da wäre, würden wir mit Freuden auf die Dienste des Kochs verzichten.

Obwohl wir fast doppelt so hohe Löhne wie die Pakistaner an unsere Hausangestellte zahlen, klingen die DM-Beträge beschämend niedrig: Der Koch verdient DM 90 im Monat,die Putzfrau DM 40, der Nachtwächter DM 50 und der Gärtner DM 35; hinzukommen noch etwa 2-3 Monatsgehälter pro Jahr für Kleidung, Geschenke etc. Man muß aber diese Einkommen in Relation zum gesamten Lohnniveau in Land sehen: der Direktor des College - ein Beamter etwa im Rang eines Ministerialrates - verdient zwischen DM 500 und DM 600, ein Beamter im höheren Dienst etwa DM 300 und ein Beamter des gehobenen Dienstes ca. DM 200, die zahllosen Arbeiter im College werden mit DM 50 im Monat abgespeist, ein mir zugeteilter Büro-Diener ist Tagelöhner zu DM 1 pro Tag. Auf der anderen Seite gelingt es den Leuten, sich mit den relativ sehr billigen Lebensmitteln und bei Mieten um DM 10/Monat für eine Beamtenwohnung halbwegs durchs Leben zu schlagen.

Neben den Problemen mit den Hausangestellten stört uns das Ghetto- Leben in der Colony. Eine solch kleine Gruppe von Ausländern trifft sich natürlich häufiger, ist auch viel mehr aufeinander angewiesen. Aber wenn eine Party die andere Party mit immer wieder denselben Teilnehmern und denselben Gesprächen ablöst, erscheint uns das auf die Dauer langweilig. Wir versuchen mit den Pakistanern Kontakte zu knüpfen.

Bezeichnend für unsere Bemühungen ist die Geschichte mit dem Bankmanager der Colony. Der etwa 25jährige, weltgewandte junge Mann lädt uns zu seiner Hochzeit ein. Seine Frau, eine Cousine zweiten Grades, wurde von den Eltern ausgewählt (auch heute noch sind 80 Prozent der Ehen arrangiert), die Hochzeit zieht sich über fast eine Woche hin. In dieser Zeit müssen mehr als 1200 Gäste bewirtet werden. Die Feiern finden in einem Damenzelt, zu dem wir Männer keinen Zutritt haben, und in einem Männerzelt statt. Die Männer sitzen den ganzen Tag herum, unterhalten sich, essen und trinken Wasser - Alkohol ist bei Muselmanen zumindest offiziell verpönt.

Im Damenzelt geht es wesentlich lustiger zu, dort tanzen die über und über goldgeschmückten Mädchen, Geschenke sind aufgestapelt und werden bewundert. Zwar versucht die Regierung per Gesetz, die Kosten für Hochzeiten einzudämmen; wir waren später zur Hochzeit eines Bauern eingeladen, dort nahmen nur 700 Gäste teil, das Essen war etwas bescheidener...

Kurze Zeit später laden wir den Bankmanager mit seiner jungen Frau zu uns ein. Die Frau, obwohl in der Großstadt Rawalpindi aufgewachsen, legt nur ungern den Schleier ab - sie kommt sich nackt vor, gesteht sie. Sie hat Englisch studiert und ist Englisch- Lehrerin an einer Mädchenschule. Trotzdem wagt sie es nicht, mit mir - dem fremden Mann - direkt zu sprechen. Sie bittet ihren Mann in der Landessprache Urdu, mir dieses oder jenes mitzuteilen oder sie beantwortet meine Fragen ihrem Mann mit der Bitte es mir zu sagen. Mit Sigrid allein klappt die Verständigung wesentlich besser, obwohl sie auch bei ihr mit Hemmungen Ausländern gegenüber zu kämpfen hat.

Natürlich drehen sich viele Gespräche mit Pakistanern um die Rolle der Frau. Wir versuchen zu verstehen, daß Frauen im Haus voll regieren und von dorther sicher auch einen weiten Einfluß in die Männerwelt vor der Haustür haben; daß andererseits der Mann seiner Familie mit Haut und Haar verpflichtet ist und daß sich die meisten Männer wohl auch für ihre Familie aufopfern würden. Bei dieser Rollenverteilung fühlt sich die Frau beschützt, viele

Probleme werden von ihr ferngehalten. Letztlich stellt der Schleier das äußerliche Symbol dieses Schutzes dar: sie selbst kann alles beobachten, wird selbst aber nicht erkannt. Diese gesellschaftliche Situation trifft mehr oder weniger auf alle muselmanischen Länder zu. Die Beachtung der Koran-Lehren und -Verhaltensvorschriften zeigt weltweit eher eine Renaissance; Emanzipationsbewegungen im westlichen Sinn dürften zumindest vorläufig kaum eine Chance haben.

Wir versuchen diese Situation zumindest wertfrei als das zu nehmen was sie ist: der Sittenkodex eines Volkes, bei dem wir als Gäste leben. Auf der anderen Seite sind wir nicht bereit, unsere Vorstellungen von partnerschaftlichem Verhalten aufzugeben und Einladungen getrennt für Männlein und Weiblein zu arrangieren. Das wiederum ist den meisten unserer einheimischen Gäste derart ungewohnt, daß Hemmungen nicht abgebaut werden, Gespräche ins Stocken geraten, peinliche Pausen durch Phrasen überbrückt werden müssen. Viele Kontakte erschöpfen sich nach der ersten Begegnung. Wir bleiben letztlich die Fremden und die Fremdkörper in einer Kultur, deren Wertvorstellungen ganz anders als die unseren sind.

Auch meine Erfahrungen im College bestätigen diese so fremde Welt. Der orientalische Fatalismus macht uns Ausländern immer wieder zu schaffen. Physikalische und technische Vorgänge lassen sich nur rational erfassen und beurteilen; ein fatalistisches Abwarten, daß ein rational vorhersehbarer Fehler nicht eintreten werde, verschlimmert höchstens den Zustand eines Gerätes.

Andererseits sehen wir die Probleme der pakistanischen Counterparts, die sich entweder selbst profilieren wollen oder die ihre Arbeit ausschließlich uns überlassen. Eine echte Zusammenarbeit im Sinn von Geben und Nehmen, von Lehren und Lernen ist ungeheuer schwierig. Zwar finden wir uns schließlich damit ab, daß der Erfolg nur bescheiden sein kann. Aber diese frustrierende Einsicht ist hart. Sie führt schließlich dazu, daß Sigrid und ich beschließen, nach Ende des Vertrages keine neue, ähnliche Stelle zu suchen, sondern nach Deutschland zurückzukehren.

Trotzdem bemühen wir uns, Land und Leute so gut wie nur irgend möglich kennenzulernen.

Wann immer Wetter und die bescheidene Freizeit es erlauben, erforschen wir die nähere und weitere Umgebung zu Fuß, per Fahrrad oder natürlich per Auto. Es ist für uns ein ganz neues Erlebnis, den Wechsel der Jahreszeiten, Trocken- und Regenzeit an ein- und demselben Ort zu beobachten. Wir können nicht genug bestaunen, wie nach Beginn der sommerlichen Regenzeit die Natur völlig explodiert, wie sich die nackte Erde zusehends mit einer dichten, grünen Decke überzieht, wie Blumen in die Höhe schießen und sich das Land in wenigen Augenblicken fast völlig verwandelt.

In unserem eigenen Garten erleben wir, wie Bananenpflänzchen innerhalb weniger Monate zu drei Meter hohen Stauden emporwuchern, sich die Blüte entfaltet und Büschel für Büschel winzige grüne Bananen herauswachsen und reifen. Wenn wir in dieser Zeit nachts mit unserem Hund spazierengehen, liegt auf den Straßen der betörend-verführerische Duft der "Königin der Nacht", deren fast unscheinbare Blüten sich nur in der Dunkelheit öffnen.

In den Sommer 1976 fällt auch der Höhepunkt unserer Reise- Aktivitäten. Anfang Juni fliegen wir von Pakistan aus für neun Tage in die Volksrepublik China. Die Gruppenreise wird von den Pakistan International Airlines für im Land lebende Ausländer veranstaltet, die direkt von Islamabad/Rawalpindi nach Peking fliegen. Der Flug selbst ist schon ein erstes, großartiges Erlebnis: das Flugzeug muß sich vom 500 m hoch gelegenen Flughafen in Rawalpindi in einer Spirale so hoch schrauben, daß es die Himalaya-Riesen Nanga-Parbat und K2 sicher überfliegen kann. Je höher wir hinauf-spiralen, umso weiter öffnet sich der Blick auf die Himalaya-Kette, dann dreht die Maschine nach Nordost ab, ein Schneegipfel neben dem anderen liegt buchstäblich zu unseren Füßen.

Leider verbirgt sich China unter einer Wolkendecke, die erst in Peking aufreißt. Der Flughafen von Peking macht zwar einen etwas bescheidenen Eindruck, aber die Chinesen fertigen uns zügig und freundlich ab, alles ist ungeheuer sauber und ordentlich - für einen aus Pakistan kommenden Touristen eine ungewohnte Überraschung.

Die Chinesen geben sich sehr viel Mühe, ihr Land aus den verschiedensten Perspektiven zu zeigen. Man führt uns - ganz offenbar wieder voller Stolz - durch die historischen Bauten wie die Verbotene Stadt (mit deren Riesenhaftigkeit und, auf der anderen Seite, traumhaft schönen Details wir uns am liebsten eine Woche lang beschäftigt hätten), den Sonnenaltar und den Sommerpalast. Natürlich fahren wir zu der typisch chinesischen Fleißarbeit, der 6000 km langen Mauer. Aber wir besichtigen auch Schulen, Kindergärten, Fabriken, eine Komune, ein Krankenhaus und besuchen private Familien in Peking. Unser Programm beginnt pünktlich um 7.30 Uhr und endet meist nach 22 Uhr, nur die hervorragende chinesische Küche hält uns aufrecht.

Per Eisenbahn fahren wir eines Nachts im pieksauberen Schlafwagen nach Tsinan, besuchen dort ein ehemaliges buddhistisches Kloster und am Nachmittag eine Fabrik. Nachts geht es wieder per Schlafwagen weiter nach Nanking. Von dort machen wir einen zweitägigen Omnibusausflug hinaus ins Land nach Yangchow. Wir gewinnen einen Eindruck von Dörfern und von den Lebensbedingungen auf dem Land. Ein paar Tage später fliegen wir zurück nach Peking und von dort schließlich wieder nach Pakistan.

Vielleicht gerade weil wir aus einem Land der Dritten Welt nach Rotchina kamen und weil der Unterschied zwischen beiden Nachbarländern so ungeheuerlich groß ist, vielleicht waren wir deswegen umso tiefer von dem beeindruckt, was die Chinesen geleistet haben. Es beginnt schon damit, daß in Rotchina das sonst gewohnte Chaos fehlt: kein Dreck, kein Durcheinander, keine Unzuverlässigkeit. Man kann in jedem Restaurant unbesorgt essen, überall Wasser trinken, nirgendwo wird gestohlen. Zwar sind die Chinesen uniform angezogen, aber sie tragen Kleider am Leib, die nicht aus Fetzen bestehen. Es gibt keine Bettler, man sieht keine Kranken auf der Straße dahinsiechen. Die Märkte sind mit Waren zu erschwinglichen Preisen gefüllt, niemand verhungert, jeder hat ein Dach über dem Kopf. Wirtschaftlich ist Rot-China dabei, sich zu einer modernen Industriemacht emporzuschwingen.

Unabhängig von jeder ideologischen Einstellung zeigt sich für uns, daß dieser Fortschritt das Werk Maos ist. Dieser Mann hat die Gunst der Stunde erkannt und genutzt, er hat es

Pavillion des Höchsten Firmanents, Peking

fertig gebracht, 500 Millionen oder mehr Menschen zu motivieren, eines der damals rückständigsten Länder der Erde aus eigener Kraft umzukrempeln und eine Begeisterung für die Erneuerung des Riesen-Reiches zu entfachen, die buchstäblich Berge mit den bloßen Händen versetzte. Mao hat Traditionen und erstarrte religiöse Riten zerschlagen, er konnte auf der anderen Seite auf ein Volk bauen, das traditionell fleißig und zu gemeinsamem Handeln erzogen war. Die Frage, ob Mao in Indien ähnlich erfolgreich gewesen wäre, läßt sich kaum beantworten; zumindest hätte er es bedeutend schwerer gehabt. (Mao, dem wir all überall in Gips oder Beton oder nur im Foto begegneten, starb wenige Monate nach unserem Besuch.)

Aus der Sicht der Entwicklungshilfe sollte das Beispiel Rot-Chinas sehr genau analysiert werden: die Chinesen haben, nachdem sie von den Russen sitzen gelassen wurden, ihre Wirtschaft und Technologie selbst entwickelt. Natürlich mußten sie bittere Rückschläge einstecken, aber sie lernten aus den Fehlern und verbesserten sich im nächsten Schritt. Die anderen Länder der Dritten Welt beziehen fertige Technologien ohne die - bittere - Chance, aus den eigenen Fehlern lernen zu müssen. Sie ahmen dann Fabrikationsprozesse nach, schauen zu und sprechen erlerntes Wissen nach. Ihnen fehlt aber häufig der wirkliche Bezug zur Praxis, das Wissen um Bedeutung und Wertigkeit von Details oder Einzelprozessen.

Die Fastenzeit der Muselmanen fällt in jenem Jahr mitten in den Sommer. Bereits kurz nach 4 Uhr morgens ruft der Muezzim per Lautsprecher vom Minarett der Moschee zum Gebet. Bis zum Sonnenuntergang nach 19 Uhr bleiben Speisen und Getränke unberührt. Während der Fastenzeit finden gewöhnlich keine Kurse im College statt, ich nehme ein paar Tage Urlaub und wir fahren nach Nordindien. Wieder sind wir fasziniert von diesem Land - und können es nicht versäumen, erneut das Taj Mahal zu besuchen, uns wiederum von der Majestät seiner Architektur fesseln zu lassen.

Bald nach der Rückkehr aus Indien beginnen die ersten Vorbereitungen für unsere Abreise aus Pakistan. Am 28. Oktober 1976 haben wir alle Abschiedspartys hinter uns. Die zum Teil rührenden Abschiedsgeschenke der Pakistaner sind verstaut.

Junge Musikantin in einer Pekinger Schule

Bei strahlendem Sonnenschein verlassen wir mit Resignation und Trauer einen Ort, an dem wir vor 16 Monaten voller Idealismus und Pläne angekommen waren.

Wir planen, über Quetta, Shahedan, Isfahan nach Bagdad zu fahren. Aber auch am Tag der Abreise liegt das Visum für den Irak nicht vor. Der Beamte vertröstet uns, er würde das Visum nach Teheran schicken. Daher ändern wir unsere Pläne und fahren direkt über Kabul nach Teheran. Aber auch dort ist kein Visum eingetroffen. So bleiben wir auf der dichtbefahrenen "Ölspur" bis Shivas in der Türkei, biegen dort nach Südwesten ab und besuchen Kayseri und Göreme. Bald jedoch flüchten wir vor der empfindlichen Kälte nach Adana und von dort nach Syrien. Aber selbst der Wüstenplatz Palmyra kann uns nicht aufwärmen. Wir freuen uns, abends dem Hotel eine heiße Dusche abkaufen zu können. Auch in Damaskus macht sich der frühe Wintereinbruch unangenehm bemerkbar.

Wir kehren um nach Norden, folgen der Mittelmeerküste bis Antalya in der Türkei. Auf der Weiterfahrt treffen uns Schneeschauer, der Grenzübergang nach Griechenland ist vereist. Auch Saloniki - wo wir eine Pause einlegen wollten - überrascht uns mit Schneeschauern. Am nächsten Morgen liegt tiefer Schneematsch auf der Straße nach Skopje, auf vereisten Brücken hängen Autotrümmer im Geländer. Als wir schließlich an einem strahlenden Dezembersonntag Deutschland erreichen, hat sich eine dichte, in der Sonne glitzernde Schneedecke ausgebreitet. Unsere pakistanische Hündin Judy springt aus dem Auto, tobt und wälzt sich im Schnee, als ob sie in diesem Element aufgewachsen wäre.

Diesmal sind wir froh, zuhause zu sein.

Wieder einmal - im Frühjahr 1979 - gibt es eine Geschichte nachzutragen. Vor wenigen Tagen kamen wir aus Afrika zurück, dem letzten Kontinent, den unser braver VW-Bus noch hinter sich zu bringen hatte. Leider war es nur eine Dreimonate-Reise, die uns bis zur Atlantikküste Westafrikas und zurück führte, aber die zweimalige Saharadurchquerung hat uns begeistert - und unser Auto strapaziert.

Das erste Abenteuer bestanden wir noch vor der Abreise. Wir ließen aus Sicherheitserwägungen alle Verschleißteile wie Motor und Getriebe (obwohl beide erst 65 000 km alt waren) in einer VW-Werkstatt in München-Moosach ersetzen. Obwohl mir der Eigentümer versicherte, besonders sorgfältig zu arbeiten (er habe mehrere "Wüstenfahrer"-Kunden), kam nach einwöchiger und 6.000 DM teurer Reparatur das Auto mit lebensgefährlichen Mängeln aus der Werkstatt. So sagte ein TÜV-Mann, der den Wagen am nächsten Tag untersuchte und natürlich nicht abnahm. - Die nötigen Nachreparaturen dauerten sieben Arbeitstage.

Zu jener Zeit hätten wir ernsthaft eine Neuauflage unseres Buches "Nie wieder im VW-Bus um die Erde" getauft. Nachdem in Nigeria weitere bemerkenswerte Fehlleistungen eines österreichischen Meisters in einer offiziellen VW-Werkstatt hinzukamen, müßten wir jetzt umso mehr zum neuen Buchtitel neigen. Jedoch hat sich andererseits unser Bus so tapfer auf den schlimmsten Pisten geschlagen, daß ein solches Urteil ungerecht und unzutreffend wäre. Man muß differenzieren: Konzeption und Fahrwerk sind hervorragend, der Motor gehört nicht zu den zuverlässigsten, er ist aber relativ preiswert. Der VW-Kundendienst ist nach meinen subjektiven Erkenntnissen so schlecht, daß ich ihn nach 9-jähriger Erfahrung nurmehr mit sehr viel Skepsis in größter Not in Anspruch nehme.

Das zweite Abenteuer fand während der Abreise statt: Ein Polizist entdeckte die acht an der linken Fahrzeugaußenseite befestigten Benzinkanister und Sandbleche und verlangte eine Sondergenehmigung des TÜV. Das war vormittags um 9.30 Uhr, abends um 22 Uhr mußten wir im 800 km entfernten Hafen von Genua auf dem Fährschiff nach Tunis erscheinen. "Wenn Sie die Sondergenehmigung nicht einholen, ziehe ich den Wagen sofort aus dem Verkehr", drohte er. Nach 15 Minuten erregter Diskussion gab der Bürokrat nach. Er war trotzdem überzeugt, daß man selbst in der Sahara nur mit einer Sondergenehmigung des TÜV fahren dürfe.

Nach all diesen Aufregungen gestaltet sich der Rest der Anreise sehr erholsam. Die Alpenkette liegt in strahlender Herbstsonne, die uns über ein spiegelglattes Mittelmeer begleitet und uns bis zur Rückkehr nach Genua nicht mehr verläßt.

Das nördliche Nordafrika betrachten wir als Anreisegebiet, wir fahren zügig und ohne große

Unterbrechungen. Im Grenzgebiet Tunesien/ Algerien bei Nefta wirbelt ein sehr starker Wind den Flugsand bis in Augenhöhe, das ist so unangenehm, daß selbst die algerischen Zöllner auf eine Auto-Kontrolle verzichten. In der Oasen-Siedlung Ghardaia legen wir eine erste Besichtigungspause von knapp zwei Tagen ein. Wir lassen uns von der immer noch strenggläubigen Islam-Welt der Mozabiten-Sekte fesseln, strolchen durch die manchmal nur schulterbreiten Gassen oder ruhen uns im Palmenhain aus. Dann fahren wir über El Golea nach Timimimoun und machen dort eine 50 km-Rundreise durch die einzelnen Oasen. Das ist eine reine Pistenfahrt, und am Ende sind wir über das Fahrverhalten unseres wieder mal überladenen Wagens sehr beruhigt. Wir sehen der Wüste gelassener entgegen.

Vierzehn Tage nach der Abfahrt von Tunis erreichen wir Adrar. Hier gibt es zum letzten Mal vor der Tannesrouft-Piste Super-Benzin und gutes Wasser. Wir beschäftigen uns nochmal einen Tag lang mit dem Auto, prüfen alle Funktionen und befestigen unter Motor und Getriebe ein starkes Drahtgitter als Steinschlagschutz.

Dann tanken wir 400 Liter Benzin: 60 in den Fahrzeugtank und 340 in 17 (in Worten: siebzehn) Benzinkanister. Denn wir rechnen für die vor uns liegende 1 400 km lange Tannesrouft-Piste mit einem Verbrauch von etwa 350 Litern, die restlichen 50 Liter sind Reserve (auch für den Fall, daß es in Gao am anderen Ende der Piste wie so häufig kein Benzin geben sollte). Von den 17 Benzinkanistern packen wir neun aus Gewichtsverteilungsgründen in unser Bett; und müssen sie Abend für Abend - als Ausgleichsgymnastik - aus dem Auto räumen. Die restlichen acht, an der rechten Fahrzeugseite befestigten Kanister ragen vom Heck bis zur Hälfte der Fahrertür und zwingen mich seit Beginn der Reise, jedesmal durch die Beifahrertür auszusteigen.

Von Adrar aus liegen noch 150 km Asphaltstraße bis nach Reggane vor uns, dann beginnt die Piste. In Reggane stoppt uns ein Polizeiposten. Die Tannesrouft-Piste darf nur im Konvoi befahren werden. Wir müssen auf mindestens einen Partner warten. Immerhin können wir schon mal per Fernglas die Strecke begutachten. Über der brettflachen Ebene flimmert die Hitze, bis zum Horizont Sand,

Karawane im Sahel-Gebiet (oben); Arbeit auf der Tannesrouft-Piste

nichts als gelbbrauner Sand. Wir fühlen beide die Spannung und die Erwartung: wie werden wir mit dieser Strecke fertig werden.

Eine Stunde später taucht ein französischer Peugot-Fahrer auf, er überführt ständig PKW's nach Mali - und ist, genau wie wir, nicht an einer gemeinsamen Konvoi-Fahrt interessiert. Aber der Bürokratie ist Genüge getan. Genau um 12 Uhr mittags dürfen wir gemeinsam starten.

Um 12.15 Uhr sitzen wir zum ersten Mal im Sand fest, der Franzose gibt Gas und fährt davon.

Wir essen erst mal gemütlich zu Mittag, dann schaufeln wir den Sand zur Seite, heben den Wagen an der Hinterachse an und stellen ihn auf Sandbleche. Vor die Vorderräder legen wir ein zweites Paar Sandbleche. Diese kurze Startbahn genügt, und wir sind frei. Ohne weiteres Steckenbleiben kommen wir durch die gefürchteten ersten 50 km mit sehr vielen Weichsandstellen.

Und schon erleben wir ein "Jahrhundertereignis". Ein Lastwagen ist auf einen anderen, der im Sand stecken geblieben war, aufgefahren. Auf einer Piste, die an dieser Stelle wohl 10 km breit ist und auf der höchstens alle halbe Tage ein LKW daherrumpelt ...

Die Tannesrouft-Piste: das sind Spuren im Sand, die mehr oder weniger dicht einer Markierung aus Bezinfässern folgen. Diese Fässer sind meist in Sichtweite aufgestellt, häufig fehlt jedoch das eine oder andere Faß und man muß hoffen, das nächste zu finden.

Die Tannesrouft-Wüste gehört laut Reiseführer zu den ödesten der Welt. Sie ist flach wie ein Kuchenteller und fast gänzlich tot. Für uns war die Tannesrouft die faszinierenste Wüste, die wir je erlebten. Das Bewußtsein der totalen Einsamkeit, das Erlebnis der völligen Stille und das Schauspiel der Sonnenuntergänge: man sitzt im Zentrum dieses Kuchentellers, die Sonne nähert sich eilig und frei von jedem Dunstschleicher dem Rand des Horizonts; klar leuchtend und selbstbewußt fährt der Sonnenball in die Tiefe. In atemberaubenden fünf Minuten ist alles vorbei. Im Rücken erscheint violett, dann blau, dann schwarz die Nacht, fast so schnell wie die Sonne verschwindet. Wenig später bedeckt ein ungemein klares Sternenmeer den Nachthimmel.

Bis zur 750 km entfernten algerischen Grenzstation Bordj Moktar sind wir zweieinhalb

Tage unterwegs, bleiben noch zweimal im Sand stecken und fahren hauptsächlich im 2. oder 3., lange Strecken aber auch im 1. Gang. In der Gegend der Mali-Grenze ändert sich das Landschaftsbild. Die Piste schlängelt sich durch Gebirgsketten, es gibt häufig keine Ausweichspuren mehr, man muß auf dem harten, wellblechartigen Pistenboden bleiben. Manchmal tauchen Beduinen aus dem Nichts auf, bitten um Wasser und verschwinden im Nichts. Später dann sehen wir die typischen Ziehbrunnen des Sahelgürtels, um die sich Kamel- und Zebu-Herden drängen.

Genau fünf Tage nach dem Start erreichen wir Gao, die graubraune Lehmhäuser-Stadt am Niger. Eigentlich ist uns die Reise durch die Wüste zu schnell gegangen, gern würden wir ein paar Tage in der Einsamkeit geblieben sein. Aber wir hatten von entgegenkommenden Deutschen gehört, daß der Niger-Flußdampfer jeden Tag in Gao erwartet würde. Und mit diesem Dampfer wollen wir weiter nach Mopti tuckern. Aber der Reederei-Angestellte gibt uns lakonisch zur Auskunft, das würde sicher noch 10 Tage dauern - was in Afrika leicht 20 Tage und mehr bedeuten kann.

Dafür entschädigt uns Gao mit einem Empfang für den Präsidenten der Republik. Bereits am frühen Morgen strömen die Stämme des Bezirks in ihren besten und buntesten Trachten auf dem Sportplatz zusammen. Tuareg jagen auf weißen, hochmütigen Rennkamelen durch die Menge, Musikbands spielen heiße Rhythmen, Tänzer lassen sich auch von Polizeihieben nicht einschüchtern, fröhliche und ausgelassene Menschenmengen wogen hin und her. Wir werden mitgerissen, integriert und jubeln wie alle dem Präsidenten zu, der schließlich mit drei Stunden Verspätung durch die Menge drängt.

Wir versuchen, per Straße nach Mopti und zum Stamm der Dogon zu kommen. Aber diese Straße ist eine Sammlung von Spuren, die querfeldein führen. 600 km liegen vor uns, am ersten Tag schaffen wir 80 - und geben schweren Herzens auf. Denn damit müssen wir auf Mopti endgültig verzichten.

Stattdessen fahren wir nigerabwärts nach Niamey, der

Hauptstadt der Republik Niger. Niamey ist eine relativ junge Stadt, sehr geschäftig und ziemlich gepflegt. Am besten gefällt uns das Museum, das nicht nur der Geschichte gewidmet ist, sondern auch das heutige Leben zeigt mit Handwerks- und Kunsthandwerksbetrieben, sogar einem kleinen Zoo.

Über eine harte Wellblechstraße fahren wir nach Obervolta und dort in den Parc du W, ein großes Drei-Länder-Tierreservat. Die Anfahrt vom letzten Dorf bis zum Park ist 45 km weit, sie beschäftigt uns auf ganz schlimmen Feldwegen fast zweieinhalb Stunden. Als wir 5 km weit in den Park gefahren sind, versperrt uns eine tiefe Querrinne den Weg. Ohne stundenlanges Wege-Bauen kämen wir nicht weiter, und der Parkwächter hatte uns von vielen Querrinnen erzählt. Wir übernachten und kehren am nächsten Morgen um, ohne auch nur eine Maus gesehen zu haben. Im etwa 100 km entfernten Parc Arly haben wir etwas mehr Glück, dort laufen uns zweimal Bison-Herden und recht viele Gazellen über den Weg.

Obervolta ist von der Landschaft her ein sehr uninteressantes Land: es ist flach und von grauem, dürftigem Buschwerk überzogen. Aber seine Bewohner machen diesen Eindruck bei weitem wett, wir treffen hier (und ähnlich auch in Mali) die freundlichsten Menschen, die uns je auf unseren Reisen begegneten. Wann immer wir durch Dörfer fahren, winken uns die Bewohner zu, kommen und begrüßen uns mit strahlender Freundlichkeit in den Augen. Im Gegensatz zu vielen anderen Ländern ist diese Freundlichkeit offen und ohne Hintergedanken, der Fremde ist willkommen und man ist über seinen Besuch glücklich.

Diese Freundlichkeit spüren wir selbst in der Hauptstadt Ouagadougou. Auf dem großen Markt der Stadt können wir uns unbekümmert und unbelästigt bewegen und komplikationslos fotografieren. Wir lernen einige, in "Waga" lebende Deutsche kennen, mit denen wir die Weihnachtsfeiertage verbringen und die wir ein wenig um diesen Wohnort beneiden. - Im nahegelegenen Wildpark Po sehen wir am frühen Morgen zwei Elefantenherden direkt neben der Asphaltstraße grasen.

Unseren Plan, durch Ghana zum Atlantik zu fahren, geben wir auf, als wir erfahren, daß in jedem Dorf in Ghana mehrere Straßenkontrollen stattfinden

"Wohnburg" der Tamberma in Togo

und daß man bei jeder Kontrolle einen kleinen Schein in den Paß legen müsse, anderenfalls daure eine Kontrolle stundenlang.

Stattdessen fahren wir nach Togo. Bereits im Norden des Landes ändert sich die Vegetation. Jeden grünen Fleck nehmen wir nach der langen Reise durch Sand und graues Buschwerk besonders deutlich wahr. Eine Enttäuschung wird ein Abstecher ins Tal der Tamberma bei Kante. Diese Leute bauen ihre Rundhütten aus Stein und zweistöckig, eine Seltenheit in Westafrika. Die "Burgen" sehen recht malerisch aus und erfreuen die Augen so mancher in Bussen herbeigekarrter Touristen. Daher "kostet" ein Foto bei den Tamberma bis zu 5 DM. Da uns das zu teuer erscheint, fliegen Steine, von denen einer eine tiefe Beule in der Schiebetür hinterläßt...

Im Winter, oder genauer zur Zeit des Jahreswechsels liegt über dem Süden Westafrikas der Harmattan, ein Sand-Nebel aus der Sahara. Der Himmel ist fast immer grau, die Sicht beträgt häufig nur wenige Kilometer. Wir haben auch wenig Freude, als wir auf den höchsten Berg Togos, den Mont Agou, fahren wollen: der Harmattan nimmt uns die Sicht auf die umliegenden Kakao- und Kaffeeplantagen und auf die Reste von tropischem Regenwald. Dafür überfällt uns hier, kurz vor der Atlantikküste, die tropische Schwüle mit aller Macht. In Lome fühlen wir uns wie in der Sauna, gebadet im eigenen Schweiß. Nach der langen Zeit in knochentrockenem Klima brauchen wir sehr lange für die Akklimatisierung.

Togo war einst die Musterkolonie des Deutschen Reiches. Als Zeugen erinnern in Lome, der Hauptstadt, eine "neugotische" Kathedrale und eine nach Norden führende Eisenbahnlinie an die Vergangenheit. Aber auch die deutsche Gegenwart läßt sich nicht übersehen: weißblaue Sonnenschirme mit dem Aufdruck "Alt-München" werben für eine Biermarke. Eine in Bayern beheimatete Metzgerladenkette unterhält eine Zweigstelle, in der die schwarzen Bedienungen fließend bayerisch sprechen. Im Schaukasten eines Fotografen am Fetischmarkt entdecken wir ein Foto von Franz Josef Strauß.

Wir fahren weiter nach Cotonou in der sozialistischen Republik Benin. Dort ist Camping verboten, wir müssen ins Hotel. Daher besuchen wir am nächsten Tag nur das Pfahldorf Ganvie, das in einer Lagune liegt und in dem angeblich 20 000 Menschen wohnen. Bereits nachmittags verlassen wir das in unseren Augen ungastliche Land und begeben uns in "the hell's place", wie uns ein Amerikaner die Hauptstadt Nigerias, Lagos, beschreibt.

Über Nigeria kursieren zahllose Schauer- und Räubergeschichten, die meisten Globetrotter machen daher einen Bogen um das Land oder zumindest um Lagos. Auch wir nehmen uns vor, auf den Besuch des Landes zu verzichten, falls wir an der Grenze unsere Konserven abliefern müssen; denn offiziell sei deren Einfuhr verboten. Aber die Grenzkontrolle in provisorischen Bretterverschlägen zwischen den Leitplanken der neuen Autobahn Cotonou-Lagos verläuft zunächst unproblematisch. Am letzten Schlagbaum regt sich ein Soldat auf, daß wir so schmutzig nach Nigeria kämen. Wir sind erstaunt, denn unser Auto ist ziemlich frisch gewaschen. Aber dann deutet er auf die Blätter, die sich in der Benzinkanisterhalterung gefangen haben. Er verlangt, daß wir alles abbauen und von Laub und Staub befreien, denn wir könnten Bakterien einschleppen. Direkt neben uns hocken sich Nigerianer an die Straßenböschung und hinterlassen stinkende Haufen mit sehr vielen Bakterien.

Der Amerikaner hat nicht zu viel versprochen: Lagos ist die Hölle, das schlimmste Pflaster, das wir auf all unseren Reisen erlebten. Selbst das allerorten gefürchtete Bogota in Kolumbien ist noch ein friedlicher Platz gegenüber Lagos. Die Gefahr liegt in Lagos vor allem darin, daß die Unterschiede zwischen Straßenräubern und Polizisten verschwimmen; sehr häufig scheinen uns die Polizisten lediglich uniformierte Räuber zu sein.

Unser erstes Erlebnis dieser Art ist ein Uniformierter, der Sigrid die Kamera entreißen will, als sie ein öffentliches Gebäude fotografiert. Während wir gemeinsam an der Kamera zerren, läßt der Mann seine Erkennungsmarke schnell verschwinden. Aber Sigrid gibt dann den Film aus der Kamera, und damit hat der "offizielle" Räuber verspielt. Zuviele Zuschauer haben den Disput verfolgt. Die Geschichte ist zu durchsichtig, denn das Gebäude ist eine der Postkarten-Attraktionen.

Wenig später verfolgt uns ein Polizist, weil ich angeblich sein Stopsignal nicht beachtet habe.

Wir sollen mit zur Wache kommen - jeder in Lagos weiß, daß unterwegs privat abkassiert wird. Wir gehen zum Schein darauf ein und bieten dem Polizisten einen Platz in unserem Auto an. Als der Wagen rollt, erkläre ich ihm, daß wir nicht zur Wache sondern zur deutschen Botschaft fahren werden - das erscheint ihm so furchtbar, daß er noch aus dem fahrenden Auto springt und lieber auf den Standardpreis von 30 DM verzichtet.

Die nächste Geschichte gestaltet sich unangenehmer. Wir haben den Yankara-Markt zunächst ohne Fotogerät und ohne viel Geld besucht, weil man dort beides sehr schnell los wird. Aber dieser angeblich größte Markt Afrikas ist die größte Markt-Kloake der Welt. Wir haben nirgends einen Markt erlebt, der halb in schwarzem, stinkenden Brackwasser versunken ist, der inmitten von Müllhaufen, Ratten und menschlichen Exkrementen abgehalten wird. Das wollten wir wenigstens aus dem Auto heraus fotografieren. Wir fahren durch die engen Straßen, Sigrid fotografiert eifrig. Plötzlich stoppt uns ein Polizist, der uns mit einem Taxi verfolgte. Er hämmert ans Auto, wir lassen ihn nicht hinein. Ich fahre weiter, er klammert sich an die Tür. Dann kommt ein Mauervorsprung, ich habe Angst, den Mann dort einzuquetschen, halte erneut. In Sekundenschnelle sammelt sich um das Auto ein Menschenauflauf, an Flucht ist nicht mehr zu denken. Wir müssen den Schreihals hereinlassen. Aber ein zweiter Mann schlüpft hinterher. Der Polizist sagt, wir sollen zur Wache fahren, weil Fotografieren verboten sei. Der andere, der angeblich Polizeioffizier ist, ergänzt, wir brauchten nicht zur Wache (dort ist der Preis dann viel höher, weil alle partizipieren wollen), wenn ich gleich um Vergebung bitte. "How much", frage ich nur, und er antwortet, das läge an mir. Ich biete ihm 5 Naira, aber dieser Betrag wird entrüstet zurückgewiesen. Ich erhöhe auf 10, habe aber nur einen 20-Naira-Schein (60 DM). Wechselgeld gibt es in einem solchen Fall nicht, also gebe ich den Schein heraus und die Herren steigen befriedigt aus.

Die letzte Räuberpistole passiert bei einer Polizeikontrolle, bei der uns zufällig ein Botschaftsangehöriger begleitet. Der Polizist verlangt die Papiere und erklärt mir, daß der Internationale Führerschein in Nigeria nicht gelte (obwohl Nigeria als

Vertragsstaat aufgeführt ist). Ich dürfe ohne nigerianischen Führerschein nicht fahren, deshalb würde er mich jetzt verhaften. Unserem Begleiter gelingt es schließlich, dem Polizisten den Führerschein abzulisten und den Mann mit diplomatischen Verwicklungen so zu drohen, daß er sein Vorhaben aufgibt.

Wir halten trotz allem eine Woche lang in Lagos aus. Aber auch nur, weil wir in einem Haus mit Nachtwächter wohnen und uns dort von den Aufregungen der Stadt in klimatisierten Räumen erholen können. An Camping ist in oder in der Nähe von Lagos überhaupt nicht zu denken, denn nachts herrscht nur mehr Faustrecht. Bei Überfällen ist selbst eine falsche Handbewegung lebensgefährlich; wer lebendig davonkommen will, liefert alle Wertgegenstände wie Geld, Uhr und Auto auf der Stelle ab und steht nicht im Weg herum.

Wir sind überzeugt, daß alle Schauergeschichten über Lagos wahr sind, daß die Realität wahrscheinlich noch brutaler ist, als die Geschichten. Wir sind ohne Unfall und ohne ernsthafte Komplikationen davongekommen; und jetzt, wo alles hinter uns liegt, sind wir eigentlich ganz froh, auch einen Blick in die "schiere Hölle" geworfen zu haben.

Bereits ein paar Fahrstunden nördlich von Lagos liegt die Hölle hinter uns. Dort werden die Menschen wieder freundlich, die Polizisten hilfsbereit. Selbst in der zweitgrößten Stadt in Kano, ganz im Norden Nigerias, fühlen wir uns völlig sicher, fotografieren bedenkenlos, und halten uns sorglos und stundenlang im großen und interessanten Bazar auf. Kano ist ganz anders als Lagos; eine Stadt die uns gefällt und in der wir uns bald wohl fühlen.

In Kano machen wir leider einen großen Fehler. Ich meine, in den Hinterradlagern des Autos etwas zuviel Spiel festzustellen, und will sie im Hinblick auf die Saharadurchquerung vorsichtshalber auswechseln lassen. In der offiziellen VW-Werkstatt namens NITECO bedient uns ein deutscher kaufmännischer Manager und ein östereichischer angeblicher Ingenieur und Meister. Dieser Mann hatte zumindest von einer VW-Hinterachse nicht die geringste Ahnung. Er machte nahezu alles falsch, vor allem verwechselte er beim Einbau die Lager. Beim Umwechseln beschädigte er die Lager und verbog die Ankerplatte. Daraufhin schliff die Bremstrommel so an dieser Platte, daß das Rad kochendheiß wurde. Das wiederum versuchte er durch eine Kupferbeilagscheibe zu kompensieren.

Diese Scheibe zerrieb sich in Kürze, die Bremstrommel lokkerte sich und schlug aus der Verzahnung aus.

Auf der Weiterreise mußte ich alle 150 bis 200 km die Bremstrommel abnehmen und die Lager überprüfen. Dabei war nicht die zusätzliche Arbeit belastend, sondern das Gefühl, daß sich irgendwann das Hinterrad nicht mehr dreht - mitten in der Sahara. Jedoch, am Ende drehte es sich bis Deutschland, allerdings mit Ach und Krach, wir hätten wohl kaum 1 000 km weiter fahren können.

Von Kano führt eine - wenn auch schlechte - Asphaltstraße nach Zinder. Auf dieser Strecke ändert sich deutlich sichtbar die Vegetation, je weiter wir nach Norden kommen, umso ungehinderter schweift der Blick über kahle Flächen. In Zinder ist gerade Markttag mit einem sehr ausgedehnten Kamelmarkt, den größten, den wir je sahen. Auch auf dem Weg nach Agadez streifen wir noch über einige kleine Dorfmärkte, immer werden wir freundlich aufgenommen.

Als wir nach zweieinhalb Tagen auf einer fast mörderischen, 400 km langen Wellblechpiste in Agadez ankommen, überfallen uns fast die Händler und Bettler. Bei einem Gang durch den Markt werden wir von aufdringlichen fliegenden Händlern begleitet; wo immer man hält, wird man sofort belästigt. Agadez wimmelt zu dieser Jahreszeit von Touristen, und es scheint, daß dieser Andrang der alten Karawanenstadt allen Zauber, alles Geheimnisvolle genommen hat.

Bald verlassen wir Agadez und starten auf der Hoggar-Piste die Süd- Nord-Durchquerung der Sahara. Bis zur gut 400 km entfernten Niger-Grenze fahren wir über ebene, feste Sandflächen. Weite Strecken lassen sich sogar im 4. Gang bewältigen. Nach eineinhalb Fahrtagen stehen wir kurz nach Mittag an der Grenzstation in Assamaka, aber die Grenzer machen zwischen 11.30 und 16 Uhr Siesta. Bis dahin sammeln sich 10 Autos, ein Zeichen für den

Mädchen aus dem Fulani-Stamm in Nordnigeria

starken Verkehr auf dieser Piste.

Zwischen Assamaka und der 30 km entfernten algerischen Grenzstation In-Guezzam liegt ein heimtückisches Weichsandstück von ca. 15 km Länge. Wir bleiben gleich zu Beginn stecken, befreien uns noch und übernachten an dieser Stelle. Am nächsten Morgen, als der Sand noch tragfähig ist, starten wir im ersten Tageslicht, und kommen durch, wenn auch mit List und Tücke.

Hier ändert sich das Landschaftsbild, von der Erosion zernagte Berge und Gebirgsketten ragen aus dem Sand. Die Piste ist für uns eigentlich ohne große Probleme zu fahren, wir kommen gut vorwärts und machen mehrere Male Abstecher zu den umliegenden Gebirgszügen. Aber das Gefühl von Wüste will nicht so recht aufkommen, alle paar Kilometer steht ein Autowrack herum, immer wieder begegnen uns andere Wagen. Wir fühlen uns nicht einsam genug und verzichten auf die lange Pause, die wir hier eigentlich machen wollten.

Ein sehr intensives Erlebnis ist allerdings die Begegnung mit Martin Eavens, einem etwa dreißigjährigen Engländer, von dem wir schon in Agadez gehört hatten. Martin ist per Fahrrad unterwegs durch die Sahara, und er hat nicht - wie seine Vorgänger - sein Fahrrad auf einen LKW verladen, sondern er kämpft sich ganz allein und mit eigener Kraft durch den Sand. Wir treffen ihn am späten Nachmittag, wir kampieren gemeinsam und unterhalten uns bis tief in die Nacht. Er sagt, daß Radfahren die optimale Fortbewegungsart für ihn sei und daß er ganz bewußt per Fahrrad durch die Wüste fährt, weil er sie kennenlernen will.

Sein Fahrrad wiegt inklusive Gepäck etwa 75 kg. Seinen 15-Liter Wasservorrat ergänzt er immer wieder von durchfahrenden Touristen, alle Verpflegungen schleppt er mit. Als wir am nächsten Tag weiterfahren, entdecken wir häufig Martins Fahrradspur, die zick- zack durch den Sand führt und an manchen Stellen abrupt abbricht: dort hat ihn plötzlich eine Welle mit Weichsand überrascht und er mußte schleunigst vom Fahrrad springen - wenn er nicht schon vorher kopfüber abgeworfen wurde.

Vier Tage nach der Abfahrt in Agadez kommen wir in Tamanrasset - kurz Tam - an, die Hoggar-Piste liegt hinter uns. Tam ist die südlichste auf

Asphalt erreichbare Oase in der Sahara. Das nicht häßliche Städtchen ist außerdem der Ausgangspunkt für eine Rundfahrt durch's Hoggar-Gebirge (genauer: das Atakor-Gebirge im Hoggar). Tam quillt daher über von Touristen, wir ergreifen schon bald nach der Ankunft die Flucht nach vorn und starten zur Atakor- Rundfahrt. Die Strecke ist etwa 200 km lang, sie führt durch eine gigantische Landschaft ausgeglühter Vulkane und Basaltbrocken.

Fast am Ende der Afrika-Reise erleben wir noch einmal einen einsamen Höhepunkt, eine Landschaft, die in dieser monumentalen Strenge, in der Vielzahl von bizarr geformten und verformten Felsen, Felsnadeln und riesigen Felsklötzen nur sehr selten auf der Erde wiederzufinden ist. Vergleichbar scheint sie uns nur mit dem Monument Valley in USA, aber auch das ist bescheidener in Ausdehnung und Vielzahl der Monumente.

Für unser geplagtes Auto ist dieseRundreise noch einmal eine Tortour. Wir haben denn auch alle Mühe, den Bus über ein sehr steiles Stück, das noch dazu 2.500 m hoch liegt, "hinaufzukitzeln"... Die letzten 50 m scheinen zum Verhängnis zu werden, aber wir laden Benzinkanister, Wasser und andere schwere Dinge aus und schaffen dann tatsächlich auch die letzten Meter; viele andere mußten hier aufgeben. Aber jetzt können wir zur Hütte am Assekrem-Berg fahren und zum Gipfel aufsteigen. Von dort oben erleben wir den Sonnenuntergang und - viel eindrucksvoller noch - den Sonnenaufgang zwischen den Zyklopen-Felsklötzen. Ein Schauspiel, bei dem man atemlos Zeuge wird, wie die Sonne zunächst vorsichtig hinter Felsblöcken hervorschaut, dann mutig emporsteigt und wenig später über diese zuvor noch unbesiegbaren Berge triumphiert. Ihre langen, schwarzen Schatten werden zusehends kürzer, die Berge verlieren ihren Schrecken.

Auch nach der Rückkehr von der Rundreise bleiben wir nur kurz in Tam und brechen dann zur letzten Etappe nach Norden auf. Zehn Tage später lassen wir unseren braven Wagen im Bauch einer Fähre nach Genua ausruhen. Aber nicht lange, dann empfangen uns am Brenner Schneeschauer, und nördlich davon sieht es nicht viel besser aus.

Als wir unseren Bus ausgeräumt und beim Kilometerstand

von 244.598 in die Garage gestellt haben, versprechen wir ihm weiterhin unverbrüchliche Treue bis "das der Rost uns endgültig scheide". Wir hoffen, daß dieser bittere Zeitpunkt noch vier, vielleicht auch noch sechs Jahre auf sich warten läßt.

Ich kann nicht umhin, diesem Treueschwur eine Liebeserklärung folgen zu lassen. Wir haben ein Blechgehäuse lieben gelernt, das leblos ist und die Umwelt verschmutzt. Aber es war uns auf allen Kontinenten dieser Erde ein Zuhause, unser Zuhause - ob im aufdringlichen Menschengewühl Calcuttas, ob im australischen Busch, der dünnen Luft der Hochanden oder zuletzt in der Einsamkeit der Sahara. Manchmal waren wir auf Gedeih und Verderb einander ausgeliefert, manchmal war es nur ein Verhältnis gegenseitiger Verpflichtungen. Nur ein einziges Mal während der 250.000 km mußte der treue Gefährte mit fremder Kraft in die Werkstatt geschleppt werden, wir haben uns sonst immer auf ihn verlassen können.

Drei Jahre lang war dieses winzige Haus unsere einzige Bleibe, wir erlebten in ihm die glücklichsten Jahre unserer Vergangenheit. Und jedes Mal, wenn wir auch nur für kurze Zeit in unseren braven Bus übersiedeln, erwacht für uns eine andere, unabhängige Wirklichkeit von Fortbewegen, fremden Gerüchen, neuen Erlebnissen.

Hier endete die Geschichte unseres Autos in der vierten Auflage dieses Buches. Inzwischen sind sieben Jahre vergangen, und unser Bus lebt immer noch - allerdings sind seine Tage mit Nummernschild und Benzin im Tank gezählt. Dann, wenn der TÜV uns im Dezember 1986 endgültig scheiden könnte, wollen wir dem Gefährten die Schmach nicht antun und ihm stattdessen das wohlverdiente Gnadenbrot gönnen: Im Deutschen Museum in München hat er seinen letzten Rastplatz gefunden. Dort gehört er zwar zu den ganz Jungen der Autoabteilung, aber schließlich hat er ein ungewöhnliches Autoleben hinter sich.

In diesen sieben Jahren sind wir noch einmal rund 100 000 km mit dem Wagen gefahren, und das keineswegs zu Hause sondern hauptsächlich in Ägypten und Nahost. Doch eigentlich hat diese Zeit für mich zwei abenteuerliche Gesichter.

Das eine Gesicht ist meine berufliche Arbeit. Nach unserer Rückkehr aus Westafrika bot mir mein damaliger Arbeitgeber an, die Geschäftsführung einer neugegründeten Tochterfirma zu übernehmen. Das Unternehmen sollte sich mit einer etwas ungewöhnlichen und neuartigen Dienstleistung beschäftigen: Elektronische Geräte wiederherzustellen, die nach einem Feuer von Ruß und aggressiven Rauchkondensaten oder z.B. durch Überschwemmungen in Mitleidenschaft gezogen worden waren.

Kaum hatten wir die Eröffnungsfeier hinter uns, begann dieser Job, mich mit Haut und Haaren zu fressen und mir praktisch keine Freizeit mehr zu lassen, schlaflose Nächte wechselten mit Euphorie und Erfolgserlebnissen. Doch die Firma konnte alle Fährnisse umschiffen und mußte nach zwei Jahren bereits ein eigenes Betriebsgebäude errichten.

Die sehr spezialisierte Dienstleistung muß über große Räume angeboten werden - was meinen persönlichen Reise-Ambitionen durchaus entgegenkommt. Im Laufe der Jahre haben wir auf allen Kontinenten gearbeitet und Niederlassungen in Europa und Übersee gegründet.

Die erste der Niederlassungen starteten wir 1982 in USA, ganz in der Nähe von New York. Für drei Monate beteiligte ich mich am Aufbau, so zogen Sigrid und unsere pakistanische Hündin Judy mit nach New York. Wir lebten in einem Appartement direkt am Hudson, allerdings auf der anderen Seite Manhattans. Das schien zunächst sehr vorteilhaft, weil wir einen herrlichen Blick über die Skyline von New York hatten. Aber bald merkten wir, daß wir viel lieber direkt im Geschehen, möglichst mitten in Manhattan, gelebt hätten; denn das zum Greifen nahe NY war verkehrsmäßig eine gute Stunde entfernt.

Dennoch zählen diese Monate in New York zu den Höhepunkten der vergangenen Jahre. Wir haben die Stadt, die wir für die faszinierendste der Welt halten, in vielen Phasen erleben können, wir haben sie in allen Himmelsrichtungen erforscht und sie noch mehr lieben gelernt.

Zwar ist New York eins der Hauptziele meiner Geschäftsreisen geblieben. Darüberhinaus habe ich viele Gegenden besucht, die wir vorher per Auto bereisten. Bei einer Vortragsreise nach Bombay und Dehli kam Sigrid mit - und wir konnten nicht verstehen, daß wir Indien viele Jahre lang nicht besucht hatten. Wir nutzten jeden freien Augenblick, durch die Straßen und Bazare zu wandern, mit den Leuten auf der Straße zu sprechen und die vielen Facetten Indiens erneut und gierig aufzusaugen. Als die Inder, mit denen ich geschäftlich zu tun hatte, unser Interesse am Land bemerkten, wurden wir mit Einladungen überhäuft. Häufig diskutierten wir bis zum frühen Morgen über den Subkontinent und seine Probleme.

Das zweite Gesicht der wie im Flug vergangenen sieben Jahre ist unsere Freundschaft mit Ägypten. Weil ich nur relativ kurz Urlaub nehmen konnte, suchten wir Ende 1980 ein nahes, aber doch reizvolles Ziel. Unsere Wahl fiel auf Ägypten. Wir verschifften unseren Bus nach Alexandria und verbrachten drei Wochen auf den üblichen Routen der Ägypten-Bildungsreisenden. Von Kairo und seinem so typisch orientalischen Leben waren wir hellauf begeistert. Doch der Nepp vor allem in den Tourismushochburgen und das Anbiedern der Ägypter im Tourismusgeschäft stießen uns zunächst ab. Zu Hause verblaßten diese negativen Eindrücke bald, wir flogen für einen zweiten Besuch ins Land am Nil. Diesmal nahmen wir einen Mietwagen und fuhren durch die Oasen der westlichen Wüste und auf den Sinai - niemand belästigte uns, wir trafen offene, herzlich-freundliche Menschen. Und wir entdeckten eine Landschaft, die wir in ihrer wüsteneinsamen Schönheit und ihrer Vielfalt nicht erwartet hatten.

Es begann auf der Strecke zwischen den Oasen Bahariya und Kharga, die auf relativ geringe Entfernung ein ungeheuer abwechslungsreiches Bild von Wüstenlandschaften bietet. Hinter Bahariya wechseln die schwarz mit Basaltbrocken übersäten Zeugenberge plötzlich in die gletschergleiche "Weiße Wüste" über. Hier hat die Erosion Pilze, Kegel, Säulen und Dome aus dem weißen Kalksteinuntergrund herausgefräßt und aus ihnen einem phantasievollen Kunst-Park geschaffen. Wir erlebten diese Ansammlung skurriler Gestalten zum ersten Mal in einer Vollmondnacht und wußten nicht, ob es Traum oder Wirklichkeit sei.

Dann folgt die weltvergessene kleine Oase Farafra mit ihren etwas zurückhaltenden, aber von Herzen freundlichen Menschen. Später führt die Straße ganz in die Nähe der 150 Meter hohen Dünenkämme des Großen Sandmeeres vorbei,

Junge Beduinenfrau auf dem Sinai

durchquert lauschige Dörfer der Oase Dakhla, windet sich schließlich kurz vor Kharga um Dünenkämme und berührt mit einer Stichstraße bei El Maks die südlichste Siedlung Ägyptens.

Eine ebenfalls phantastische Landschaftskulisse erlebten wir in der Arabischen Wüste zwischen Nil und Rotem Meer, aber noch gewaltiger wird der Eindruck auf dem gegenüberliegenden Sinai. Die herrischen Granit-Hochgebirge im Süden sind geologisch mit denen der arabischen Wüste verwandt, doch auf dem Sinai türmen sie sich höher hinauf, sind zerklüfteter und von vielen Wadis durchzogen. Zum Osten hin stürzen sie in den Golf von Aqaba und schmücken sich mit den schönsten Korallengärten der Welt. An die Hochgebirge schließt sich nach Norden hin die Wüste Tih ("Wüste des Irrens") an, eine brettflache Landschaft wirklich zum Irren, die am Mittelmeer in Dünenketten ausläuft. Doch zum Sinai gehören auch die stolzen Beduinen, die, eng verbunden mit der Wüste, ihren Lebensunterhalt der kargen Umgebung abringen.

Als wir dieses andere Ägypten erlebt hatten und in keinem Reiseführer erwähnt fanden, beschlossen wir, das so positive Erlebnis in einem Führer zu beschreiben, der andere vor unseren ersten Fehlschlüssen bewahren sollte.

Zur Buchmesse 1983 erschien "Ägypten für Globetrotter", ein paar Tage später brachen wir mit unserem VW-Bus zur vierten Ägyptenreise auf, im Herbst 1985 folgte die fünfte und, wie kann es anders sein, im Herbst 1986 die sechste. Für diese Reise allerdings wählten wir als Anfahrt den Landweg, d.h. wir fuhren durch die Türkei nach Syrien und weiter in's für uns bis dahin unbekannte Jordanien. Von diesem Land waren wir sehr positiv beeindruckt: freundliche Menschen, die sich offenbar redlich bemühen, ihr Wüstenland - wo immer es geht - in einen Garten zu verwandeln.

Wir machten einen langgehegten Traum wahr und besuchten die Felsenstadt Petra, die uns so begeisterte, daß sie bestimmt zum bereits geplanten nächsten Jordanienbesuch gehören wird. Schließlich verschifften wir unseren Bus auf der neuen Fährlinie von Aqaba nach Nuveiba auf dem Sinai.

Unser Ägyptenführer - der guten Anklang fand und inzwischen bereits in der sechsten Auflage erschienen ist - brachte uns eine weitere, recht ungewöhnliche Ägyptenreise ein: Im Frühjahr 1986 wurden wir als Berater für einen Film angeheuert, der unter dem Titel "Kulturen im Sand" im Gebiet der Libyschen Wüste spielt. Sponsor des Films war das VW-Werk, das drei Synchro-VW-Busse zur Verfügung stellte.

Dieser ungewöhnliche Job machte sehr viel Spaß - und zeigte uns, was man mit allradgetriebenen Fahrzeugen in der Wüste unternehmen kann. Wir erlebten völlig neue Freiheitsgrade im Gelände und beschlossen spontan: dieses Modell wird unser nächster Campingbus sein. Kaum zurückgekehrt, bestellten wir das Fahrzeug. Inzwischen haben wir kräftig zugepackt und das leere Blechgehäuse mit einer Wohneinrichtung versehen, die zwar der alten ähnelt, aber doch einige Unterschiede aufweist. Das Ergebnis beschreiben wir in Teil III, Kapitel 13 dieses Buches.

So schließt sich ein bißchen der Kreis unserer Erlebnisse mit dem alten VW-Bus, der neue steht "mit kratzenden Hufen" in

Unser VW-Bus am Ende seiner Reisen: Übergabe ans Deutsche Museum

der Garage und wartet auf seine erste große Reise,die ihn demnächst auf den Sinai und ins übrige Ägypten führen soll. Aber das wird nur der Beginn eines hoffentlich ähnlich langen und ähnlich erlebnisreichen Autolebens sein.

Erneut sind zwei Jahre wie im Flug vergangen. Jetzt, im frühen Frühjahr 1989, bereiten wir die sechste Auflage dieses Buches vor und werden, sobald die Vorlagen in der Druckerei sind, auf eine Ägyptenreise gehen, die uns neun Wochen durch unsre "Zweite Heimat" führen soll.

Natürlich sind wir mit unserem neuen VW-Bus unterwegs, den wir mit viel Freude fahren. Allerdings leiden wir sehr unter den Qualitätsmängeln des Fahrzeugs, die wir in diesem Ausmaß nicht erwartet hätten - vielleicht haben wir ein "Montagsauto" erwischt. Nach den Erfahrungen mit demQualitätsstandard dieses Wagens überlegen wir ernsthaft, ob wir je wieder ein Produkt der VW AG kaufen werden.

Unser Leben hat auch mal wieder eine neue Wendung genommen. Nach zehn arbeitsreichen Jahren wollte ich mich wieder etwas mehr dem Reise-Leben widmen und konnte nach längeren Verhandlungen meinen Geschäftsführervertrag für die nächsten drei Jahre in eine Teilzeitbeschäftigung umwandeln, eine nicht gerade alltägliche Lösung in Managerkreisen. Meine Arbeitszeit verteilt sich je nach Bedarf monatsweise zwischen Firma und Privatisieren.

Einen ersten Vorgeschmack auf das künftige Leben hatten wir zu Beginn dieses Jahres mit einer Reise durch Namibia, der letzten, kurz vor der Unabhängigkeit stehenden Kolonie Afrikas. Mit einem Mietwagen durchstreiften wir das riesige, eigentlich menschenleere Land von Nord nach Süd. Wir erlebten fantastische Wüstenstimmungen, weil stellenweise ungewöhnlich ergiebige Regen den Boden in ein Blütenmeer - für Wüstenverhältnisse - versetzt hatte.

So ist der erste Schritt in eine wieder einmal etwas spannende Zukunft getan - unsere Köpfe schwirren von neuen Reiseplänen.

Teil II

Das Reise-Know-How:

Ratschläge, Informationen, Tips

1. Erste Schritte einer langen Reise

1.1 Nur Mut

Träume von Weltreisen bleiben für die meisten Leute Träume, die sie mit ins Grab nehmen; nur wenige Glückskinder gewinnen eine Traumreise um die Erde. Dabei leben wir in einer Wohlstandsepoche, in der sich auch solche Träume in Realität umsetzen lassen. Es gehört nur ein bißchen Mut dazu: Der Mut, sich zu entscheiden und diese Entscheidung auch durchzuhalten.

Natürlich brauchen Sie ein paar Voraussetzungen, die neben dem Reisebetriebskapital in Ihrer Persönlichkeit liegen. Das Fernweh muß so an Ihnen ziehen und zerren, daß Sie mit Leichtigkeit auf ein "geregeltes Leben" verzichten können, d.h. auf gewohntes Essen, gewohnte Umgebung, Fernsehen und Konsum. Sie müssen bereit sein, einen Teil Ihres Komforts aufzugeben, Strapazen (gar nicht so große) und Entbehrungen (gar nicht so viele) in Kauf zu nehmen. Sie müssen bereit sein, täglich Entscheidungen von manchmal ziemlicher Tragweite zu treffen, die Ihnen bei den bevormundeten Gruppen-Reisen durch den Veranstalter abgenommen würden. Sie müssen gewillt sein, sich selbst mit einem fremden Land zu beschäftigen, sich selbst in die neue Umwelt "einzuarbeiten".

Do-it-yourself-Reisen fordern Sie in Ihrer ganzen Persönlichkeit: Sie werden frei sein, aber auch vogelfrei. Niemand wird sie schützen. Sie müssen selbst die Augen offenhalten und sehr häufig die Ohren spitzen, um Gefahren oder aber Chancen wahrzunehmen. Andererseits wird Ihnen niemand dreinreden: Ihr Chef, Ihre Kollegen und wem Sie sonst noch verpflichtet waren, alle bleiben zu Hause. Fortan bestimmen Sie jeden Tag Ihr eigenes Leben. Sie werden unabhängig sein.

Doch machen Sie sich nichts vor: Ihre Freiheit ist auch unterwegs relativ, sie wird von bürokratischen Vorschriften, von Vorstellungen und Traditionen der Bevölkerungen des Gastlandes einerseits und von Ihrem Bankkonto andererseits bestimmt werden. Aber innerhalb dieser doch sehr weit gesteckten Grenzen werden Sie Freiheiten erfahren, die Sie im reglementierten Alltag zu Hause nicht finden können. Es wird auch eine andere Art von Freiheit sein als die im Urlaub, wo die Zeit kurz und der Erlebnisdruck hoch ist.

Sie werden Ihre Persönlichkeit entscheidend weiterentwickeln. Denn es gilt, selbstgesteckte Ziele zu erreichen, Berge von Schwierigkeiten mit dem Aufbieten aller Fähigkeiten zu überwinden. Sie werden sich durchzusetzen haben, aber auch flexibel sein müssen und Toleranz zu praktizieren haben. Und vielleicht werden Sie irgendwann die Wertmaßstäbe Ihres Lebens überdenken.

Sie werden Muße finden, ein fremdes Land von jeder Sinnesempfindung her anzugehen: Sie werden den Wind der Wüste auf Ihrer Haut spüren, die vollkommene Stille einer Wüstennacht wird sich Ihrem Körper mitteilen. In den Tropen wird Sie der gewaltige Ansturm von Leben, die totale Fruchtbarkeit der gesamten Umgebung überwältigen, ungeahnte Düfte werden Sie betören. Sie können die Wirklichkeit von Orchideen oder von Marmor-Blumen eines Tempels mit ihren Händen erfassen. Diese Eindrücke werden Sie in den natürlichen und ursprünglichen Dimensionen erleben - und nicht eingequetscht in ein Fernsehbild oder in das Format eines Buches. Die Schönheit der Erde ist mit keinem der vorhandenen Medienmittel auch nur annähernd wiederzugeben. Deshalb gilt für den, der wirklich wissen will, wie die Erde ist: Er muß sie Stein für Stein selbst erobern.

1.2 Gehen Sie doch gleich auf Weltreise

Viele Leute beschäftigen sich jahrelang mit Weltreise-Ideen - und kommen nie vom Fleck. Andere entschließen sich ganz spontan, packen den Rucksack oder kaufen ein Auto und fahren ab. Wir sind Anhänger spontaner Entschlüsse, haben aber trotzdem über 2 Jahre für Planung und Vorbereitung unserer Weltreise investiert - und das zahlte sich aus. Wir hatten ein Ziel, für das es lohnte, Geld zu sparen und es blieb genug Zeit, um Pläne zu schmieden, Bücher durchzuarbeiten und, nicht zuletzt, das Auto auszubauen.

Wenn Sie mit der Idee spielen, länger oder ganz lange auf Reisen zu gehen, dann sollten Sie in den Entscheidungsprozeß eine wichtige Überlegung miteinbeziehen. Je länger der Trip dauert, umso billiger wird relativ der Reise-Tag oder der -Kilometer. Es lohnt sich kaum, für eine halbjährige Reise eine Wohnung aufzugeben, Möbel zu verkaufen und alle möglichen anderen Verpflichtungen wie Versicherungen etc. zu kündigen oder einzustellen.

Bei längeren Reise-Zeiten verringert eine aufgelöste Wohnung die Probleme zu Hause, verkaufte Möbel oder gar der Erlös für ein Haus stärken den Reise-Etat. Das Argument, man müßte nach der Rückkehr neue Möbel anschaffen, zählt kaum. Nach zwei oder drei Globetrotter- Jahren hat man sich so verändert, daß man das Zeug aus dem vorigen Leben ohnehin aus dem Fenster werfen würde.

Wenn Sie sich entscheiden, einen guten Job zu kündigen und eine Reihe täglicher Verpflichtungen zumindest auf Eis zu legen, dann sollten Sie es konsequent tun und gleich eine Reise planen, die Sie jahrelang in Bewegung hält. Das ist die optimale und auch letztlich die wirtschaftlichste Lösung des Problems.

Allerdings setzt diese Entscheidung voraus, daß sich alle Beteiligten über die Konsequenzen einigermaßen sicher sind. Daß sie das Reisen nicht schon nach den ersten Strapazen satt haben, daß die Partner miteinander auskommen und daß - last but not least - das nötige Betriebskapital vorhanden ist. Auch sollten Sie wenigstens einige Erfahrungen beim Reisen auf eigene Faust gesammelt haben, damit Sie nicht nachher böse Überraschungen erleben.

1.3 Weltweite Ziele

Auch Globetrotter teilen die Welt in Interessensgebiete auf. Es gibt Afrika-Fans, die andere Erdteile unbeachtet lassen. Bergsteiger schwärmen vom Himalaya oder von den Anden, Kulturbeflissene finden in Indien weit mehr Ziele als im flächengleichen Brasilien.

Häufig werden wir gefragt, welches Land uns am besten gefallen habe. Wir wollen und können darauf keine zielsichere Antwort geben. Denn in jeder Gegend dieser Erde findet man etwas Interessantes, Reizvolles; und wenn uns morgen ein wohlgesonnener Mäzen sagen würde: "Hier ist ein Scheck, fahrt hin, wo immer es Euch gefällt" - wir würden alle Länder wieder besuchen, die wir schon kennen, und wenn der Scheck reicht, mit Sicherheit auch all die unbekannten.

Ganz frei von Wunsch-Zielen sind wir allerdings auch nicht. Unser Gefühlskompaß weist eindeutig nach Osten, der indische Subkontinent zieht uns magisch an. Daher wollen wir auch diesen Überblick mit der Reise nach Osten beginnen.

Asien

Europa ist uns allen sattsam bekannt, der Übergang von unserer nüchtern-kühlen Gefühlswelt in die menschlich sehr viel beziehungsreichere Welt des Orient vollzieht sich ziemlich rasch. Hat man das von Polizei wimmelnde Bulgarien hinter sich, tauchen in der europäischen Türkei bald die ersten Moscheen mit ihren spitzen Minaretts auf, Frauen in Pluderhosen folgen gehorsam dem Familienvater, der beinebaumelnd auf dem Esel voranreitet. Haut- und blechnahes Gedränge in Istanbul, das als Konstantinopel jahrhundertelang einen großen Teil der Welt beherrschte.

Der Einfluß des Islam ist nicht mehr zu übersehen. Fünfmal täglich erschallt der Ruf zum Gebet, die Moscheen dienen vor allem Männern zum Beten, Meditieren - und zu sehr alltäglichen Gesprächen. Die im Koran festgeschriebenen Gesetze, Ansichten, Meinungen und Auslegungen bestimmen das tägliche Leben. In der Türkei nicht ganz so streng wie im Iran, der zur Zeit das orthodox-fanatische Land schlechthin ist. Beim Abstecher nach Süden, auf die saudiarabische Halbinsel, herrschen zumindest nach außen hin ähnliche Vorstellungen und Gesetze, aber hinter den hohen Mauern der Höfe arrangiert man sich eher zwischen westlicher Dekadenz und orthodoxer Strenge.

Wer einmal in Saudi-Arabien zur Pilgerzeit, während der Hadj, unterwegs war und die Massen aus der gesamten islamischen Welt auf dem Zug bzw. Flug nach Mekka erlebte, kann vielleicht eher die Klammer dieser strengen monotheistischen Relgion verstehen, die so unterschiedliche Temperamente wie die saudischen Wüstensöhne und die in den satten Tropen gemütlich dahinlebenden Malayen zusammenhält. Und wenn man mit einem Hadji spricht und sich über das Erlebnis der unendlichen Gemeinschaft beim Pilgerzug um die Kaaba in Mekka, bei der das Individuum völlig in der Masse der Gläubigen aufgeht, berichten läßt, dann versteht man ein bißchen mehr von der Anziehungskraft, die diese strenge Relgion ausübt.

Der Monotheismus entstammt der Wüste, sei es Islam, Judentum oder Christentum. Die Geburtsstätten liegen eng beieinander. Und Wüste oder Steppe ist auch der pauschale Eindruck, der sich bereits in der europäischen Türkei einzustellen beginnt. Je weiter östlich man in der Türkei vordringt, umso mehr nimmt die Farbe Grün ab. Bereits in der Gegend um Ankara breiten sich Steppen von Horizont zu Horizont aus, später in Anatolien sind nackte, wüstenhafte Gebirgsstöcke zu durchqueren. Im Iran folgen dann echte Wüstenabschnitte und weiter im Ostiran,auf dem Weg nach Mashad werden die Entfernungen zwischen den Orten schon so weit, daß man eher von Oasenflecken sprechen kann.

Früher - in den "seligen" siebziger Jahren - folgte der Höhepunkt Zentralasiens: Afghanistan. Wir haben dieses Land fünf Mal besucht - und es war zwanzigmal zu wenig. Damals traf der Besucher auf stolze, selbstbewußte Menschen, die aber von einer so einfachen, aufrichtigen Herzlichkeit waren, daß man sich im wirklichen Sinn willkommen fühlte. Diese Leute bezwangen täglich aufs Neue eine garstige Umwelt: Als Nomaden mußten sie jedem der weit auseinanderstehenden Kameldornbüsche hinterher wandern, als Bauern Pflanze für Pflanze der Wüste abtrotzen. Diese Umwelt gehört zu einer wilden, bizarren Landschaft; der Hindukusch als Rückgrat des Landes ist ebenso herrisch-unnahbar wie die Bewohner stolz sind.

Schließlich erklimmt man den Khyberpaß und fährt hinunter in das Industal. Die Vegetation ändert sich fast schlagartig: üppige Gärten und Felder verwirren das Auge mit ungewohntem Grün. Auch die Menschen sind anders: Hier in Pakistan leben zwar auch sehr orthodoxe Muslime, aber die subtropische Vegetation und die viele Generationen zurückliegende hinduistische Vergangenheit haben einen weicheren, weniger geradlinigen Menschenschlag hervorgebracht. Das zentrale Pakistan ist menschlich anders als Afghanistan, aber auch landschaftlich nicht sonderlich berauschend, sofern man die Gebiete des Karakorum ausnimmt, dort besitzt Pakistan mit dem Nanga Parbat einen der höchsten Berge der Erde.

Diese Zeilen sollen nicht darüber hinwegtäuschen, daß Afghanistan derzeit nicht zugänglich ist, und daß Pakistan per Straße nur auf dem direkten Landweg im Iran auf der Linie Shiraz/Quetta erreicht werden kann. Weiterhin muß auf die Schwierigkeiten beim Grenzübergang Pakistan/Indien hingewiesen werden, der nur dann geöffnet ist, wenn das politische Klima zwischen den Nachbarstaaten und/oder im Grenzbereich stimmt; die Sikh-Unruhen im Pundjab führten z.B. zu langen Grenzschließungen.

Ein weiterer Bruch findet beim Grenzübertritt nach Indien statt. Die erste Stadt heißt Amritsar, in der früher (vor Ende der 70er Jahre) die Sikh friedlich neben den Hindus lebten. Ein Tag oder besser Abend im Goldenen Tempel von Amritsar führt den Besucher in eine neue Welt: Hier geht es nicht mehr um einen eifersüchtig-strengen monotheistischen Gott, sondern um Heilige des Sikh- Glaubens. Priester rezitieren, von Harmoniumspiel begleitet, aus dem Heiligen Buch der Sikh, Räucherstäbchen und Blumenketten verströmen betörenden Duft, die goldene Kuppel des Tempels spiegelt sich eitel im Wasserbecken, das den Sikhs für ihre riutellen Waschungen dient.

So wie sich der Charakter der Vegetation nach Verlassen der Wüstengebiete änderte, so paßt auch die dominierende Religion des Subkontinents, der Hinduismus, in diese üppige Umgebung: dem einen Gott der Monotheisten steht eine Vielzahl von Göttern (über 200 Millionen) der Hindus entgegen. Es ist der Unterschied zwischen Wüste und Tropen - hier die einzelne Pflanze, dort die verschlungene Vielfalt von Grün. So ist auch das Leben der Hindus von dem Mystizismus ihrer Religion geprägt. Das beginnt bei dem immer noch existierenden Kastensystem und dem geduldigen Ertragen einer per Geburt vorgegebenen Sozialposition, wird bei den täglichen rituellen Waschungen sichtbar oder den Pilgerfahrten zu den heiligen Städten. Immer trifft man auf Menschen, die in inniger Frömmigkeit ihrem Glauben verbunden sind; Erlebnisse wie die Pilgerströme in Varanasi (Benares) oder der von Musikanten begleitete Ausflug der Götterstatue eines Dorftempels zeichnen eine so andere, so entfernte Welt zu unserem Rationalismus. Als ein Wesensfremder begreift man sie nie so richtig, erwischt sich aber häufig bei dem Wunsch, in sie versinken zu wollen.

Indien fesselt den Besucher vom ersten Augenblick an: Die Luft ist schwer vom Duft der Blüten, Vogelschwärme zwitschern in den Bäumen, Wasserbüffel suhlen sich in Tümpeln und Flüssen. Die Menschen - auf jeder Dorfstraße wimmelt es von Unzähligen - sind bunt in vielen unterschiedlichen Trachten gekleidet; bei den Frauen dominieren die so kleidsamen Saris in allen denkbaren Farben, viele Männer wickeln sich Turbane um den Kopf und tragen luftige, flatternde Gewänder.

Der indische Subkontinent steckt aber auch voller Widersprüche. Hier der Hinduismus mit seinen fabelhaften Götterfiguren, die sich lieben, hassen, bekämpfen - nicht anders als die Menschen auch. Dort der strenge islamische Gott, der täglich von der Moschee verkünden läßt, er sei der Größte und Einzige. Hier die dem Hindu heilige Kuh, nebenan der Moslem, dem die heilige Kuh nichts anderes ist als ein Stück Fleisch, das gebraten am besten schmeckt. Der nicht vegetarisch lebende Hindu hält sich Schweine, die gebraten auch nicht gerade schlecht munden - das wiederum ist dem Muslim unvorstellbar und Sünde außerdem. Konflikt liegt also fast minütlich in der Luft.

Nepal, der nördliche Himalaya-Nachbar Indiens, kennt diese Probleme kaum, denn hier ist der Hinduismus Staatsrelegion, daneben zeigt der Buddhismus in seiner von Tibet kommenden Form des Lamaismus mit einigen großen Stupas und

Mönchsgemeinschaften seine fest verankerte Existenz. Dieses kleine Land mitten im höchsten Gebirge der Erde ist so sympathisch von seinen liebenswerten Menschen her und, natürlich, von der imposanten Kulisse der zum Greifen naheliegenden Achttausender.

Der Subkontinent Indien als Reiseziel ist in erster Linie ein Lehrstück in Sachen des menschlichen Miteinander und der so anderen Lebensphilosophie und Überlebenskunst. Hier begegnet man wirklich anderen Gedanken über das Diesseits und Jenseits, hier muß man verweilen und versuchen, in eine ganz andere Vorstellungswelt einzudringen. Andererseits bietet Indien aber auch die prächtigsten Bauwerke - besonders im Norden aus der islamischen Mogul-Zeit -, im Süden riesige, dorfgroße Hindu-Tempelanlagen. Von der Landschaft her liegen die großen Attraktionen im Himalaya, aber auch die palmengesäumten Strände der Halbinsel sind nicht zu verachten, wobei das Traveller-Bade-Paradies die ehemalige protugisische Kolonie Goa ist.

Indien ist das Geburtsland des Buddhismus, der aber hier nicht überlebte, sondern vom Hinduismus aufgesogen wurde. Die heute typisch buddhistischen Länder liegen (außer Sri Lanka) weiter östlich. Burma, Thailand, Kambodscha und Laos waren noch vor wenigen Jahren die buddhistischen Hochburgen, derzeit sind nur Thailand und das etwas verschlossene (zumindest in der Aufenthaltszeit) Burma zugänglich.

Reisen in Thailand ist das Eintauchen in sanfte, ewig fruchtbare Landschaften, das Umgebensein von sanften (und nicht weniger fruchtbaren) Menschen. Dazu goldglänzende Tempel, Klöster und Stupas fast in jedem Dorf. Thailand und dann mehr noch die malayische Halbinsel liegen in tropischen Klimazonen, die Vegetation beweist es auf Schritt und Tritt. Besonders in Malaysia säumen Gummibaumplantagen die Straßen, erlebt der Reisende in jedem Augenblick, welche Üppigkeit Sonne und Regen hervorzubringen vermögen.

Ungewohnte Üppigkeit im wirtschaftlichen Sinn bietet der Inselstaat Singapur mit seinen sauberen Straßen und den leider etwas steril wirkenden Chinesenvierteln. Nicht anders, aber bei weitem nicht so sauber ist die zweite südöstliche Handelsmetropole Hongkong, phantastisch gelegen und ein Lehrbeispiel für die Kunst, auf engstem Raum zu überleben. Und schließlich nicht viel anders Taiwan, die so schöne, übervölkerte Insel von landschaftlich großartigem Reiz.

Mit Hongkong und Taiwan haben wir den großen, von den Chinesen beeinflußten Kulturraum betreten. Emsigkeit und Fleiß ist der Eindruck, den die Menschenmassen in China hinterlassen.

Die Ameisenstraßen von Radfahrern in Peking wirken auf den Neuankömmling schon fast alptraumhaft. Aber bald wird man in das reiche und alte kulturelle Erbe der Chinesen hineingezogen: Die riesige Verbotene Stadt mit ihren Palästen und Tempeln ist eins der dominierenden Bauwerke von großartiger architektonischer Schönheit. Die Große Mauer, nur 80 km von Peking entfernt, ist wiederum ein Zeichen für den Bienenfleiß der Menschen. China ist ein so ausgedehntes Land, daß man eigentlich Jahre dort zubringen müßte, um es voll zu erfassen. Seit der Öffnung auch für Einzelreisende strömen Heerscharen ins Reich der Mitte. Und jeder, der einmal hineingeschmeckt hat, möchte wiederkommen und mehr sehen und erleben.

Wer Indien sah und dann durch das disziplinierte, verhältnismäßig saubere China reist, kann häufig genug den Unterschied zwischen den beiden Nachbarn nicht fassen. Dort wimmeln um jede Frau Kinderscharen, hier die gesetzlich gebotene Einkindehe. Die Chinesen, nüchterner und systematischer veranlagt, bauten innerhalb weniger Jahre aus dem Chaos ein funktionierendes Gemeinwesen auf. Die Inder - aber dies ist nicht der Platz für dererlei Betrachtungen.

Sieht man vom riesigen Sowjet-Reich ab, das für Traveller wegen seiner Restriktionen nicht sonderlich attraktiv ist, so bleiben in Asien noch Südkorea und Japan. Korea hat in seiner leidgeprüften Geschichte häufig genug als Puffer zwischen Japan und China gedient und ist daher von beiden Kulturen beeinflußt. Allerdings wird für den Außenstehenden der Unterschied nicht so deutlich; denn gerade der Buddhismus, der dem gesamten ostasiatischen Raum entscheidende Impulse gab, zieht sich über alle diese Länder hin, wenn auch in der stark abgewandelten Form des "Großen Wagens".

Japan, am weitesten vom Entstehungsort des Buddhismus entfernt, huldigt ihm dennoch, aber gleichermaßen der Naturreligion des Shintoismus. Ihm sind Tempel zu verdanken, die in vollendeter Harmonie mit der sie umgebenden Natur stehen. Japan ist eins der irrationalsten Länder überhaupt: Da kommt der Topmanager hastig in den Shintoschrein gerannt und richtet schnell ein paar Gebete an eine heilige Wurzel - anschließend fällt er mit kühler Rationalität Entscheidungen über die weltweite Marktstrategie eines neuen Computers. Die Japaner haben offenbar das Kunststück fertiggebracht, alte Traditionen neben modernsten Technologien bestehen zu lassen - ein hochinteressantes (und sehr teures) Reiseland, allerdings irgendwo zu perfekt, um die Faszination z.B. Indiens ausüben zu können.

Auch die beiden anderen großen Inselstaaten, Indonesien und Philippinen, üben große Faszination aus, sowohl von der Landschaft als auch von den gesellschaftlichen Strukturen der Bewohner. Nicht unerwähnt sollte Bali als eine Ausnahme-Insel im indonesischen Insel-Reigen bleiben. Die Touristenmassen scheinen der von der Relegion her hinduistischen Insel viel von ihrem vielgerühmten Charme genommen zu haben. Wer den Kommerz scheut, wird Enttäuschungen selbst in abgelegeneren Gebieten erleben.

Australien

Was gibt es schon Interessantes in Australien und Neuseeland, könnte man etwas arrogant fragen. Zweifellos reizt diese Gegend der Welt nicht gerade durch fremde Kultur - vielleicht eher dadurch, daß dort Biertrinken vor Kultur und Religion in der Rangliste steht. Trotzdem würden wir gern wieder in Australien und noch viel lieber in Neuseeland herumreisen. Australien besticht durch seine weite Leere. Nur 16 Millionen Menschen leben auf einem ganzen, wenn auch kleinen Kontinent. Riesige Entfernungen liegen manchmal zwischen den Siedlungen, es dauert Stunden, bis man mal wieder einen Menschen trifft, es kann Tage dauern, bis sich der Landschaftscharakter ändert.

Australien ist ein Land von seltener Uniformität: Der überwiegende Teil des Landes ist flach, Buschland, Steppe oder zum geringeren Teil Wüste; tagelang keine neuen Eindrücke beim Reisen. Fast in der Mitte des Kontinents liegt als eine der seltenen Abwechslungen ein einsamer, riesiger Felsen namens Ayers Rock im flachen Land herum, der den Ureinwohnern - Aboriginals - heilig und der Tourismus-Industrie sehr willkommen ist. Die Aboriginals sind einsame Menschen in ihrem eigenen Land, von den Weißen verachtet und unverstanden, in die letzten Winkel zurückgedrängt.

Nur an der Ostküste Australiens türmen sich ein paar Gebirsgzüge auf, aber kaum berauschend in Anblick und Erlebnis. Uniformität gilt sogar auch als Prinzip der Architektur: besonders auf dem Land und in den endlosen Vorstädten gleicht stereotyp ein Haus dem anderen. Völlig einsamer Höhepunkt ist dagegen das Opernhaus in Sidney, das wir als das großartigste Gebäude moderner Architektur beurteilen. Außer der großen Uniformität, die in eine Art landschaftliche Melancholie einfließen kann, bietet dieses Land dem Sportbegeisterten jede nur denkbare Möglichkeit zwischen Golf, Hochseefischen, Segeln und Surfen.

Eine großartige, phantastische und noch dazu dünnbesiedelte Landschaft erwartet dagegen den Besucher in Neuseeland. Kristallklare Seen und Flüsse, aus denen man trinken kann, begleiten den Wanderer auf all seinen Wegen. Spektakuläre, alpine Landschaften mit Gletschern, engen Schluchten und grünen Tälern bietet die Südinsel, vom Eindruck her lieblicher ist die Nordinsel. Auf Neuseeland sollte man viel wandern, jedenfalls der Natur so nahe wie möglich sein.

Lateinamerika

Zwischen Australien und den Amerikas liegt Polynesien, das riesige Pazifikgebiet mit stecknadelkopfgroßen Punkten, die sich bei näherem Betrachten als Inseln oder kleine Atolle erweisen. Diese Gegend der Welt muß ihren ganz eigenen Reiz haben - wir kennen ihn leider nicht.

Lateinamerika haben die Spanier und Portugiesen kolonisiert und zerstört. In Südamerika zerschlugen sie die blühende, sehr hoch stehende Kultur der Inkas, in Mexico/Guatemala die der Azteken und Mayas. Sie leisteten ganze Arbeit, von der Kultur der Ureinwohnern blieb nicht viel übrig.

Doch verweilen wir noch in Südamerika. Für den Besucher am interessantesten ist zweifelsohne Peru, das Stammland der Inka. In den Museen von Lima kann man bestaunen, welchen Stand der Inkastaat erreicht hatte. Aber auch in Cusco sieht man noch Spuren der Inka- Architektur, oder vielmehr das, was christliche Fanatiker davon übrig ließen. Weitgehend erhalten ist die ehemalige, landschaftlich ungeheuer beeindruckend gelegene Inkafestung Machu Picchu, ein paar Eisenbahn-Stunden von Cusco entfernt.

Hier im Hochandengebiet leben die Nachfahren der Inka - fast wie vor Jahrhunderten. Die Bauern, die Campesinos, schuften mit stoischer Gelassenheit Tag und Nacht, um sich meist gerade eben am Leben erhalten zu können. Sie sehen auf den ersten Blick etwas verschlossen und abweisend aus, diese eigentlichen Besitzer Südamerikas. Aber wenn man mit ihnen nähere Bekanntschaft schließt, erfährt man sehr viel menschliche Wärme und Herzlichkeit. Uns ist die Aufnahme gerade in abgelegenen Dörfern unvergeßlich geblieben. Doch sollte man heutzutage abgelegene Dörfer meiden, denn die Guerilla-Truppe "Leuchtender Pfad" stürzt das Land mehr und mehr ins Chaos, so ist besonders das Hochandengebiet mit großer Vorsicht zu betrachten.

Die Wirbelsäule Südamerikas sind die Anden, oder eigentlich sind sie Südamerika, denn alles Flachland an ihren Seiten scheint von ihnen abgeschwemmt worden zu sein. Und die Reise durch die schier unaufhörlichen Anden zählt zu einem der großartigsten Landschaftserlebnisse der Erde: von Höhen zwischen 4000 und 6000 m scheinen sie im Westen geradezu ins Meer zu stürzen, von einer Küsten-Wüstenebene gesäumt, die sich vom nördlichen Peru bis in mittlere Chile zieht. Reisende auf dem Hochplateau der Anden in Bolivien und Zentralperu erleben bei klarem Wetter berauschende Ausblicke. Schneebedeckte Riesen säumen im Westen und in Osten das sog. Altiplano, glasklare Seen - deren größter der Titicaca ist - liegen zwischen den Gebirgsstöcken.

Auf der Ostseite fallen die Anden nicht weniger steil ab in die Ebenen - Pampas - Argentiniens und Brasiliens. Von der präkolumbianischen Bevölkerung (sofern diese Gebiete überhaupt besiedelt waren) ist nicht mehr viel zu bemerken, die Nachfahren der Südeuropäer geben hier eindeutig den Ton an, gut vermischt mit deutsch.

Argentinien besitzt im Andengebiet einige großartige Naturwunder. Ansonsten ist das Land geschaffen für Riesenfarmen, die den Weltmarkt mit Steaks beliefern. Buenos Aires könnte fast in Italien liegen, so sehr bestimmen die Nachfahren der Italiener das Flair dieser Stadt. Ganz anders sieht die faszinierendste Stadt Südamerikas, Rio de Janeiro, aus. An herrlichen Badestränden gelegen und von steil abfallenden, subtropisch überwucherten Berghängen gesäumt, ist diese Stadt ein brodelnder Hexenkessel vitalen Lebens. Hier haben sich alle Rassen vermischt, von Schwarzafrikanern bis zu dünnhäutigen Nordeuropäern. Herausgekommen sind

Leute, deren Temperament im Karneval vollends sichtbar wird.

Brasilien zählt von der Fläche her zu den größten Ländern der Erde. Im Norden werden die ausgedehntesten Regenwaldgebiete der Erde unaufhörlich dezimiert, der Amazonas ist ihre große Lebensader. Das Quellgebiet dieses riesigen Flusses liegt in Ecuador, einem fast gemütlichen kleinen Land auf dem Äquator mit der hübschen Hauptstadt Quito im Hochandengebiet. Es folgt nach Norden Kolumbien, von dem der größte Teil im hier schon etwas niedrigeren Andenbereich liegt. Die Berge sind häufig bis zum Gipfel hinauf grün und als Farmland genutzt, dennoch windet sich die durch den Kontinent ziehende Straße Transamericana auf 2000 bis 3000 m hinauf, um sich nur wenig später wieder ins nächste Tal auf fast Meereshöhe hinunterzuschrauben. Kolumbien ist bekannt als ein Land mit hoher Kriminalitätsrate und durchaus aggressiven Banden.

Venezuela ist durch seinen Ölreichtum wirtschaftlich besser gestellt als Kolumbien, landschaftlich seinem Nachbarn ziemlich verwandt. Die Guayna-Staaten liegen etwas außerhalb der üblichen Globetrotter-Routen, sie sind von tropischem Regenwald überwuchert und relativ wenig erschlossen. Anders steht es mit der Kette der Karibik-Inseln, von denen einige zumindest Badetouristik- Schwerpunkte bilden.

Vielleicht an dieser Stelle ein Tip: In Venezulea soll man als Ausländer ohne dortigen Wohnsitz ein Fahrzeug kaufen und zulassen können, man spart dann die teure Verschiffung.

Auch die zentralamerikanischen Staaten hängen an der Fortsetzung der Andenkette. Auf den meist recht hohen Gebirgszügen siedelten bevorzugt die europäischen Kolonisatoren und errichteten auch die Hauptstädte dort. Alle diese Länder sind landschaftlich sehr reizvoll. Am schönsten empfanden wir Costa Rica, aber auch die anderen Staaten stehen diesem Eindruck kaum nach. In Guatemala stößt man auf präkolumbianische Kultur; die aus ihrem Dornröschenschlaf mittem im Dschungel erweckten Ruinen von Tikal sind sehr eindrucksvoll.

Von dort ist es nur ein Katzensprung zur mexikanischen Halbinsel Yucatan. Glasklares, tiefblaues Meer säumt die südöstliche Küste, kein Wunder, daß Touristen in Scharen hier einfallen. Aber Yukatan war auch die Hochburg der Maya, die hier bestaunenswerte Tempelanlagen hinterließen, z. B. Chizen-Itza, Uxmal u.a. Das zentrale Hochland von Mexiko, einstmals von den kriegerischen Azteken beherrscht, hat schon arg steppenartigen Charakter, zumindest ist von tropischem Überfluß nichts mehr zu spüren. Mexico City ist eine ungeheuer pulsierende Stadt, eine der schillerndsten Lateinamerikas. Die

Vergangenheit der indianischen Bevölkerung konnte nicht vollends ausgelöscht werden, in der modernen Kunst wird sie zumindest wieder wach. Diese Stadt muß man eine Weile erleben, muß sich aber auch mit dem tragischen Niedergang des Aztekenreiches auseinandersetzen und darf dabei die historischen Hinterlassenschaften in und um Mexico City nicht auslassen.

Nordamerika

USA und Kanada zählen zu den stinknormalen Reiseländern, da gibt es kaum Überraschungen mit Verkehrsverbindungen, keine uns fremde Kultur etc. Was also könnte uns in die Hochburg des Kapitalismus locken? Vielleicht gerade das: z.B. Wolkenkratzerstädte wie New York, Chicago oder Los Angeles; Disneyland und Raketen-Bahnhof, endlose Highways durch endloses Farmgelände.

Die Amerikaner selbst sind hilfsbereit und zu einer schnellen Freundschaft oder gar Gastfreundschaft aufgelegt. Für den Traveller ist das Vorwärtskommen problemlos, sei es mit Billigangeboten der vielen Airlines oder per Bus (Greyhound fährt fast überall hin) oder mit billigen Mietwagen. Beliebt sind auch Secondhand-Autos, die man am Ende der Reise wieder abstößt.

Wirklich einen Besuch wert sind die Rocky Mountains, die kaum weniger eindrucksvoll als ihr südamerikanisches Pendant, die Anden, sind. Hier liegen die phantastischen, wirklich spektakulären National-Parks wie Grand Canyon, Monument Valley, Death Valley, Yosemity und wie sie alle heißen. Nicht zu vergessen der Yellowstone Park, den die Amerikaner bereits im vorigen Jahrhundert zum Nationalpark erklärten und dabei die Idee der vor dem Menschen geschützten Natur erfanden. Diese Parks hegen und pflegen sie mit einer Liebe und Sorgfalt, wie sie bei uns in Europa kaum anzutreffen ist.

Wer Landschaft in ihrer grandiosen, überwältigenden Form erleben will, der muß diese Gegend besuchen. Das Angenehme daran ist, daß jede der Naturschönheiten so erschlossen wurde, daß sie selbst dem Fußkrüppel leicht zugänglich ist - in anderen Gegenden der Welt muß man tagelang trecken, hier kann man mit dem Auto bis an den Rand des Grand Canyon fahren.

Landschaftlich ebenfalls sehr schön sind Kanada und auch Alaska. Außer der Umgebung der Niagara Fälle kennen wir von Kanada nichts und können nicht mitreden. Aber noch ein Wort zu Niagara: das ist ein Platz, an dem bereits frühzeitig jeder einzelne Wasserstrahl, ja Tropfen touristisch genutzt und kommerzialisiert wurde - dieses Schauspiel ist neben dem des gewaltigen Wasserfalls betrachtenswert.

Zum Schluß dieses Kapitels ein paar Worte über New York. Wir hatten das Glück, ein Vierteljahr in dieser irren Stadt zu leben. Und wenn wir die Gelegenheit hätten, wir würden sofort wieder und für länger dorthin gehen. Warum? Es gibt wohl kaum eine Stelle auf der Erde, auf der sich so viele Rassen auf so engem Raum zusammendrängen und zum Teil auch vermischt haben. Daher rührt eine ungeheure Toleranz dem Anders-Aussehenden, dem Anders-Denkenden gegenüber. Nirgendwo sonst könnten so gegensätzliche Strömungen nebeneinander existieren, sei es in der Kunst, Kultur oder im täglichen Leben. New York wird nie müde, irgendwo ist immer etwas los, NY regeneriert sich unentwegt selbst - ein irrer Platz, unter anderem auch für Irre.

Afrika

Betrachten wir Afrika von Nord nach Süd: eine schmale Randzone am Mittelmeer ist seit alters her besiedelt, das ägyptische Niltal zählt zu den ältesten Kulturräumen der Menschheit. Dann folgt der große Riegel der Sahara und der Süden gehört den Schwarzafrikanern, die aus den Tropen entwachsen zu sein scheinen und von ihrer ganzen Mentalität her für diese Gegend geschaffen sind.

Westafrika besteht größtenteils aus der trockenen Steppenlandschaft des Sahel und ist erst dicht am Atlantik fruchtbar. Der wirklich tropische Einfluß bricht in Ostafrika voll durch und läuft allmählich nach Süden aus. Dies sind die Gebiete der großen Wildparks, die weltweit nicht ihresgleichen haben. Südafrika schließlich ist landschaftlich sehr schön und schlägt sich mit seinen hausgemachten politischen Problemen herum.

An Afrika hat uns zweierlei ungeheuer fasziniert: die Durchquerung der größten Wüstenfläche der Erde und das plötzliche Eindringen in scheinbaren Überfluß der Natur im subtropischen Bereich. Dieser Wechsel vom völligen Nichts ins totale Alles kam - obwohl sich über hunderte Kilometer hinziehend - so überraschend, daß er lange nicht so recht faßbar war.

Das zweite großartige Erlebnis waren die Menschen. Und zwar dort, wo sie noch in ihrer althergebrachten Lebensgemeinschaft des kleinen Dorfes oder Krals leben, dort sind die Schwarzafrikaner fröhlich, freundlich, herzlich, offenherzig wie unverdorbene Kinder. Sie leben um des Erlebnisses Leben willen. Ihre täglichen Arbeiten verrichten sie eher locker und fröhlich, nicht so sehr mit dem verbissenen Ernst rationaler Erwägungen. Bestimmend ist eher die emotionale Triebkraft, nicht so sehr nüchtern-rationales Kalkül. Wir haben weltweit nicht annähernd so einfach-glückliche, so unkomplizierte Menschen getroffen wie in schwarzafrikanischen

Dörfern. Doch soll diese Schilderung einer, noch ein bißchen heilen Welt nicht darüber hinwegtäuschen, daß in den Ballungsgebieten und großen Städten die ethnischen und sozialen Probleme voll aufeinanderprallen.

Neben der Wüstenlandschaft der Sahara bietet Afrika nicht so Großartig-Berauschendes wie z.B. die Andenkette. Von der kulturhistorischen Seite liegen die wirklichen Attraktionen nördlich der Sahara. Höhepunkt ist sicherlich Ägypten, aber auch die anderen Länder der Mittelmeerküste haben reiche Vergangenheit und ein eigenes, sehr orientalisches Heute. Südlich der Sahara existierten nur selten und nur wenige größere Staaten, die typische Organisationseinheit vor der Kolonisierung war das räumlich eng begrenzte Stammesgebiet. Einige Stämme waren und sind künstlerisch sehr begabt und brachten z.B. kunstvolle Masken und Amulette hervor.

Betrachtet man also die Erde mit des Globetrotters Augen, dann bietet Asien die fremdartigste Kultur und die großen, neben dem Christentum stehenden Religionen. Asien ist der schillerndste Kontinent überhaupt, der zur Auseinandersetzung mit seinen unterschiedlichen Lebensformen herausfordert.

Australien, der dünnbesiedelteste Kontinent mit viel Platz und guten Sportmöglichkeiten, ist flach und ein bißchen arg uniform.

Die Höhepunkte der beiden Amerikas liegen hauptsächlich in grandioser Gebirgslandschaft "zum Anfassen", daneben in den Resten präkolumbianischer Kulturen und dem Industrie-Koloß USA.

Afrika hat Wüste anzubieten, im Norden Ägypten als Stammplatz auch unserer eigenen Kultur, im Süden freundlich-fröhliche Menschen inmitten tropischer Vegetation. Außerdem ist Afrika der Kontinent der Tierparks.

2. Weltreise-Informationen

2.1 Überlegungen zur Reiseplanung

Sehr häufig trifft man Reisende, die sich vom Glück recht ziellos treiben lassen; Planen einer Reise kommt ihnen wie eine zivilisatorische Untat vor. Zieht man jedoch gemeinsam Bilanz, so hat der andere viele Dinge verpaßt. Mit einer durchdachten Reiseroute sparen Sie Geld und sehen das Doppelte. Wir haben uns über jedes Land vor der Ankunft so umfassend wie möglich informiert, haben anhand von Reiseführern und informativen Büchern die Reiseroute sehr genau im Voraus festgelegt.

Man sollte sich zunächst für das Gesamtgebiet das beste Klima aussuchen oder bei wechselndem Klima die Route so legen, daß man dem Sonnenschein folgt. Alsdann steht man vor der Qual der Wahl: wenn Sie alle Sehenswürdigkeiten eines Landes erleben wollen, brauchen Sie meist viel Zeit (in Indien waren wir insgesamt über neun Monate unterwegs, um ca. 80 % der interessantesten Stellen abzuklappern). Häufig läuft es darauf hinaus, daß man einen Teil der Plätze streichen muß. Je besser die Vorausinformation ist, umso weniger wird die Streichaktion zum Lottospiel. Wenn Sie sich beim besten Willen nicht zwischen zwei Orten entscheiden können, dann fahren Sie an beide. Andernfalls grämen Sie sich ewig, weil Sie etwas verpaßt haben könnten.

Sobald Sie die Route anhand der möglichen Verkehrsverbindungen festgelegt haben, sollten Sie einen ungefähren Reise-Zeitplan aufstellen. Klopfen Sie Ihren Plan daraufhin ab, ob Sie vom Wetter her alle Plätze erreichen können - viele Straßen sind nur in der Trockenzeit befahrbar, Pässe sind im Winter gesperrt, Berge während der Regenzeit wolkenverhangen. Investieren Sie zu Hause in eine gute Planung, Sie werden die Früchte später genießen.

Sobald Sie sich zu einer Reise entschlossen haben, sollten Sie sich auch für die zu Hause anfallenden Jobs eine Terminplanung überlegen. Aktivitäten stehen in der Reihenfolge an, wie sie im Kasten auf der nächsten Seite aufgeführt sind. Wenn Sie in der Liste vor dem betreffenden Job jeweils den Termin notieren, haben Sie eine Checkliste.

Erste Schritte für eine lange Reise:	
Termin	Job
....	Länder bzw. Kontinente auswählen
....	Kostenkalkulation
....	Reisezeitplanung
....	Starttermin festlegen auf ....
....	Autokauf
....	Autoausbau oder Modifikation einer vorhandenen Einrichtung
....	Ärztliche Untersuchung
....	Zahnärztliche Untersuchung
....	Job kündigen
....	Sonstige Kündigungen (Wohnung etc.)
....	Telefon kündigen
....	Impfungen (Plan siehe Kap.3.1)
....	Ausrüstungskäufe abschließen
....	Jobs der letzten Wochen laut Plan unter Kap.6.6 beginnen
-START-	

2.2 Informationsmaterial

Überall auf der Welt ist alles in Bewegung: Grenzen, die heute noch frei passierbar sind, können morgen geschlossen sein, bürokratische Bestimmungen ändern sich, Straßen versinken in Überschwemmungen, Schiffahrtslinien werden eingestellt, Flugrouten eröffnet. Gute und zuverlässige Informationen sind ungeheuer wichtig.

Wir können Ihnen hier nur allgemeine Tips geben, von denen wir meinen, daß sie Bestand haben (was nicht heißt, daß z.B. ein politischer Umsturz die Reiselandschaft plötzlich völlig verändert). Wirklich aktuelle Informationen müssen Sie sich dann selbst beschaffen, wenn Ihre Pläne konkret werden. Daher hier ein paar Hinweise, wie Sie an Informationen kommen, die Ihnen weiterhelfen oder neue Informationswege erschließen:

Allgemeine Literatur

- anders reisen almanach.Adressen, Infos & Ideen. rororo- Sachbuchreihe. - Sehr viele Informationen und Anregungen.
- Udo Schwark: Handbuch für Fernreisen, Walter Verlag, Bremen. - Eine Fleißarbeit mit vielen Informationen wie Visabestimmungen, Flugverbindungen, Adressen.
- Horst Eichler: Geographisches Hand- und Lesebuch für modernes Reisen. Schlüssel und Anleitungen zum Verstehen und Erleben für Globetrotter, Jetter und Erlebnisurlauber. Touristbuch

Hannover; Erläutert vor allem geographische und reisetechnische Begriffe mit vielen zusätzlichen Informationen. Weiterhin gibt es von Horst Eichler das Buch Erdkunde in Bildern, das anschaulich Skizzen und Bilder zum Erkennen von Landschafts- Pflanzen- und Gebäudeformen bietet.

- Urlaub - Tips für Ihre Fernreisen, Presse- und Informationsamt der Bundesregierung, Postfach, 5300 Bonn. 130seitige Broschüre mit Infos zum Reiserecht, Zollbestimmungen, Anschriften der Botschaften und Konsulate. Mit frankiertem Rückumschlag anfordern.
- Roland Hanewald: Das Tropenbuch, Jens Peters Publikationen, Berlin. Ein sehr gutes Handbuch zum Leben und Überleben in tropischen und subtropischen Ländern, für Aufenthalte in diesen Gegenden nur zu empfehlen.
- Handbuch für Selbstreiser. Ideen und Wissen für Reisen auf eigene Faust. Aus der Reihe REISE KNOW-HOW, siehe Anzeige am Buchende.
- Helmut Hermann: Die Welt im Sucher, Helmut Hermann Verlag, Markt Gröningen. Ein Handbuch für perfekte Reisefotos aus der Reihe REISE KNOW-HOW, siehe Anzeige am Buchende.
- Christian Adler: Achtung Touristen, Peter Rump Verlag, Bielefeld. Tips eines Verhaltensforschers zum Ferntourismus, aus der Reihe REISE KNOW-HOW, siehe Anzeige am Buchende.
- Kauderwelsch - Sprechführer für Globetrotter, Peter Rump Verlag, Bielefeld. Die Taschenbücher erleichtern die Verständigung in 40 Ländern.

Reise-Informationen

Die "Deutsche Zentrale für Globetrotter e.V.", Birkenweg 19, 2359 Henstedt-Ulzburg 1, gibt ein sog. Info-Heft heraus, in dem viele Informationen auf Verwertung warten. Es ist gegen Einsendung eines selbstadressierten DIN-A-5-Rückumschlages mit DM 3 in Briefmarken erhältlich.

Informationsmaterial für die tägliche Praxis (vor allem über Zoll- und Visabestimmungen, Anschriften etc.) gibt auch der ADAC heraus; ein Gespräch mit dem Touristik-Referat des ADAC, Baumgartnerstr. 53, 8000 München 70, Tel. 089 76761 über das aktuelle Angebot für Ihre Reiseländer dürfte sich lohnen. Andere Automobilclubs bieten ähnlichen Service.

In Reisebüros gibt es die folgenden wichtigen Handbücher:

- Auslandsreisen, Vorbereitung, Durchführung. Herausgegeben von der Industrie- und Handelskammer Mittlerer Neckar, Stuttgart, verlegt von J. Fink-Kümmerly + Frey Verlag, Ostfildern. Ein voluminöses, ständig aktualisiertes Werk, in dem für jedes Land Infos über bürokratische Bestimmungen, Reisewege und -kosten (z.B. Kraftsoffpreise) etc. enthalten sind.
- ABC Passenger Shipping Guide, zu beziehen bei BAS Overseas Publications GmbH, Postf. 2701

64, 4000 Düsseldorf. Erscheint monatlich neu und listet alle Schiffahrtslinien auf, die Passagiere befördern (auch Frachter).

- Cooks Overseas Timetable, zu beziehen bei Thomas Cook Ltd, Time Table Publishing Office, P.O. Box 36, Peterborough, PE 365 B, England. Erscheint zweimonatlich und enthält weltweit Bahn- und Schiffsverbindungen, Visabestimmungen, Landeswährung, Klima etc.
- TIM Travel Information Manual, steckt ebenfalls voller aktueller Informationen, kann am besten in Reisebüros eingesehen werden, da nur als Abonnement zugänglich.

Reisefüher

Es ist unmöglich, auf alle Reisefüher hinzuweisen, Udo Schwark hat z.B. in seinem Buch zu jedem Land die verfügbaren Bücher aufgelistet. Es soll aber noch einmal die Reihe REISE KNOW-HOW - in der auch diesese Buch erschienen ist - erwähnt werden, in der alle Reiseführer innerhalb von zwei Jahren aktualisiert werden müssen, was eher eine große Ausnahme in dieser Branche ist.

Grundsätzlich gilt, daß sich am besten Führer eignen, die von Leuten geschrieben wurden, die selbst das Land ähnlich bereisten, wie Sie es vorhaben und daher eigene Erfahrungen auswerten konnten.

Darüberhinaus halten wir gute, allgemeine Reise-Führer für sehr wichtig, um kulturelle und historische Sehenswürdigkeiten ohne Führung besuchen zu können. Zwar bieten sich in vielen Ländern (häufig selbsternannte) Führer an, aber kontrollieren Sie einmal die Erzählungen dieser Führer, Sie werden Geschichten hören, die mehr zum Reich der Phantasie als zur Wahrheit tendieren.

Sie werden unterwegs mit manchmal sehr fremdartigen Verhaltensweisen, Traditionen oder Ansichten der Bevölkerung konfrontiert werden. Um Ihre neue Umgebung besser verstehen zu können, sollten Sie sich wenigstens vorab mit der Herkunft eines Volkes, mit seiner Geschichte, Kultur und Religion beschäftigen. In den letzten Jahren hat sich leider ein Trend umgekehrt: Waren es früher hauptsächlich die Gruppenreisenden, die von den Veranstaltern wie Blinde durch ferne Länder getrieben wurden und dabei viel guten Willen der einheimischen Bevölkerung zerstörten, so fallen heute Individualreisende zunehmend unangenehm auf. Viele Gruppenreisende nehmen an Vorbereitungsveranstaltungen teil und stellen sich auf die fremde Umgebung ein, doch immer wieder trifft man auf Individualisten, die keine blasse Ahnung von der sie umgebenden Kultur haben und daher durch falsches Verhalten die einheimische Bevölkerung vor den Kopf stoßen.

Karten

Einige Länder machen aus ihren Karten ein Geheimnis oder drucken sie unrichtig oder Wunschkarten mit Straßen, die in ferner Zukunft erst gebaut werden sollen. Man darf sich keinen Illusionen hingeben: für viele Länder gibt es keine zuverlässigen Karten. Zwar wird man in etwa die Existenz von Straßen anhand von Gedrucktem erfahren, aber ob diese Strecken zu einer bestimmten Jahreszeit befahrbar sind, ob sie letztendlich ans gewünschte Ziel führen oder kurz zuvor im Busch enden, daß muß man manchmal erst in der Praxis erkunden. Es gehört auch heute noch eine gute Nase dazu, die gewünschte Richtung zu finden. Trotzdem braucht man für die Planung gutes Kartenmaterial. Es lohnt sich, bereits in Deutschland die lieferbaren Karten der fremden Länder zu erwerben. In vielen Fällen mögen sie hier noch zuverlässiger hergestellt sein als Schnelldrucke aus den dortigen Pressen. Gehen Sie bei der Suche nach Kartenmaterial zu den Expeditionsausrüstern (Adressen z.B. im oben genannten Handbuch für Fernreisen), die werden Ihnen wahrscheinlich am besten helfen können.

2.3 Weltweite Straßenverbindungen

Es ist noch gar nicht solange her, daß sich ein durchgehendes Asphaltband von Europa nach Indien zieht; erst 1972 wurden die letzten Lücken im Iran geschlossen.

Für die Planung langer Reisen muß man wissen, wo es überhaupt Straßen gibt und ob diese dem Touristen auch tatsächlich offenstehen. Das wiederum hängt häufig direkt von der Tagespolitik ab. Informationen über den aktuellen Stand der offenen Grenzen sollte man unterwegs z.B. von entgegenkommenden Reisenden sammeln. Die folgenden Angaben können daher nur einen sehr allgemeinen Überblick bieten, detaillierte Streckenbeschreibungen mit aktuellen Angaben zum Zustand finden Sie in den entsprechenden Reise- Handbüchern.

Von Europa nach Indien gab es eine stark frequentierte Route, die von Istanbul über Ankara - Teheran - Kabul - Lahore nach Dehli verläuft. Leider ist diese auch landschaftlich phantastische Strecke im afghanischen Abschnitt unpassierbar, so daß man derzeit (Anfang 1989) in Teheran nach Südosten abbiegen und über Isfahan - Zahedan - Quetta direkt nach Südpakistan fahren muß; für den Iran gibt es derzeit 7-Tgae-Visa, die auch verlängert werden können, Autofahrer benötigen ein Carnet de Passage oder einen offiziellen Zollbegleiter im Auto, der nicht billig ist. Auch der einzige Touristen-Grenzübergang zwischen Pakistan und Indien bei Lahore/Amritsar ist - wie schon erwähnt - stark vom tagespolitischen Geschehen abhängig, zur Zeit jeweils am 2., 12, und 22. jeden Monats geöffnet. Erkundigen Sie sich bereits hier (z.B. Deutsche Zentrale für Globetrotter, ADAC; die Auskunft der indischen Botschaft ist mit Vorsicht zu genießen), ob die Grenze überhaupt offen ist und Sie Chancen haben, Indien auch tatsächlich auf dem Landweg erreichen zu können.

Der gesamte indische Subkontinent verfügt eigentlich über ein hervorragendes Straßennetz (von der Länge, nicht so sehr vom Zustand her), das noch in der Kolonialzeit geschaffen wurde. Fast jeder interessante Ort ist auf asphaltierten Straßen zu erreichen. Von Indien nach Nepal führen hauptsächlich zwei Straßen: von Raxaul nach Kathmandu und von Gorakpur nach Pokhara, weiterhin gibt es einen Grenzübergang bei Darjeeling. Nach Bangla Desh fährt man am besten von Kalkutta über Benapol in Richtung Dakka. Derzeit ist Sri Lanka für Autofahrer von Südindien aus nicht per Schiff erreichbar, der teuren Alternativen wegen lohnt es nicht, das eigene Fahrzeug mitzunehmen - ganz abgesehen von der alptraumhaften politischen Lage auf der einst traumhaft schönen Insel.

Wer von Indien weiter nach Osten will, muß eine teure Schiffsverladung in Kauf nehmen. Es gibt nach wie vor keine Einreise-Erlaubnis für den Landweg nach Burma (nur Flugzeug-Einreise). Die übliche Schiffsroute geht von Madras zur malaysischen Insel Penang und von dort per Fährboot zum Festland. Alternativ kommt die Route direkt nach Singapore in Betracht. Von Singapore führt eine gute Asphaltstraße über Malacca, Kuala Lumpur nach Thailand und dort in Richtung Norden nach Bangkok. Die Gebiete nördlich von Bangkok sind straßenmäßig gut erschlossen. Leider enden z.Zt. alle Reiseambitionen für den Autofahrer in Thailand, da die Grenzen aller umgebenden Länder gesperrt sind. Es geht nur per Flugzeug weiter nach Hongkong, China, Taiwan, Südkorea und Japan.

Der übliche "Land"-Weg nach Australien führt durch Asien nach Singapore und von dort per Schiff nach Perth oder Sydney. Der fünfte Kontinent bietet dort, wo er dicht besiedelt ist, ein gutes Straßennetz. Eine Umrundung des Inselkontinents ist recht reizvoll, sie ist heutzutage weitgehend auf asphaltiertem Untergrund möglich. Neuseeland ist wegen der Frachtkosten mit dem eigenen Wagen zu teuer, man mietet sich dort am besten ein Fahrzeug oder benutzt die öffentlichen Verkehrsmittel. Die so naheliegende Schiffsverbindung von Australien zur Westküste Südamerikas findet - wenn überhaupt - nur alle paar Monate statt. Die wenigen direkten Linien von Australien nach Südosten laufen stattdessen Häfen an der Ostküste Südamerikas an.

Die sogenannte Traumstraße von Alaska nach Feuerland ist auf einem kurzen Stück tatsächlich nur ein Traum: zwischen Panama und Kolumbien (also zwischen Nord- und Südamerika) gibt es keine Straßenverbindung. Der Bau scheiterte hauptsächlich an politischen Problemen. Man muß also - für viel Geld - auf's Schiff. Die kürzeste Route ist Panama - Carthagena, die aber teuer und aus politischen Gründen unzuverlässig ist. Üblicherweise verschifft man heute bereits von Florida aus nach Venezuela, da diese Verbindung stärker frequentiert ist. Oder man stellt den Wagen, der nicht höher als 2,08 m sein darf, in ein Frachtflugzeug.

Von Venezuela führt die Traumstraße oder Panamericana nach Kolumbien und dann immer an der Westseite der Anden nach Süden: Bogota - Quito - Lima - Santiago de Chile - Puerto Montt. Dort muß man auf die Ostseite der Anden, um nach Feuerland zu kommen (wir hörten allerdings von neuen Straßen, die auf der Westseite noch sehr viel weiter nach Süden führen als Puerto Montt). Die einzige Allwetter-Straßenverbindung, d.h. die einzige asphaltierte Straße von der Westseite der Anden nach Osten, führt von Santiago de Chile über Mendoza nach Buenos Aires.

Im Norden Argentiniens und im Westen Brasiliens gibt es ein brauchbares Straßennetz: Im Amazonasgebiet schreitet der Straßenbau voran, aber eine direkte Verbindung nach Peru dürfte wegen politischer Probleme noch eine Weile auf sich warten lassen. Die überwiegenden Strecken im Amazonasgebiet sind nicht asphaltiert, es muß mit viel Schlamm gerechnet werden. Auch die direkte Strecke über Manaus nach Venezuela ist in Brasilien nur stückweise asphaltiert (in Venezuela bis Eldorado), doch zumindest in der Trockenzeit kommt man auch per VW-Bus durch; aktuelle Informationen vor Antritt der Reise sind angebracht.

Von Brasilien, Paraguay oder Argentinien gibt es keine ständig befahrbare Allwetterstraße nach Bolivien. Die brauchbarste der schlechten Strecken ist die von Tucuman (Argentinien) über La Quiaca nach Potosi in Bolivien. Die übliche Route verläuft dann von La Paz über Puno (Titicaca-See), Cusco (Abstecher nach Machu Picchu) nach Lima.

In Mittelamerika fährt man wieder auf der Panamericana, sofern nicht politische Probleme diese Strecke zu einem gewagten Abenteuer werden lassen oder geschlossene Grenzen ohnehin kein Weiterkommen gestatten. Die Panamericana beginnt in Panama und führt durch Costa Rica, Nicaragua, Honduras, El Salvador nach Guatemala. Dort fächert sich die Straße auf: entweder direkt nach Mexico City oder westlich über Belice auf die mexikanische Halbinsel Yucatan und dann weiter nach Norden.

Das Straßennetz Nordamerikas ist so dicht, daß in diesem Zusammenhang keine Worte darüber zu verlieren sind.

Die Straßenbedingungen in Afrika sind alles andere als berauschend. Nordafrika ist recht gut erschlossen. Die Sahara wird meist auf der Hoggar-Piste durchquert. Allerdings nur mit entsprechender Ausrüstung; man sollte die Wüste nicht unterschätzen, 1988 verdursteten laut "Stern" 80 Europäer im Gebiet der Hoggar-Piste.

Im Äquatorialbereich muß (vor allem Zaire) mit sehr ernsthaften Straßenschwierigkeiten gerechnet werden. Wenn Zaire wegen aufgeweichter Schlammpisten nicht durchfahren werden kann, kommt entweder der Umweg durch die Zenralafrikanische Republik und den Sudan oder die schwierige Reise von Ägypten her durch den Sudan in Frage. Wenn die Reise durch keins der beiden Länder möglich ist, dann ist eine Durchquerung Afrikas von Nord nach Süd praktisch unmöglich. Eine Durchquerung der Sahara am Atlantik (Marokko/Mauretanien) bzw. Roten Meer (Ägypten/Sudan) ist meist wegen geschlossener Grenzen undurchführbar.

Nach der Sahara-Durchquerung fährt man durch Niger, Nigeria, Kamerun, Zentralafrikanisches Republik, Zaire, Uganda (oder Ruanda, Tansania) nach Kenia. Von dort führt eine relativ gute Route durch Tansania, Sambia, Zimbabwe nach Südafrika - falls die Grenzübergänge offen sind. Südafrika selbst bietet ein hervorragendes Straßennetz. Wer die Reise nach Südamerika fortsetzen will, kann von Kapstadt oder Durban nach Argentinien oder Brasilien verschiffen.

2.4 Weltweite Wettervorhersage

Das Wetter hat ganz entscheidenden Einfluß auf den Ablauf und sicher auch auf die Stimmung Ihrer Reise. In vielen Gegenden der Erde hält sich das Wetter immer noch an gewisse Spielregeln, daher sind Voraussagen möglich, die - mit gehöriger Toleranz natürlich - einigermaßen zutreffen. Viele Leute machen sich nicht klar, daß die Jahreszeiten auf der Südhalbkugel umgekehrt zu denen der nördlichen Hemisphäre ablaufen, im Süden gilt auch der alte Schulspruch von der Sonne nicht mehr: "... im Norden wird sie niemals stehen". Dort strahlt sie mittags sehr kräftig von Norden her.

Die Wetterbedingungen der Tropen zeigen nur recht schwache Schwankungen, man kann fast von einem ausgeglichenen Klima sprechen, täglich Sonne, täglich ein paar kräftige Schauer. In den Subtropen gibt es Regenzeiten und Trockenzeiten, also keine eigentliche Unterscheidung zwischen Sommer und Winter.

In der folgenden Aufzählung sind für die einzelnen Gebiete jeweils die vom Wetter her angenehmsten oder wenigstens die günstigsten Reisezeiten angegeben:

- Naher Osten bis Afghanistan: Frühling, Spätsommer, Herbst
- Indischer Subkontinent: Winter (im frühen Winter ist das Land noch nicht ausgedörrt).
- Nepal, Himalaya: Ende September/Oktober (wegen guter Fernsicht).
- Thailand: Herbst und früher Winter oder Beginn der Regenzeit im Mai.
- Japan: Die Kirschblüte dauert nur wenige Tage und findet notfalls

im Regen statt. Besser daher der Sommer.

- Singapore, Indonesien: Tropische Länder mit ziemlich gleichbleibendem Klima.
- Malaysia: Im Winter Regen an der Ostküste, Sonne an der Westküste; im Sommer genau umgekehrt.
- Australien: der dortige Winter (hiesiger Sommer) ist eventuell kühl (im südlicheren Teil: kalt),tagsüber aber häufig Sonnenschein und ziemlich regenfrei; der Sommer ist über lange Intervalle feucht- heiß und schwül.
- Südamerika: Das Andengebiet sollten Sie nur zwischen Ende April und Anfang Oktober bereisen, weil Sie nur dann die Pracht der Berge erleben. Sonst: Wolken, Nebel, auch Erdrutsche und Überschwemmungen. Ins Flachland (Brasilien, Argentinien, Küstenstreifen von Peru und Chile) im hiesigen Winter fahren.
- Mittelamerika: tropisch gleichmäßiges Klima
- Mexico: Im Winter ein bißchen kühl, besser Herbst und Frühling
- USA: im Spätsommer nach den Schulferien (nicht zu spät, uns hielt die Kälte vom Besuch Kanadas ab).
- Für Asien- bzw. Südamerikafahrer folgen zwei Vorschläge, um stets mit dem angenehmeren Wetter zu fahren.
- Asien:Abfahrt im Spätsommer, dann angenehmes Wetter auf der Anreise nach Indien, Ankunft in Indien am Ende der Regenzeit, wenn dort alles in Grün und Blüten schwelgt, Winter in Indien. Im Spätherbst wären allerdings auch Thailand und Umgebung vom Klima her sehr günstig.
- Südamerika: Früher empfahl es sich aus Zoll-Gründen, in Montevideo, Uruguay, per Schiff zu landen, heute dürfte Buenos Aires genauso gut sein. Dort im Dezember/Januar etwa ankommen, nach Brasilien fahren, Carneval in Rio, über Iguazu-Wasserfälle, Paraguay, Buenos Aires nach Süden bis möglichst Lago Argentina, dann nach Norden, Chile besuchen und ab Mai etwa in Bolivien und Hochland von Peru. In dieser Zeit herrscht dort blauer Himmel mit Sicht auf die faszinierende Bergwelt der Anden. Allerdings liegt zu dieser Jahreszeit die gesamte Küstenregion von Peru unter einer deprimierenden Dauernebeldecke.

- Afrika-Fahrer planen am besten so, daß sie während der relativ kühlsten Jahreszeit, also Dezember/Januar, in die Sahara gehen. Die Zeit zwischen Mitte Mai und Mitte September ist in der Sahara von Backofenhitze und Sandstürmen geprägt, man sollte sie tunlichst meiden. Damit liegt die Reisezeit in den südlichen Ländern mehr oder weniger fest. Anhand der Regentabellen der Michelin-Karten oder der Globetrotter-Handbücher kann sich der Reisende ausrechnen, wieviel Regen ihm wo auf's Haupt fallen wird.

2.5 Kostenkalkulation

Es ist sehr schwer, in Zeiten der Inflationen Reise-Etats auf Jahre im Voraus aufzustellen. Wir erlebten Preissteigerungen z.B. beim Benzin von 100 % und mehr. Andrerseits weiß man hier bestimmt noch nicht, welche Souvenirs man sich in Malaysia kaufen oder ob man ein Schiff finden wird, auf dem man gegen harte Arbeit an Bord "umsonst" über den Pazifik dampfen kann.

Es gibt einige dicke Brocken, die sich größenordnungsmäßig zumindest umreißen lassen. Ständig muß man tanken; an vielen Tagen ist mindestens eine Tankfüllung zu bezahlen. Es dürfte realistisch sein, wenn man (für 1989) wenigstens 1 - 1,30 DM/Liter Benzin im Schnitt ansetzt. Zwar findet man in Ölstaaten preiswerteren Sprit, aber in weniger gesegneten Gefilden dürfte er umso teurer sein. Diesel-Motoren-Besitzer kommen etwa 30 - 60 % billiger davon.

Autoverladungen per Schiff gehen maßlos ins Geld. Die Frachtkosten hängen vom Volumen des Autos ab, und zwar vom Volumen, das sich aus der jeweils größten Höhe, Breite und Länge ergibt. Man kann heute davon ausgehen, daß auf keiner der gängigen Strecken ein Fahrzeug von VW-Bus-Größe für weniger als ein paar tausend DM zu verschiffen ist, auf langen Strecken (z.B. Europa - Südamerika) fließen für die Fracht schon viele Tausender aus der Reisekasse. Personentarife fallen zusätzlich an; in vielen Fällen mag es billiger sein, daß die Crew statt teurer Schiffskabinen einen Flug bucht.

Die Lebenshaltungskosten sind unterwegs eigentlich immer niedriger als zu Hause, weil Wohnungskosten und ähnliche Fixkosten entfallen. Campingplatzgebühren, die in Europa durchaus eine Monatsmiete erreichen können, fallen in den wenigsten Ländern an, weil es keine Campingplätze gibt. Lebensmittel kauft man auf den Märkten des Gastlandes ein, und dort sind sie - wenn man keinen Wert auf Schweinebraten in Dosen legt - immer viel billiger als zu Hause.

In den früheren Auflagen dieses Buches haben wir Detail-Angaben über die Kosten unserer Weltreise in den Jahren 1971 - 74 veröffentlicht; heute sind die damaligen Preise so überholt, daß wir lieber auf Angaben verzichten. Vielleicht nur eins: damals gaben wir während der gesamten dreijährigen Reise DM 53 383 aus - heute würden wir mit dem Dreifachen rechnen. Wenn Sie genauer kalkulieren wollen, so finden Sie Spritpreise in dem unter 2.2 genannten Handbuch "Auslandsreisen" der IHK Stuttgart; Kosten für Schiffsverladungen können Sie z.B. über den ABC-Guide abfragen.

Ein Tip zum Schluß: Denken Sie daran, daß Sie nach der Rückkehr zu Hause Startkapital brauchen werden.

2.6 Geldquellen

Für Europäer lohnt es sich nur in ganz wenigen Ländern zu arbeiten, um Geld zu verdienen: Theoretisch in USA, Kanada, Australien, Südafrika und eventuell Japan, sofern man überhaupt eine Arbeitserlaubnis erhält. In allen anderen Ländern ist der Arbeitsmarkt so überlastet, daß Sie nur einen Bruchteil vom hiesigen Verdienst bekämen (Ausnahmen sind Jobs, die von hiesigen Firmen im Ausland vergeben werden).

Z.B. verdient ein Ingenieur in Pakistan 400 - 600 DM pro Monat; selbst wenn Sie als gesuchter Spezialist von einer dortigen Firma 500 oder 600 DM bekommen würden, so ist das ein Betrag, den Sie hier mit Leichtigkeit sparen können. - Die USA darf man getrost aus dieser Aufzählung streichen. Amerikanische Firmen dürfen zur Zeit Ausländer nur dann einstellen, wenn für diesen Job kein Amerikaner zu Verfügung steht. Wer sich ohne Arbeitserlaubnis verkauft, muß das Risiko des Arbeitgebers durch geringen Lohn kompensieren.

Die Erteilung einer Arbeitserlaubnis in den übrigen Staaten hängt stark von deren Konjunktur ab (siehe Gastarbeiter). Wir fanden zu Zeiten der Hochkonjunktur mit Leichtigkeit gut bezahlte Jobs in Australien. Aber das sind, zumal heutzutage, große Unwägbarkeiten.

Früher, als Globetrotter noch wegen der geringen Zahl als Exoten und Werbemittel galten, ließ sich ein großer Teil der Ausrüstung und der Verpflegung zusammenschnorren. Das ist heute nicht mehr möglich; große Firmen erhalten angeblich hunderte von Bettelbriefen im Monat.

Sie verdienen immer noch am meisten Geld zu Hause. Stopfen Sie den heimischen Sparstrumpf randvoll und leben Sie aus dieser Quelle.

3. Persönliche Vorbereitungen

3.1 Gesundheit

Es gibt keine Frage: stabile Gesundheit ist eine der wichtigsten Voraussetzungen Ihrer Reise. Lassen Sie sich rechtzeitig generaluntersuchen, damit Ihnen der Arzt eine Prognose geben kann, ob Sie den künftigen Strapazen gewachsen sein werden oder, bei irgendwelchen Bedenken, wie Sie sich unterwegs verhalten sollen.

Wenn Sie noch stolzer Besitzer von Blinddarm oder Mandeln sind, so sollten Sie ganz ernsthaft daran denken, beide Teile in Deutschland zurückzulassen. Ein Blinddarm kann unterwegs leichter gereizt werden (schon verschiedene Globetrotter mußten deswegen ins Krankenhaus), Mandeln mögen Klimawechsel oder ähnliches übelnehmen (erfüllen aber andererseits auch eine gewisse Schutzfunktion). Und außerdem: wenn Sie sich hier ins Krankenhaus begeben, werden Sie mehrere Wochen Ruhe für theoretische Reisevorbereitungen gewinnen.

Lassen Sie auch Ihre Zähne gründlichst durchchecken, wir mußten leider Zahnarztstühle auf jedem Kontinent drücken, eine Erfahrung, auf die wir gern verzichtet hätten. Nehmen Sie an einem Erste-Hilfe-Kurs teil. Beugen Sie möglichen gesundheitlichen Gefahren bereits hier durch die auch in Deutschland angeratenen Schutzimpfungen gegen Tetanus, Kinderlähmung und Tuberkulose vor. Unterwegs werden Sie sich gegen folgende Infektionskrankheiten zusätzlich zu schützen haben: Malaria, Cholera, Gelbfieber, Thyphus und Hepatitis (Gelbsucht).

Informieren Sie sich aktuell durch Publikationen der Weltgesundheitsorganisation (WHO), die u.a. eine Broschüre über Impfvorschriften, Malariavorkommen etc publiziert, die im Buchhandel unter ISBN 92 89 0702 85 zu bekommen ist. Im Folgenden noch ein paar pauschale Angaben.

Die Malaria- Infektionsgefahr ist abhängig von der Jahreszeit, d.h. wann die Anopheles-Mücke aktiv ist, und dies ist in tropischen Regionen ganzjährig der Fall. Die Erreger sind z.T. gegen das Standardmittel, das bei uns als Reoschin verkauft wird, resistent. Laut WHO ist Resochin nicht mehr in Ostafrika, dem Amazonasgebiet und den Ländern Burma, Thailand, Phillippinen und Indonesien wirksam, bei malariaverdächtigen Erkrankungen das neuere Mittel Lariam nehmen. Malariafrei sind Taiwan, Hongkong, Sinagapore, Australien und Neuseeland.

Impfungen gegen Cholera werden von der WHO nicht mehr empfohlen; lediglich Indien und Pakistan verlangen bei der Einreise aus Nachbarländern - nicht aus Europa etc - Impfzertifikate. - Eine Gelbfieber-Impfung, die sehr guten Schutz bietet, ist für Südamerika und Panama, West-, Zentral- und Ostafrika nicht nur obligatorisch, sondern auch sehr anempfohlen

Typhus kommt in Gegenden mit schlechten hygienischen Bedingungen vor, man schützt sich in erster Linie durch eigenes, hygienisch einwandfreies Verhalten, in zweiter Linie durch eine Schluckimpfung. - Hepatitis zählt zu den Krankheiten, die wir unterwegs am meisten gefürchtet haben, weil sie stark verbreitet ist und weil man sich nur schwer dagegen schützen konnte. Obwohl immer wieder von Schutzimpfungen berichtet wird, ist uns bisher kein Mittel aus der täglichen Anwendung bekannt. Lediglich Gammaglobulin ist anzuraten, das aber nicht spezifisch gegen Hepatitis wirksam ist, sondern die Abwehrkräfte des Körpers generell für ca drei Monate verbessert.

Sicherlich können Sie durch Hygiene und Sauberkeit sehr viel erreichen, was generell als Vorbeugemaßnahme gilt. Leute, die meinen, daß die Einheimischen trotz Dreck überleben, vergessen, daß sie immer nur die Lebendigen sehen; unsere um 20 - 30 Jahre höhere Lebenserwartung kommt nicht von ungefähr.

3.2 Notwendige Sprachen

Mutige Leute schlagen sich mit plattdeutscher oder bayerischer Mundart durch die Welt. Wir wunderten uns über einen älteren Bauern aus Westfalen, der ohne alle Englischkenntnisse nach Indien fuhr und sein Auto nach Malaysia und wieder zurück verschiffte; eine Prozedur, die mit soviel Papierkrieg und Feilschen mit Schiffsagenten verbunden ist, daß man schier verzweifeln könnte. Aber es geht offenbar auch als sprachlich "Taubstummer". Wahrscheinlich trifft man immer wieder Deutsche oder deutsch sprechende Leute, die einem weiterhelfen.

Englische Sprachkenntnisse sind ungeheuer nützlich. Englisch ist Weltsprache, man kann sich praktisch überall damit durchschlagen. In ganz Lateinamerika haben natürlich Spanischkenntnisse große Vorteile, die insofern noch wertvoller zu veranschlagen sind, als man sich dann auch mit einfachen Leuten unterhalten kann. Während man in Ländern wie z.B. Indien immer nur mit Leuten spricht, die ein Mindestmaß an Schulbildung erwischt haben. In verschiedenen afrikanischen Ländern ist französisch von Vorteil.

Mangelnde Sprachkenntnisse sollten kein Hinderungssgrund für eine lange Reise sein. Man kann unmöglich jede Landessprache lernen, um sich mit den Bewohnern in der Muttersprache unterhalten zu können. In Indien allein gibt es mehrere 100 Sprachen und Dialekte.

Die Probleme häufen sich, wenn zu einer fremden Sprache auch noch eine völlig fremde Schrift kommt. Extremes Beispiel dafür ist Japan. Zur (für uns) unlesbaren Schrift kommt, daß die Japaner ungern englisch sprechen, europäische Sprachen sind Zungenbrecher für sie. Im Zweifel schreiben sie lieber, wie sich bei unserem Krankenhausaufenthalt in Hiroshima herausstellte: Die Oberschwester, die nicht ein einziges Wort englisch mündlich herausgebracht hatte, schrieb später ihre Anweisungen in fließendem Englisch.

Man kommt in solchen Ländern ganz schön in Verlegenheit, weil man kein Straßenschild, keine Zugbezeichnung oder keinen Fahrplan lesen kann. Es grenzt manchmal an Detektivarbeit, einen bestimmten Weg oder die Straße zu einer bestimmten Stadt zu finden. Man sollte sich davon nicht gleich negativ beeinflussen lassen. Es liegt zweifellos ein gewisser Reiz darin, sich dennoch in einer unbekannten Stadt zurechtzufinden - auch wenn diese Stadt wie im indisch-pakistanischen Krieg komplett verdunkelt ist und man sich ohne Autoscheinwerfer in der Dunkelheit bis zum Resthouse im Zentrum buchstäblich vorwärts tasten muß.

Vor einer Überraschung sieht sich der Autofahrer an Tankstellen einiger arabischer Länder gestellt: das Zählwerk der Zapfsäulen ist nur in arabischen Ziffern beschriftet. Die Kenntnis dieser Ziffern kann viel Geld sparen helfen, weil mancher Tankwart Ihre Unkenntnis zu seinen Gunsten zu nutzen versteht.

In vielen Kulturkreisen gehört es zur selbstverständlichen Höflichkeit, Fragen irgendwie zu beantworten, selbst wenn die Antwort falsch sein mag. Dort hilft nur, immer mehrere Leute nach dem Weg zu fragen und aus den unterschiedlichen Antworten eine Mehrzahl für eine Richtung herauszufiltern. Es empfiehlt sich auch, Namen oder Bezeichnungen beim Fragen in den unterschiedlichsten Betonungen zu wiederholen, damit der Mann am Straßenrand versteht, welchen Ort man meint.

3.3 Reise-Alter

Wir sind zu alt für solche Reisen - das ist ein oft verwendetes Argument; häufig eine Ausrede, um den Wunsch nicht in die Tat umsetzen zu müssen. Andere stellen es mit aufrichtigem Bedauern fest.

Die ältesten Reisekollegen trafen wir in Afghanistan: der "Opa" hatte bereits den ersten Schlaganfall hinter sich, er war 85! Die Gattin saß am Steuer und meisterte mit ihren 75 Jahren das orientalische Verkehrschaos hervorragend. Aber die beiden waren geübt, es war bereits die zweite Indienreise innerhalb von drei Jahren.

Man ist nicht zu alt für eine lange Reise. Man ist höchstens zu krank. Nach unseren Beobachtungen nimmt der Anteil älterer Reisender immer mehr zu. Es hat sich herumgesprochen, daß man die Pension auch in Nepal oder in Peru genießen kann.

Wenn ältere Leute, denen der Arzt eine Art "Tropentauglichkeit" bescheinigt, ein paar Regeln ganz strikt beachten, dann kann im Grunde gar nichts schief gehen:

Nur während der klimatisch günstigen Zeiten reisen, z.B. nur im Winter nach Indien fahren; immer weit unterhalb der "Vollast- Grenze" bleiben, d.h. geruhsam mit kurzen Tagesetappen reisen; keine unnötigen Gesundheitsrisiken eingehen; nur entkeimtes Wasser trinken und verwenden; entweder in first-class Restaurants oder im eignen Wagen essen; rohes, ungeschältes Obst und Salate total vermeiden; beim Aufstieg in große Höhen (Himalaya, Zentralandengebiet) über Tage hin akklimatisieren.

3.4 Kinder als Globetrotter

Die Frage "WAS TUN MIT KINDERN" taucht immer wieder auf. Die Antwort geben eine ganze Reihe Eltern, die mit Kindern im relativ engen VW-Bus z.B. durch Asien reisen.

Nicht schulpflichtige Kinder mit auf Reisen zu nehmen, hat für die Nachkommen verschiedene Vorteile: sie erfahren direkt und persönlich, daß es anders aussehende Menschen gibt; Vorurteile werden abgebaut oder kommen gar nicht erst auf; sie sehen, daß es andere Möglichkeiten zu leben gibt; sie werden aus eignem Erleben auf die soziale Wirklichkeit der Dritten Welt aufmerksam; sie sind stets mit den Eltern zusammen, was zu wesentlich innigeren menschlichen Bindungen innerhalb der Familie führen kann; Kinder kommen mit mehr Schmutz und Unhygiene in Berührung, sie werden (allerdings unter Schmerzen) mehr Abwehrstoffe entwickeln.

Aus dem letztgenannten gehen auch die Nachteile hervor: das wesentlich größere gesundheitliche Risiko, das bei schweren Erkrankungen durchaus zum Abbruch der Reise führen kann; die anders gelagerten Interessen der Kinder, die zumeist andere Dinge lieber tun als Museen oder historische Bauwerke zu besichtigen.

Die Entscheidung mit Kindern zu reisen, sollte nicht leichtfertig gefällt werden. Nach Gesprächen mit vielen Eltern haben wir den Eindruck, daß zumeist das gemeinsame Erlebnis sehr positiv bewertet wurde. Bei schulpflichtigen Kindern sind natürlich eine ganze Reihe zusätzlicher Probleme zu berücksichtigen. Verschiedene Eltern gaben ihren Kindern täglich Unterricht. Aber dazu gehört eine große Portion eiserner Energie auf beiden Seiten.

3.5 Reisepartner

Wenn Sie allein verreisen, können Sie sich nur mit sich selbst zanken. Sie können sich aber auch nur allein über ein schönes Erlebnis freuen. Finden Sie hingegen den idealen Partner, so finden Sie Teilnahme in Freud und Leid. Es ist jedoch schwer genug, schon einen einzigen idealen Reisefreund zu treffen. Hoffen Sie daher nicht, gleich eine ganze Gruppe aufzustöbern. Wir haben kein einziges Reiseteam erlebt, das länger als ein halbes Jahr zusammengehalten hätte. Wir glauben nicht, daß der Ärger und Haß, der z.B. in einer Vierergemeinschaft entsteht, das eingesparte Benzingeld wert ist. Sie werden unterwegs immer wieder Gesinnungsgenossen treffen, mit denen Sie eine Weile zusammenreisen können. Das ist völlig unkompliziert, viel interessanter und bei Ärger ganz einfach zu lösen: man fährt seine eigenen Wege.

Die Kriterien, nach denen Sie einen Partner aussuchen, müssen Sie selbst bestimmen. Lassen Sie sich nicht vom Argument der kräftigen Muskeln (zum Autoschieben) verleiten; jede Frau ist den gar nicht so hohen Strapazen einer solchen Reise gewachsen.

Viel wichtiger als die kräftigen Muskeln ist die Fähigkeit, den psychischen Strapazen begegnen zu können: Das lange Zusammenleben auf engstem Raum, klimatisch bedingte Reizbarkeit, Bestehen gefährlicher Situationen etc. Es kommt unterwegs viel mehr als zu Hause darauf an, in wirklicher Gemeinschaft miteinander zu leben und zu überleben. Eine wichtige Voraussetzung ist natürlich, daß auch der Partner möglichst kerngesund und den rein physischen Strapazen problemlos gewachsen ist.

Wenn Sie trotzdem in einer Gruppe reisen wollen, dann gehen Sie davon aus, daß unterwegs ganz andere Kriterien gelten als hier. Freundschaften, die zu Hause nur selten bis an die Grenzbelastbarkeit ausgereizt wurden, offenbaren unterwegs plötzlich das schwache Fundament. Suchen Sie daher die Gruppe frühzeitig aus und versuchen Sie, durch irgendwelche Testunternehmungen die Tauglichkeit herauszufinden (z.B. gemeinsame Urlaubsreise, Wanderungen etc). Die Teilnehmerzahl sollte geradzahlig sein, weil dann nicht so leicht überstimmbare Minderheiten entstehen.

Zur Frage der gemeinsamen Kasse ein Verfahren, das sich in einer Gruppe gut bewährte: Für alle gemeinsam zu tragenden Kosten (die vor Reiseantritt genau festgelegt werden sollten) werden jeweils gleiche Beträge in DM (z.B. DM pro Partner) in die Kasse eingezahlt und diese Beträge verbraucht. Bei leerer Kasse schießt jeder wiederum 50 DM nach etc. Damit entfällt das lästige Umrechnen, wer wieviel in welcher Währung zu zahlen hat.

3.6 Hunde als Mitreisende

Vielleicht denken Sie daran, Ihren Hund als Beschützer mit auf die Reise zu nehmen. Oder Sie mögen sich aus lauter Liebe nicht von dem Tier trennen und gönnen ihm eine Weltreise. In beiden Fällen gilt, daß der Hund das Reisen und vor allem die Strapazen (Hitze) vertragen muß. Vergessen Sie nicht, daß der Hund relativ viel vom wenigen Platz im Camper wegnimmt und daß Ernährungsprobleme auftreten können.

In vielen Ländern gelten Hunde als unrein (z.B. bei Muselmanen), Kinder und auch Erwachsene bewerfen sie mit Steinen. Diese Leute finden es höchst belustigend, einen im Auto zurückgebliebenen Hund bis zur Weißglut zu ärgern; sie finden es sehr komisch, wenn jemand einen Hund an der Leine spazierenführt.

Wer es trotzdem wagen will: nicht immer kümmern sich in außereuropäischen Ländern Grenzbeamte so intensiv um Hunde wie auf unserem Kontinent,doch sollte der vierbeinige Freund - nicht nur im Interesse des Besitzers - unbedingt alle nötigen Impfungen haben und diese auch auf internationalen Dokumenten nachweisen können.

Wer seinen Hund mit nach Australien nehmen will, muß ihn bei der Ankunft für 6 Monate in Quarantäne geben. Panama verbietet die Einfuhr von Hunden total; man muß die Tiere von Costa Rica über Panama hinweg nach Kolumbien (oder umgekehrt) fliegen lassen.

In vielen Ländern haben selbst die Hunde erkannt, daß man von Touristen gut leben kann. Sobald man dem armen Köter den ersten Brocken zugeworfen hat, weicht er dem Spender nicht mehr von der Seite. Dieser Hund verteidigt dann sein neues Revier, aber nur gegen andere Hunde und das mit viel Lautstärke - die besonders nachts die Tierliebe überdenken läßt.

Viele Leute verlieren trotzdem irgendwann ihr Herz und nehmen einen solchen Hund unterwegs mit. Man sollte sich aber vor Augen halten, daß fast alle streunenden Hunde krank sind (z.B. Wurmkrankheiten) und daß sie - wie der eigene Hund auch - unterwegs Krankheiten auflesen können, die ein zusätzliches Gesundheitsrisiko für den Globetrotter selbst darstellen. Dies läßt sich jedoch verringern, wenn man das Tier bei einem Veterinär behandeln, bzw. impfen läßt; (Tierarzt-Adressen bekommt man bei deutschen Auslandsvertretungen, deren Angehörige häufig selbst Haustiere halten).

4. Bürokratische Vorbereitungen

4.1 Persönliche Reise-Dokumente

Der Vollständigkeit halber soll hier noch einmal aufgezählt werden, welche Dokumente nötig sind:

- Ein Reisepass, der möglichst leer (bei uns füllten sich 3 Reisepässe!), mit aktuellem Foto versehen und noch viele Jahre gültig sein sollte.
- Ein Internationaler Impfpaß, in dem alle vorgeschriebenen Impfungen eingetragen sein müssen (siehe Kap.3.1).
- Ein Internationaler Führerschein (3 Jahre gültig).
- Gute Dienste leistet ein Studentenausweis (selbst wenn er abgelaufen ist).
- Ein Personalausweis, der unterwegs praktisch nutzlos ist, aber immerhin als Notausweis dienen kann und bei der Rückreise dem deutschen Zöllner nicht verrät, wo man herkommt.

Auch als Deutscher braucht man heutzutage für immer mehr Länder ein Visum. Die Beantragung ist zumeist mit Bürokratie, Wartezeiten und anderem Ärger verbunden. Grundsätzlich muß man beachten, daß die meisten Visa 6 Monate nach Ausstellung ungültig werden. Wenn Sie erst später in einem visapflichtigen Land eintreffen werden, so müssen Sie sich den begehrten Stempel unterwegs z.B. im Nachbarland an der Botschaft des Ziellandes holen.

Bei verschiedenen afrikanischen Ländern ist auch das mit Schwierigkeiten verbunden; dann hilft alles nichts, entweder verzichten Sie auf das freundliche Land oder Sie fahren schnell genug, damit Sie vor Ablauf des Visums an der Grenze ankommen.

Wenn Sie in Israel oder Südafrika waren, werden Ihnen verschiedene Länder die Einreise verweigern. In solchen Fällen kann ein Einlegeblatt im Pass die Probleme lösen; besser wäre, wenn man zwei Pässe besitzen würde. Unterhalten Sie sich mit Ihrem Paßamt. Vielleicht fällt Ihnen ein Argument ein, das die Herren zur Ausstellung eines zweiten Passes bewegt.

Tragen Sie einen Paß immer bei sich. Sollten Sie zwei Pässe besitzen, so verstecken Sie einen gut im Auto. Verstecken Sie zumindest den Personalausweis; im Falle eines Falles können Sie dann immer nachweisen, wer Sie sind. - In jedem Fall sollten Sie Fotokopien aller Ihrer Dokumente (also auch der KFZ-Papiere) machen und diese separat aufbewahren.

4.2 Auto-Dokumente

Wir fuhren mit unserem abgemeldeten und unversicherten Auto einmal um die Erde. Wirkliche Schwierigkeiten hatten wir deswegen nie. Aber wir sparten drei Jahre lang Steuern und Versicherung. Wir konnten sogar den Schadenfreiheitsrabatt retten, weil wir oft genug unterwegs kurzfristig versichert waren (z.B. für wenig Geld in Indien oder zwangsweise in Australien). Inzwischen zahlen heimische Versicherer den überzahlten Betrag für die Zeit des Aufenthalts im außereuropäischen Ausland zurück (in jedem Fall vor der Abreise schriftlich bestätigen lassen!).

Ein solch drastischer Schritt wie die Abmeldung des Autos ist nicht mehr nötig. Auch die ersparten Steuern schlagen nicht sonderlich zu Buche, weil nach einem Jahr Abmeldung das Auto schlichtweg bürokratisch seine Existenz verliert. D.h. man muß nach der Rückkehr durch eine komplette und nicht billige TÜV-Abnahme diese Existenz wieder beweisen. Allein diese Prozedur mit muffigen TÜV- Leuten und Schlange-Stehen in der Zulassungsstelle kann einem die Rückkehr so verleiden, daß man die Flucht nach vorn antritt - und Deutschland auf dem kürzesten Weg wieder verläßt.

Wenn Sie Ihr Auto für den Rest der Reise abmelden wollen, so können Sie das beim ersten außereuropäischen deutschen Konsulat (es geht bereits in Istanbul) oder Sie schicken die Nummernschilder mit den besten Grüßen an Ihre Zulassungsstelle zurück. Entweder Sie nehmen bereits von hier einen Reserve-Satz Nummernschilder mit, oder Sie malen ihre abgelaufene Nummer selbst aufs Auto. Grenzbeamte werden immer nur vergleichen, ob die am Wagen mit der im Carnet übereinstimmt.

Sie können eine andere Möglichkeit wählen, wenn Sie hier keine Steuern und Versicherung fürs Ausland zahlen wollen. Exportieren Sie das Auto mit einer sog. Zollnummer (ovales Kennzeichen), dann erhalten Sie nach dem Verlassen Deutschlands die beim Autokauf entrichtete Mehrwertsteuer zurück. Erkundigen Sie sich vor dem Kauf nach den Modalitäten beim Zollamt. Sollten Sie aber mit dem Auto wieder nach Hause zurückkommen, erwarten Sie hier Zollkosten und bürokratische Prozeduren (TÜV-Gutachten etc.).

Zu welchen Verfahren Sie sich auch entschließen, Sie werden folgende Dokumente benötigen:

- Die Internationale Zulassung, die zwar nach einem Jahr unwiderruflich abläuft; das aber merkt unterwegs kein Mensch (selbst unsere bereits seit 2 Jahren ungültige Zulassung passierte mehrere Male Verkehrskontrollen in den USA). Ausstellung bei der KFZ-Zulassungsstelle.
- Das Carnet de Passages als wesentlich wichtigeres Dokument. Hüten Sie es und lassen Sie es niemals aus den Augen; beim

Verlust werden Sie in den betreffenden Ländern ungeahnte Schwierigkeiten bekommen.

Ein Carnet ist ein Jahr gültig; eine Verlängerung um ein weiteres Jahr ist - 4 Wochen vor Ablauf - im Ausland beim dortigen Automobilclub möglich (sehr umständlich, zeitaufwendig). Es darf allerdings nur zur Rückreise auf dem kürzesten Weg benutzt werden. Bei längerer Reise muß 6 - 8 Wochen vor Ablauf direkt bei der ADAC-Zentrale ein neuer Antrag gestellt werden.

Das Carnet de Passages ist ein Zollbürgschaftsdokument, mit dem sich der ausstellende Automobilclub dem Gastland gegenüber verpflichtet, daß das eingeführte Auto wieder ausgeführt oder aber der Zollbetrag entrichtet wird. Es besteht aus einzelnen Seiten mit jeweils 3 Abschnitten. Der erste Abschnitt wird bei der Einreise herausgetrennt und dieser Akt auf dem dritten vermerkt (achten Sie darauf!). Den zweiten Abschnitt trennt der Zöllner bei der Ausreise heraus; gleichzeitig quittiert er auf dem dritten Abschnitt die erfolgte Ausreise. Auch diese Unterschrift mit Stempel ist sehr wichtig, sie kann bares Geld wert sein.

Sie erhalten das Carnet de Passages beim ADAC oder anderen Automobilclubs. Beim ADAC müssen sie entweder einen bestimmen Betrag bis zur ordnungsgemäßen Rückgabe (auch als Bankbürgschaft möglich) hinterlegen oder Sie können diese Hinterlegung sparen, wenn Sie stattdessen eine Bürgschaftsablösegebühr zahlen. Bei der Ausstellung des Carnets geben Sie den Wert Ihres Fahrzeugs so niedrig wie von Aussehen und Zustand her vertretbar an; Sie können bei unglücklichen Umständen in die Verlegenheit geraten, diesen Betrag erstatten oder ihn verzollen zu müssen. Geben Sie bei "Leergewicht" das Gewicht an, das werksseitig ohne Wohnungseinrichtung eingetragen wurde. Schiffahrtslinien berechnen die Fracht nach den für sie günstigsten Daten: entweder nach dem höchsten Volumen oderfalls das Gewicht mehr einbringt - nach dem Gewicht.

Den nationalen KFZ-Zulassungsschein und die Grüne Versicherungskarte brauchen Sie nur in Europa; der KFZ-Brief ist nur in Deutschland interessant.

Die Frage, ob sich die Mitgliedschaft in einem deutschen Automobilclub lohnt, können wir nur positiv beantworten. In unserem Fall war der Kontakt zum ADAC sehr gut. Außerdem hatten wir alle Fahrzeugdaten hier hinterlassen und fanden es beruhigend zu wissen, daß wir im Notfall auf die Erfahrung des ADAC bezüglich Ersatzteilbeschaffung und -versand zurückgreifen konnten. Zum andern öffnet einem die Mitgliedskarte des hiesigen Vereins die Tore zum Informationsmaterial fremder Clubs.

Prüfen Sie, ob ein Auslandsschutzbrief für Sie in Frage kommt. Wir verzichteten immer darauf, weil wir seinen Gültigkeitsbereich jeweils sehr bald verließen.

Stellen Sie Ihren Mitreisenden eine Vollmacht aus, die sie berechtigt, im Notfall Ihren Wagen zu fahren und alle Zollformalitäten zu erledigen (mehrsprachige Vordrucke beim ADAC).

4.3 Versicherungen

Wer alle Risiken einer Reise durch Versicherungen abdecken will, der kann vor lauter Prämienzahlen überhaupt nicht mehr starten. Sie müssen gewillt sein, einen guten Teil des Risikos selbst zu tragen - das ist schon der erste Schritt aus den sozialen Fangleinen der Heimat. Trotz allem bleibt der Entschluß, welches Risiko an eine Versicherung weitergegeben werden soll. Jeder muß mit sich selbst ausmachen, ob er die Reisezeit bei der Rentenzahlung im Alter spüren will oder ob er viele Tausender pro Jahr von der Reisekasse abzwacken und an die BfA überweisen will (wir taten es nicht, nutzten aber später die zufällige Chance, Beiträge nachentrichten zu können).

Krankheiten können furchtbar ins Geld gehen. Nur die wenigsten Krankenversicherungen geben Ihnen für lange Reise-Zeiten Schutz rund um die Erde. Wir traten einer dieser Versicherungen bei und zahlten 40 Prozent Aufschlag; unterwegs stellten wir fest, daß in den allermeisten Staaten die Krankenkosten erheblich niedriger als in Deutschland liegen. Einzige Ausnahme: USA. Wir würden einen solchen Schritt nicht wieder tun, sondern zu einer normalen Krankenversicherung eine Zusatzversicherung abschließen, die überall alle Kosten bis zu einer Höchstsumme (z.B. 3000 DM) deckt. Wenn die Krankheit schlimmer aussieht, fliegt man am besten nach Hause (nehmen Sie eine Zusatzversicherung, die auch den Rücktransport übernimmt).

Vorsichtige Menschen können auch eine Privathaftpflichtversicherung mit weltweitem Schutz abschließen (als ich für dieses Buch bei der Gothaer Versicherung nachfragte, sagte der vorsichtige Vertreter "... also weltweit nicht, aber in allen Ländern der Erde ...").

Nur in relativ wenigen Ländern besteht Haftpflichtzwang für Autos (auf unserer Reise mußten wir nur in Afghanistan, Malaysia, Australien und Costa Rica eine Haftpflichtversicherung abschließen, gingen aber der geringen Kosten wegen zeitweise in Indien eine Versicherung ein). Fahren ohne Versicherung schärft das Reaktionsvermögen. Wenn Sie tatsächlich einen Unfall bauen, bewahrt Sie allerdings eine Versicherungspolice, die meist billig ist, vor dem in vielen Ländern üblichen Gefängnisaufenthalt, der auch bei Fremden praktiziert wird.

Wenn Ihnen trotzdem das Risiko zu groß ist, so sollten Sie sich an die Assurance Sport et Tourisme, 7, rue Bordaloue, 75009 Paris, wenden, die angeblich eine weltweite Haftpflichtversicherung anbietet.

Zu Überlegen ist eine Reisegepäckversicherung, die auch den Inhalt Ihres Campers abdeckt. Es ist schwierig, länger als 1 Jahr zu versichern. Wir fanden nur den Gerling-Konzern, bei dem wir wegen einer sehr teuren

Kamera auch extreme Gebühren zahlten.

Wir haben die Erfahrung gemacht, daß normalerweise die Risiken im Ausland nicht höher als zu Hause sind, wenn man sich anpaßt und aus Eigenschutz die Augen offenhält. Leute, die z.B. Kameras lässig auf dem Autositz liegenlassen, dürfen sich über die eingeschlagene Scheibe nicht wundern.

4.4 Geldtransport und -transfer

Für eine lange Reise braucht man viel Geld, was nach dem Beschaffungs- in ein Transportproblem übergeht. Am sichersten sind Reiseschecks. Sie haben allerdings den erheblichen Nachteil, daß man sie nur bei einer Bank - die gerade immer dann geschlossen ist - in bare Münze umsetzen kann und daß sie nicht oder nur schlecht auf dem Schwarzmarkt zu verkaufen sind.

Wir schleppten außer einer bescheidenen Notreserve in Schecks immer Bargeld jeweils für einen Halbjahresbedarf mit. Man sollte es an mehreren Stellen im Auto verstecken, am Körper nicht in einem Brustbeutel tragen. Binden Sie sich eine Tasche für Geld und Paß auf den Bauch: daß Ihnen ein Taschendieb die Hose aufknöpft, dürfte unwahrscheinlich sein. Aber im Menschengewühl das Trageband des Brustbeutels durchschneiden, den Beutel blitzschnell an diesem Band herausziehen und verschwinden, das dauert 2 Sekunden. (Wir steckten, als wir in Südamerika auf die Ankunft unseres Wagens warteten, Hundert-Dollarnoten in die Schuhe. Nach einer Woche waren vier Noten so durchgelaufen, daß wir sie nur noch in den USA umtauschen konnten).

Eine größere Sicherheit als ein Brustbeutel bietet ein Geldgürtel; aber diese Gürtel sind inzwischen so verbreitet, daß sich auch Diebe genau damit auskennen. Nehmen Sie eine Menge Ein-Dollar-Noten (auch ein paar Fünfer und Zehner) mit, weil Sie häufig kurz vor Verlassen eines Landes noch einmal tauschen müssen, Ihnen aber kein Wechsler 99 Dollars zurückgeben kann oder will.

Als Reiseschecks sollten Sie American Express oder First National City Bank nehmen, weil diese Banken weltweit über ein relativ dichtes Filialnetz verfügen (Liste der Filialen mitnehmen) und weil Sie im Falle eines Falles dann schneller an Ersatzschecks kommen.

Wählen Sie die richtige Währung. Im Nah- bis Mittelost-Bereich läßt sich die DM recht gut tauschen. Alle anderen Länder, besonders die beiden Amerikas, kennen die DM zu schlecht und bevorzugen Dollars, die französischsprachigen Afrika-Länder zum Dollar auch Franc.

Die deutschen Großbanken arbeiten weltweit mit vielen Korrespondenzbanken zusammen. Bei diesen Korrespondenzbanken (auch den direkten Zweigstellen) liegen Listen mit den Unterschriften der Zeichnungsberechtigten. Deshalb empfiehlt es sich, für den Geldnachschub von zu Hause bei einer hiesigen Großbank ein Konto zu besitzen. Bei Bedarf lassen Sie sich einen Verrechnungsscheck an die Korrespondenzbank im fremden Land schicken. Das ist nicht billig, aber sicher. Suchen Sie sich die Länder, in die Sie Geld überweisen lassen, sorgfältig aus. Wichtig ist, daß Ihr Geld dort ohne nennenswerten Kursverlust in harte Währung umgetauscht wird. Es funktionierte bei uns problemlos in Thailand, Japan, Singapore, Australien, Ecuador und Mexico.

Man kann sich auch Geld direkt an eine Bank im fremden Land überweisen lassen. Uns sind mehrere Fälle bekannt, wo Leute wochenlang auf die Ankunft der Überweisung warteten - es lag aber seit langem in einer Vorortzweigstelle. Zu Hause müssen Sie jemanden ermächtigen, über Ihr Konto zu verfügen. Sollte Ihnen das zu riskant sein, müßten Sie direkt mit der Bank ein Verfahren aushandeln, wie Sie aus dem Ausland an Ihr Geld kommen können.

4.5 Autoverkauf

Einige wenige Plätze in Afrika scheinen noch für den Autoverkauf interessant zu sein, in anderen Kontinenten ist gar kein Geschäft mehr zu machen; schlimmer noch, meistens ist der Handel zolltechnisch gar nicht erlaubt.

Wir verkauften einst einen PKW im Iran. Damals schworen wir, das nie wieder zu tun; einmal sind uns die orientalischen Händler haushoch überlegen, zum anderen kostet der Instanzenweg unendlich viel Zeit und Nerven.

Viele Länder Asiens, von Pakistan bis Thailand, pflegen den Linksverkehr und dort sind Sie mit einem rechtsgelenkten Auto zumindest wieder so sehr im Nachteil, daß sie lieber das Auto mit nach Hause nehmen. Indien z.B. läßt die Einfuhr fremder Fahrzeuge praktisch überhaupt nicht zu.

In Australien kollidieren Sie beim Verkauf ebenfalls mit dem Linksverkehr: Sie dürfen kein rechtsgelenktes Fahrzeug importieren (nur vorübergehend als Tourist); Sie können eventuell Ihren Wagen für viele tausend Dollar zum Rechtslenker umbauen lassen, anschließend macht jedoch die australische Zulassungsbehörde Crashversuche mit dem guten Stück...

In Südamerika ist der Autoverkauf in praktisch allen Ländern verboten. Ihr teuer verschifftes Auto müssen Sie wiederum für viel Geld auf's Schiff stellen oder jemanden finden, der mit dem Auto an Ihrer Stelle weiterreist (kein Einheimischer natürlich).

Ein beliebiges, hier gekauftes Auto in den USA verkaufen zu wollen, ist auch kaum machbar. Die amerikanischen Sicherheitsbestimmungen waren schon seit vielen Jahren schärfer als unsere, d.h. Sie müßten Ihr Auto für viel Geld auf den Stand dieser Bestimmungen bringen. Alternativ können Sie, wenn Sie eine Weltreise mit Ende in den USA planen, sich hier einen VW-Bus in USA-Ausführung anschaffen.

5. Technische Vorbereitung

5.1 Autowahl

Sie können zu Fuß, per Pferd, Fahrrad oder Motorrad eine Weltreise machen. Sie können in ein normales Serienauto steigen, sich notfalls nachts auf den Liegesitzen zusammenkauern, einmal um die Erde fahren und - vielleicht etwas gekrümmt wie die Liegesitzfläche - heil und munter wieder zurückkehren. Doch für ein bequemeres Bett im Auto sprechen folgende Argumente: Sie müssen keine Hotels im Voraus buchen, Sie sind daher in der Termingestaltung flexibler; falls Sie nicht im Voraus gebucht haben, müssen Sie nicht am frühen Nachmittag bereits eine Übernachtungsmöglichkeit zu suchen beginnen; billige Hotelbetten oder Gast- und Rasthäuser abseits großer Städte sind häufig unsauber, Wanzen und Flöhe stürzen sich auf die neue Kost. .

Da auch die hygienischen Bedingungen in dieser Art Hotels nicht immer die besten sind, empfiehlt es sich, neben dem eigenen Bett auch die eigene Waschgelegenheit und die eigene Toilette mit auf die Reise zu nehmen. Wenn so viele Dinge ins Auto zu laden sind, dann muß es ohnehin größer sein und die eigene Küche hat auch noch Platz. Die logische Konsequenz dieser Überlegungen ist ein Wohnmobil oder Camper genanntes Fahrzeug.

Ein Kompromiß zwischen PKW und Camper wäre ein großer PKW mit entsprechender Zeltausrüstung (oder Dach-Zelt). Viele Leute sind mit Zelten um die Erde gereist. Ein Zelt hat aber einige entscheidende Nachteile: der tägliche Auf- und Abbau kann zur ärgerlichen Plage werden, eine Stoffhaut bietet in der Nacht auf freiem Feld (Campingplätze sind selten) weit weniger Schutz als eine Blechhaut.

Eine Alternative zum Camper ist der Caravan, für den sprechen würde, daß er nicht zu jedem Besichtigungsplatz mitgeschleppt werden müßte. Trotzdem: er ist ein Klotz am Bein, der auf schlechten Straßen umso unhandlicher wird. Man kann im Gelände nur schwer mit ihm rangieren, man muß auf diverse Strecken verzichten. Während der Fahrt kann sich niemand im Caravan aufhalten, nachts ist man vom Zugfahrzeug getrennt (erhöhte Einbruch- und Diebstahlgefahr).

Fast alle Argumente sprechen für das Wohnmobil. Jedoch, für welches aus der reichhaltigen Palette der Angebote? Es ist ganz einfach: zum Wohnen soll der Camper riesengroß, zum Fahren PKW-klein sein. Leider existiert ein solches Schrumpfauto nicht; Sie müssen sich zu einem Kompromiß durchringen. Jede Vergrößerung des Innenraumes, die Sie sich oft herbeiwünschen werden, geht zu Lasten der Beweglichkeit; sie kostet außerdem Geld bei der Anschaffung, beim Fahren und nicht zuletzt beim Verschiffen.

Sobald Sie viel Innenraum für erforderlich halten, müssen Sie mindestens mit einem Klein-LKW vorlieb nehmen. D.h. Sie sitzen, während Sie auf rauhen Straßen fahren, auf dem harten Fahrgestell eines LKW, Sie benötigen den Parkraum eines LKW, und in manchen orientalischen Dörfern oder Städten müssen Sie Ihren Camper weit entfernt vom Ziel stehen lassen, weil die Gassen gerade noch für einen PKW breit genug sind.

So paradox es klingen mag: je weiter sie reisen, umso kleiner sollte der Wagen sein, weil sonst die Kosten wesentlich steigen und weil Sie auf engen Straßen besser vorwärts kommen. Alle unsere Überlegungen endeten daher immer wieder beim Typ Transporter: er benötigt meist nicht mehr Verkehrsfläche als ein Mittelklasse-PKW, aber im bis zu 3 Meter langen Laderaum läßt sich eine durchaus komfortable Wohneinrichtung unterbringen.

Als Alternative zum Transporter kommen Geländefahrzeuge vom Urtyp Landrover in Frage. Ihr großer Vorteil liegt in der Geländegängigkeit, der Nachteil darin, daß der Motorraum bis zu einem Drittel der Fahrzeuggrundfläche verbraucht; d.h. Wohnen ist nur auf äußerst beengtem Raum möglich. Zwar kann man ein Dachzelt zum Schlafen vorsehen, das läßt sich jedoch nicht in jeder x-beliebigen Straße aufbauen. Mehr Bequemlichkeit bietet die sog. Pickup-Lösung, bei der eine Wohn-Hütte auf die Ladefläche gesetzt wird; diese Fahrzeuge sind dann sehr hoch und häufig wegen Überladung und hochliegendem Schwerpunkt nur mehr bedingt geländetauglich.

Eine weitere Frage stellt sich: Allradantrieb oder nicht. Mit Allrad gewinnen Sie wesentlich mehr Beweglichkeit, z.B. auch um weit abseits liegende Übernachtungsplätze auszusuchen; viele Pisten und Strecken im unwegsamen Gelände stehen Ihnen offen. Aber fragen Sie sich, wie oft Sie das tatsächlich brauchen werden. Die meisten Sehenswürdigkeiten der Erde sind auf Straßen zugänglich, die ohne Allrad befahrbar sind.

Wir waren lange Jahre Allradgegner, weil eine Menge mehr Technik mitgeschleppt werden muß, die zusätzliche Kosten und Störquellen bedeutet und weil wir mit unserem zweiradgetriebenen VW-Bus nur ganz wenige Ziele selbst in schwierigem Gelände auslassen mußten. Jedoch hatten wir Gelegenheit, den allradgetriebenen VW-Synchro-Bus in der Wüste zu fahren - und die neuen Freiheitsgrade ließen uns ins andere Lager überwechseln. Seit zwei Jahren besitzen wir nun auch einen Allrad-Bus; doch sind wir auf die zusätzlichen Störquellen per Störungen berteits auch deutlich hingewiesen worden.

Auf dem deutschen Markt zählt unter den handlichen Klein-Transportern der VW-Bus immer noch zum Spitzenreiter von der Stückzahl her. Wenn auch fernöstliche Modelle mehr und mehr an Marktanteil gewinnen, so hat der VW-Bus (in seiner derzeitigen, 1988/89er Version) einige Vorteile anderen Modellen gegenüber: Sein hochentwickeltes Fahrgestell bietet einen Fahrkomfort, der dem eines Mittelklasse-PKWs kaum nachsteht, er hat vernünftige Bodenfreiheit und der im Heck untergebrachte Motor stört nicht durch laute Geräusche und Hitzeentwicklung während der Fahrt. Nachteilig sind der schmalbrüstige Dieselmotor und, keine Frage, der verhältnismäßig platzfressende Motorraum im Heck.

Noch in den 70er Jahren war der VW-Bus der weltweit verbreiteste Transporter. Seit der Käfer ausgestorben ist, haben die Japaner die Weltmärkte erobert, neuere VW-Transporter sieht man kaum mehr in Ländern der Dritten Welt. Geht man von diesem Argument aus, wäre sicher Toyota die erste Wahl.

Wir gehören - es läßt sich nicht verleugnen - zu den VW-Bus-Fans. Nicht zuletzt sind wir 16 Jahre mit einem solchen Vehikel gefahren und haben viele positive, aber auch nicht wenige negative Erfahrungen gemacht. Wir haben den vielen Ärger vor allem mit dem VW-Werkstätten inzwischen verdrängt und uns nach langen Überlegungen doch wieder für dieses Fahrzeug entschieden, weil uns die Nachteile der VW-Konkurrenten noch größer erschienen. Allerdings werden Kaufentscheidungen auch von Emotionen und Nostalgie bestimmt, und so haben auch wir dem einmal liebgewonnenen Modell die Treue gehalten. Hat man sich zum VW-Bus durchgerungen bleibt die Frage: welches Modell? Die normalen Busse sind zum Sitzen gebaut, man muß also gebückt oder auf Knien - die bald Hornhaut ansetzen werden - in der eigenen Wohnung herumrutschen, eine etwas unbequeme Erfahrung. Stehhöhe im Wohnbereich bietet die Hubdach-Version, das zusätzlich bessere Lüftung erlaubt. Jedoch ist dieser gewonnene Raum nur während des Parkens vorhanden. Die in unseren Augen optimale Lösung bietet der Hochraumkastenwagen oder ein nachträglich montiertes, höheres Dach. Dann kann der Besitzer aufrecht und stolz wie ein König innerhalb seiner vier Wände stehen und verfügt über mehr Stauraum im wetter- und diebstahlgeschützten Innenraum. Die zusätzliche Höhe hat den Nachteil, daß Garagen- und Toreinfahrten zu niedrig sind, das Verschiffen ist teuerer. Andererseits bemerkten wir weder wesentlich erhöhten Spritverbrauch, noch eine stärkere Windempfindlichkeit (wir fuhren zuvor einen Normal-Bus).

Ob der Wagen, zu dem man sich entschieden hat, neu sein soll oder gebraucht sein darf, hängt natürlich in erster Linie von der Finanzkraft ab. Immer wieder sieht man z.B. alte Krankenwagen, deren Einrichtung nur modifiziert oder erweitert werden mußte, dann war der Wohnwagen fertig. Wenn Sie einen solchen Wagen hier gründlich überholen lassen und vor eventuell neuem Motor, Getriebe und neuer Vorderachse nicht zurückschrecken, dann spricht nichts gegen einen guten Gebrauchtwagen. Auf der Indienroute trafen wir einen schweizer Feuerwehr-Mannschaftswagen aus den 30er Jahren ...

5.2 Autoausrüstung und Zubehör

Sie werden nicht immer die besten Straßen vorfinden und Sie werden in Klimazonen geraten, in denen europäische Autos durchaus zu kämpfen haben. Gegen schlechte Straßen sollte man einige Schutzmaßnahmen ergreifen.

Entgegenkommende Autos wirbeln Steine auf, die in die Windschutzscheibe oder in die Scheinwerfer fliegen können; wenn es nicht Autos sind, dann machen sich häufig Kinder ein Vergnügen aus Steinewerfen. Neuwagen sollten Sie deswegen unbedingt mit Verbundglas-Windschutzscheibe bestellen, weil in dieser ein Stein meist nur ein Loch oder Risse hinterläßt, aber nicht die ganze Scheibe zerstört. Alternativ können Sie Gitter vor die Scheibe bauen; angeblich gewöhnt man sich an den Blick aus dem Gefängnis. Eine weitere Alternative ist eine Plexiglasscheibe in 10 - 20 mm Abstand vor der Winschutzscheibe. Sie wird leider bald blind und reflektiert bei Nacht und Nässe unangenehm. In jedem Fall tun Gitter vor Scheinwerfern (schließen Sie Zusatzscheinwerfer mit ein) nicht weh; und wenn Sie diese aus starkem Drahtgeflecht bauen und so anbringen, daß sie nur vom Wageninnern abzumontieren sind, wird der Diebstahl Ihrer Scheinwerfer sehr erschwert.

Schauen Sie auch unter den Bauch Ihres Wagens, dort gilt es zumindest die Ölwanne gegen Steine zu schützen. Sie werden des öfteren mehr Schmutz als Benzin tanken, daher sollten Sie Benzinfilter einbauen und genug Reserve mitnehmen. - Ein Ölfilter, falls nicht schon vorhanden, kann zumindest nicht schaden.

Unter den schlechten Straßen leiden Sie wie das Auto: Investieren Sie vor allem bei LKW-Typen Ihrem Körper zuliebe stoßgedämpfte Sitze.

Auf schlechten Straßen hat Ihr Motor mit Staub in der Vergaser-Ansaugluft zu kämpfen. Daher empfehlen sich möglichst große Ölbadluftfilter (sie lassen sich reinigen und mit frischem Öl füllen), u.U. mit vorgeschaltetem Zyklonfilter. Sehr bewährt hat sich der Trick, die Ansaugluft per Luftschlauch aus dem Wohnbereich des Wagens zu holen.

Die Kühlung des Motors wird umso schwieriger, je heißer die Umgebungsluft ist. Sprechen Sie mit dem Hersteller Ihres Wagens über einen größeren Kühler oder ähnliche Maßnahmen. Für den luftgekühlten VW-Motor empfehlen wir sehr einen zusätzlichen Ölkühler, der von tuningshops angeboten wird. Der Selbsteinbau eines Ölkühlers ist in Kap. 11.6 beschrieben.

Nehmen Sie heavy- duty-Stoßdämpfer, die den höheren Außentemperaturen eher gewachsen sind, packen Sie mindestens einen Satz - besser zwei - als Reserve ein.

Über geeignete Reifen läßt sich endlos streiten. Wir nahmen auf die Weltreise Normalreifen mit, weil wir die Empfindlichkeit der Seitenwand von Gürtelreifen fürchteten. Unterwegs trafen wir viele Gürtelreifenfahrer. Als wir nach Pakistan zogen, fuhren wir auf Gürtelreifen - von denen zwei ihren Geist durch Schnitte in die Seitenwand noch bei der Anreise aufgaben. Dennoch sind wir bei Gürtelreifen geblieben und haben auch bei den Sahara-Fahrten positive Erfahrungen gemacht.

Reifen mit der geeigneten Tragfähigkeit oder auch der richtigen Größe sind unterwegs u. U. nur schwer aufzutreiben; wohl dem, der eine komplette Garnitur Ersatzreifen mitnimmt. Reifenpannen zählen zu des Globetrotters häufigsten Freuden. Wir bekamen in Kolumbien nur 4-PR-Reifen. Obwohl in Deutschland 8. PR vorgeschrieben sind und wir mit überladenem Wagen fuhren, verhielten sich diese Reifen sehr brav.

Packen Sie mindestens 6 passende Schläuche ein; schlauchlose Decken können nur in den wenigsten Ländern geflickt werden. Unbedingt brauchen Sie eine Luftpumpe, für Wüstenfahrten möglichst eine elektrische und eine Fuß- oder Handluftpumpe mit Manometer (ein separates Manometer ist nützlich zum Druckprüfen). Die Handluftpumpe sollte einen Druckausgleichbehälter haben, dann läßt sich's leichter pumpen.

Für Fahrten auf versandeten Pisten brauchen Sie Sandbleche. Auf die Weltreise nahmen wir Sandleitern aus Duraluminium-Rohren mit, die sich nur mäßig bewährten. Die Saharadurchquerung gelang uns viel besser auf Luftlandeblechen aus Duraluminium, die relativ leicht und griffig sind (zu beziehen bei den Expeditionsausrüstern).

Sandbleche befestigt man am besten an einem Dachständer, der aber muß stabil (suchen Sie das stabilste Modell auf dem Markt aus) und sicher mit möglichst vielen Stützen zu befestigen sein. Vielen Leuten fiel bei einer Pistenfahrt und scharfem Bremsen der Dachständer vors Auto. Wir verschraubten ihn mit der Regenrinne und blieben vor derartigen Erlebnissen verschont.

Der Dachständer eignet sich hervorragend, einen mitfahrenden Schatten zu produzieren: entweder Sie unterlegen ihn mit einer dünnen Alu-Platte oder Sie spannen eine dünne Plane über den Ständer. In Indien ließen wir uns eine Kiste aus verzinktem Blech auf den Dachständer bauen, in der viele Dinge ziemlich regen- und diebstahlsicher Platz fanden. Über die Kiste spannten wir zusätzlich unsere Schatten-Plane.

Für Nachtfahrten sollte man soviel Licht wie nur möglich erzeugen. Daher wenigstens einen Satz Halogen-Zusatzscheinwerfer montieren. Mit Scheinwerfern, die vom Dach in alle Richtungen strahlen, kann man nachts ungebetene Gäste vertreiben und abends den Standplatz ausleuchten.

Hupen sind fast lebenswichtig. Bauen Sie die lautesten Hörner ans Auto, die Sie auftreiben können. Indern muß man förmlich ins Ohr hupen, damit sie einen Schritt zur Seite gehen. Spendieren Sie auch Ihrem Beifahrer einen Hupenknopf; er könnte vielleicht noch den Fußgänger anhupen, den Sie übersahen und der gerade vors Auto springt.

Eine zweite Batterie nur für die "privaten" Zwecke wie Innenbeleuchtung erleichtert das Leben sehr. Nehmen Sie eine gleichgroße wie die Starterbatterie, dann haben Sie automatisch Ersatz. Laden Sie die Zweitbatterie nur über ein sog. Trennrelais. Es sorgt dafür, daß zuerst immer die Starterbatterie und dann die Zweitbatterie geladen, andererseits, daß die Starterbatterie nicht durch die privaten Verbraucher entladen wird. Sie müssen jetzt natürlich von der Batterie zu den privaten Verbrauchern ein eigenes Kabel führen.

Sie können Ihr Cockpit mit Instrumenten wie in einem Jumbo-Jet vollstopfen, die Zubehörhändler werden sich freuen. Einige Instrumente sind jedoch wichtig: beim luftgekühlten VW unbedingt Ölthermometer und Drehzahlmesser, Öldruckanzeige und Batteriespannung (umschaltbar für beide Batterien) sind nützlich. Eine Störquelle stellt beim VW das Amperemeter dar, weil der gesamte Verbraucherstrom vom Motor zum Amperemeter und zurückgeführt werden muß. Ob die Lichtmaschine lädt, zeigt auch das Voltmeter an. Und ob die Batterie an der unteren Entladegrenze liegt, geht nicht aus dem Amperemeter, dafür aber aus dem Voltmeter hervor.

Einen Höhenmesser halten wir für sehr interessant, ein eingebauter (aber kompensierbarer) Kompaß kann nützlich, in der Wüste sehr wichtig sein.

Schließlich gehört zur Ausstattung ein festes Abschleppseil mit mindestens 5 t Zugkraft; herkömmliche Abschleppseile reißen, wenn Sie im Schlamm stecken und ein LKW Sie im Hauruck rauszieht. Am besten eignet sich ein sog. Bergegurt entsprechender Festigkeit, der sich eng zusammenrollen und auch für andere Dinge verwenden läßt (zu beziehen bei den Expeditionsausrüstern). Auch sollten Sie einen zusätzlichen Wagenheber mitnehmen, am besten hydraulisch betätigt (obwohl dieses Prinzip im Sand zu Schwierigkeiten führen kann) und eventuell einen sog. High Lift, mit dem man z.B. das im Schlamm versunkene Auto wieder hochstemmt. Für schlimme Fälle nahmen wir eine Bootsseilwinde mit Umlenkrolle mit, die wir nie brauchten. Aber das Wissen, sie im Notfall griffbereit zu haben, ließ uns manches Fahrrisiko sorgloser angehen. Heute würden wir stattdessen einen sog. Greifzug anschaffen, der höhere Zugkraft hat und universeller ist.

Bleibt noch die Frage, wieviel Reserve-Sprit man spazierenfahren sollte. Im Normalfall nicht mehr als 20 Liter, würden wir sagen. Wir sind bei unserer Weltreise nicht einmal in die Verlegenheit geraten, eine höhere Reserve tatsächlich zu brauchen (anders sieht es natürlich bei z.B. Sahara-Fahrten aus). Wenn Sie in menschenleeren Gebieten grundsätzlich an jeder Tankstelle auftanken, werden Sie kaum in Verlegenheit kommen. Wenn Sie allerdings Ihrem Wagen den Expeditions-look mit einer Galerie Benzinkanister verleihen wollen, dann schleppen Sie bitte kiloweise Gewicht herum. Der Gewinn beim Volltanken in Billigländern macht nicht den Mehrverbrauch durch erhöhten Luftwiderstand wett.

Ein paar Tips zum Schluß. Vergessen Sie nicht das "D"-Schild. Wenn Sie aus Sympathie zur Schweiz ein Schweizer-Kreuz z.B. an die Windschutzscheibe kleben, werden Sie verschiedene Zöllner vielleicht bevorzugt behandeln, weil man Sie für Ärzte hält (allerdings wird auch so mancher Straßenpassant um ärztlichen Rat bitten).

Wir schrieben in Südamerika deutlich lesbar "Alemania" ans Auto, um nicht mit US-amerikanischen Gringos verwechselt zu werden. Das hatte zur Folge, daß uns sehr viele deutschstämmige Südamerikaner ansprachen und wir einige sehr interessante Leute kennenlernten.

5.3 Werkzeug und Ersatzteile

Nehmen Sie gutes Werkzeug mit - schon um einem Mechaniker, der das Auto mit Rohrzange und Hammer reparieren will, aus Eigennutz zu helfen. Denken Sie auch an Reparaturen der Wohnungseinrichtung. Eine Werkzeug-Liste finden Sie in Kap. 5.14.

In Kraftfahrzeugen gibt es einige typische Verschleißteile, deren Lebensdauer ziemlich genau vorhersehbar ist, bei allen anderen Teilen läßt sie sich allenfalls erahnen. Sinnvoll ist daher nur ein Ersatzteillager an Bord des Campers, das die echten Verschleißteile (und je nach Verschleiß sogar mehrfach) enthält. In den Ausrüstungslisten in Kap. 5.14 sind Vorschläge für die wichtigen Ersatzteile zusammengestellt, Einzelheiten sollten Sie mit Ihrer Werkstatt absprechen, die Ihnen eventuell sagen kann, welche typischen Schäden das von Ihnen gefahrene Modell erwarten läßt. Handeln Sie mit der Werkstatt eine Vereinbarung aus, nicht gebrauchte Ersatzteile nach der Reise zurückgeben zu können (was im Computer-Zeitalter immer schwerer wird).

Wir nahmen für rd. DM 800 Ersatzteile mit, brauchten aber die wenigsten. Zur Orientierung die während der Weltreise angefallenen Reparaturen (keine Wartungsreparaturen):

Bremsbeläge vorn erneuert bei 37 000, 72 000, 96 000, 126 000 km; Bremsbeläge hinten erneuert bei 96 000 km; Stoßdämpfer ausgewechselt bei 72 000, 113 000 (nur vorn), 118 000, Lenkungsdämpfer bei 115 000 km; Federstäbe vorn bei 126 000, hinten rechts bei 139 000 erneuert; Zentrallager des Lenkgestänges bei 76 000 und 113 000 erneuert; Motortotalschaden wegen abgebrochenem Ventilkopf (3. Zyl.) bei 81 000 km. Außerdem Defekte an: Regler, Fensterkurbel, Radlager vorn (Montagefehler), Zündschloßmechanismus. Beide Batterien bei 80 000 km erneuert.

Für die Reise nach Pakistan ließen wir bei km-Stand 155 000 einen neuen Motor, ein neues Getriebe und neue Gelenkwellen einbauen und die Vorderachse gründlich überholen. Bei 183 000 km mußten wiederum die Stoßdämpfer erneuert werden, später flog ein großer Vogel in die Verbundglas-Windschutzscheibe, die spinnennetzartig riß.

Sehr empfehlenswert ist, wenigstens Grundbegriffe der Auto-Technik zu kennen, um gewisse Werkstattabläufe kontrollieren zu können. Besser noch, Sie können sich selbst helfen. Kontrollieren Sie stets, ob Ersatzteile tatsächlich neu sind. Lassen Sie Ihr Auto niemals allein in einer ausländischen Werkstatt, auch wenn Sie nachts auf der Hebebühne schlafen müssen. Kaufen Sie alle angebotenen Reparaturhandbücher für Ihren Fahrzeugtyp.

5.4 Wohnungseinrichtung

Es gibt einige grundsätzliche Forderungen an die Wohnungseinrichtung, die jedes Campmobil (unabhängig von Fabrikat und Typ) einhalten sollte.

Wenn die Bewohner einigermaßen unabhängig von tagelangem Dauerregen oder aber von der Belagerung durch hunderte Neugierige (was in Indien an der Tagesordnung ist) sein wollen, dann muß man innerhalb des Campers schlafen, kochen, essen, sitzen, lesen, schreiben und sich waschen können. Verschiedenes sollte auch gleichzeitig möglich sein, z.B. daß man sich bei aufgebautem Bett noch waschen kann. Andererseits sollte es möglich sein, sich beliebig und je nach Wunsch nach draußen auszubreiten. Man sollte also vor der Tür sitzen oder liegen können, essen und der Hitze- und Geruchsentwicklung wegen auch kochen können.

Das heißt Sie brauchen: Stehhöhe wenigstens beim Parken (Hubdach), besser noch wegen des dann stets vorhandenen Raumes einen innen mindestens 170 - 180 cm hohen Wagen; Betten, die pro Person mindestens 70 - 80 cm breit sind, weil Sie sich bei engeren Betten in den Tropen gegenseitig (unangenehm) aufheizen würden; einen zweiflammigen Herd mit entsprechender Energieversorgung (am besten hat sich Gas bewährt); fließendes, hygienisch einwandfreies Wasser; eine Toilette; Stauräume für Gepäck und Vorräte; für Europa (aber auch andere Gebiete wie die Hochanden oder die Sahara im Winter) eine Heizung; nach Möglichkeit einen Kühlschrank.

Achten Sie darauf, daß bei der gesamten Inneneinrichtung mechanisch simple, dafür aber sinnvolle Einrichtungen gewählt wurden; Ersatzteile für hochkomplizierte Geräte gibt es in den wenigsten Ländern. Stauräume für schwere Sachen sollen tief, das heißt auf der Bodenplatte liegen. Das gilt auch für Wassertanks und Gasflaschen. Verteilen Sie die Lasten so, daß Vorder- und Hinterachse möglichst gleichmäßig belastet sind.

Für den Aufenthalt "vor der Haustür" wäre ein Vorzelt zu überlegen: es schützt gegen Sonne und Regen und erlaubt, diesen Platz witterungsunabhängig zu nutzen. Wichtig ist, daß das Vorzelt dicht am Wagen anschließt, daß es einfach auf- und abzubauen, leicht und nicht sperrig ist. Man wird es allerdings immer nur dann aufstellen, wenn man länger an einem Platz bleibt. Für den schnellen Schatten für's Mittagessen eignet sich dagegen eine Markise, die teuer und schwer ist. Eine simple Plane, die einfach zu befestigen sein muß, tut's auch.

Wichtige Argumente für Einrichtungsdetails finden Sie in den folgenden Kapiteln; hin und wieder läßt sich auch eine Überschneidung mit den entsprechenden Selbstbauanleitungen im III. Abschnitt nicht vermeiden, lesen Sie bitte auch als Nicht-Bastler dort noch nach.

5.5 Trinkwasser-Aufbereitung

Es gibt eine eherne Regel für Tropenreisende: niemals Wasser aus der Leitung trinken, kein rohes Gemüse essen (Salat = Gift der Tropen). Wer sich daran hält, kann (wie wir) 3 Jahre ohne Darmerkrankungen reisen.

Mehrere Möglichkeiten bieten sich an, beliebiges Wasser zu Trinkwasser aufzubereiten. Das Abkochen dürfte am bekanntesten sein, wobei das Kochen bei 100 Grad C (was streng genommen nur in Meereshöhe gelingt) und 20 Minuten lang passieren muß. In den Tropen heizt das Ihren Wagen zusätzlich auf, das Wasser braucht u.U. Stunden um abzukühlen. Nach unserer Meinung gibt es eine wesentlich bessere, sicherere und letztlich billigere Methode: man filtert das Wasser.

Wir kauften uns einen Filter der Firma Katadyn, dessen Prinzip bestechend einfach ist: Das Schmutzwasser muß eine Keramikmasse durchdringen, deren Poren so eng sind, daß Bakterien und Dreck draußen hängenbleiben. Die Filterkerze verschmutzt nur äußerlich, dieser Schmutz muß abgebürstet werden. Dadurch nutzt sich die Kerze etwas ab, trotzdem reichte uns problemlos eine Kerze (die zusätzlich noch die wesentlich höhere Belastung in unserem Haushalt in Pakistan überlebte). - Katadyn-Filter werden von den Expeditionsausrüstern vertrieben.

Um das Wasser durch die engen Poren zu pressen, braucht man Druck. Üblicherweise empfiehlt Katadyn für Camper Filtertypen mit Handpumpe (die kleineren als sog. Taschenfilter). Doch das Pumpen erfordert Arbeit.

Wir schafften uns daher einen Haushaltsfilter ohne Pumpe an und verbanden ihn mit dem etwa 50 cm höher stehenden Wasserkanister. Dieser geringe Druck reicht bereits aus, das Wasser langsam aber stetig durchsickern zu lassen. 12 Liter benötigen 2 - 3 Stunden, auch während der Fahrt. Das gefilterte Wasser tropft bei unserem System in einen "Sauberkanister", der - gefüllt - die Wasserleitung versorgt. Weil dieses Verfahren so mühelos funktioniert, benutzten wir während der gesamten Reise nur gefiltertes Wasser, selbst zum Füße-Waschen.

Wenn im Auto ein Haushaltsfilter installiert wird, dann muß er so befestigt sein, daß Wasserein- und Auslaufstutzen oben stehen, damit sich im Filtergehäuse keine Luft sammeln kann. Bringen Sie den Filter so unter, daß Sie ihn jederzeit und ohne große Umbauarbeiten reinigen können. Bei stark verschlammtem Wasser kann dieser Job täglich nötig sein!

Alternativ bietet Katadyn Micropur-Tabletten (auch als Pulver erhältlich) an. Micropur tötet innerhalb von 2 - 3 Stunden alle Keime im Wasser ab. Wir benutzen Micropur, wenn wir ohne Auto reisen.

Denken Sie übrigens auch daran, daß Eiswürfel selten aus entkeimtem Wasser hergestellt sind - nach dem Auftauen werden die Bakterien umso mehr in Ihrem Bauch jubilieren.

5.6 Gasversorgung

Als optimale Energie zum Kochen hat sich Gas erwiesen (als Notbehelf kann trotzdem ein Benzin- oder Petroleumkocher nützlich sein). Für Fernreisen ist vom blauen CAMPING-GAZ abzuraten, weil der Nachschub an den Austausch der Flaschen gebunden ist. Nehmen Sie normale Gasflaschen, die überall auf der Welt nachgefüllt werden können. Installieren Sie zwei z.B. 5 kg Flaschen anstelle einer großen, weil Sie dann immer Zeit haben, die nächste Nachfüllstation zu erreichen. (Mit 5 kg kommt man 3 - 4 Wochen aus). Wir haben lange über die außen am Fahrzeug anzubringenden Gastanks diskutiert, kamen jedoch auf die Flaschen zurück: Tank und Armaturen sind jedermann leicht zugänglich, im Gelände können sie speziell beim VW-Bus stören, das Nachfüllen kann insofern Schwierigkeiten bereiten, als vermutlich selten die entsprechenden Füllstationen vorhanden sein werden (Gasflaschen sind dagegen weltweit verbreitet).

Der Nachfüllvorgang kann allerdings dann problematisch werden, wenn Sie in den Bereich der amerikanisch orientierten Füllsysteme gelangen. Das gilt zumindest für Nord und Südamerika und Australien. Dort bleibt Ihnen kaum eine andere Wahl als neue Gasflaschen und Regler zu kaufen.

Es sei denn, Sie basteln sich selbst eine Kupplung, um mit dem amerikanischen System deutsche Flaschen aufzufüllen. Das können Sie wahrscheinlich nur vorbereiten, indem Sie hier bei einschlägigen Händlern einen Anschlußstutzen kaufen, den Sie direkt auf die Gasflasche (also anstelle des Reglers) schrauben können. Auf diesen Stutzen einen Gasschlauch befestigen (am besten Hochdruckschlauch), an dessen anderem Ende dann das Gegenstück für US-Flaschen befestigt wird. Dieses dürften Sie erst dann bekommen, wenn Sie zum ersten Mal auf die US-Norm stoßen.

Wir können an jenen Schlauch wahlweise eine zweite europäische Kupplung befestigen. Damit haben wir die Möglichkeit, aus einer vollen Gasflasche in eine leere umzufüllen (wenn z.B. keine Füllstation zu finden ist, aber gefüllte Flaschen beim lokalen Händler zu haben sind): Die volle Flasche lagern wir (mit dem Anschluß nach unten) höher als die leere, dann fließt das flüssige Gas nach unten (die leere sollte kühler als die volle Flasche sein). Dieses Verfahren birgt natürlich jede Menge Gefahren, wir wenden es nur mit allergrößter Vorsicht als Notbehelf an.

Wir haben außer in kalten Gegenden keine Unterschiede zwischen Butan und Propan bemerkt. Butan hat einen niedrigeren Siedepunkt und wird daher vorwiegend in wärmeren Ländern benutzt. Es gab keine Probleme, Herd und Gas-Kühlschrank mit den verschiedenen Gasen zu betreiben.

Bei Gas im Auto auf keinen Fall Feuerlöscher vergessen; installieren Sie am besten zwei 1-kg-Löscher an verschiedenen Plätzen.

5.7 Die Küche

Zum Kochen gehört mindestens ein zweiflammiger Herd, eine einzige Feuerstelle kann nur als Notbehelf angesehen werden. Jeder Koch wird fließendes Wasser schätzen, das lossprudelt, wenn der Hahn aufgedreht wird. Systeme, bei denen man mit der linken Hand pumpen muß, um den Topf in der rechten abzuwaschen, erfordern eine dritte Hand zum Putzen. Das beste Wasserversorgungssystem ist das, bei dem die stets vorhandene Schwerkraft das Wasser in die Leitung drückt. Bei Systemen mit Pumpe nehmen Sie besser zwei als nur eine Ersatzpumpe mit.

Abwasser sollte auch von selbst aus dem Auto fließen können. Aus Umweltgründen soll Abwasser nicht einfach abgelassen, sondern es muß in einem Tank gesammelt und dann der Kanalisatin übergeben werden (daher entweder Abwassertank vorsehen oder einen Eimer unter den Auslauf stellen).

Der Aufwand an Küchengeräten richtet sich natürlich nach Ihren persönlichen Belangen. Vergessen Sie aber auf keinen Fall einen guten Dampfkochtopf, der die Kochzeit verkürzt und deswegen Gas spart. Als angenehm erweist sich ein Gerät zum Brot-Toasten, denn in Indien z.B. gibt es nur Brot, das ungetoastet fast ungenießbar ist. In Indien waren wir auch sehr froh über einen kleinen Gas-Backofen, um diesem Knet-Toastbrot eine Kuchen-Alternative entgegensetzen zu können. - Weitere Geräte siehe 5.14.

5.8 Der Kühlschrank

Die einfachste Kühl-Möglichkeit ist eine Kühltasche oder -box, in die Stangeneis oder Eiswürfel gefüllt werden - sofern man sie bekommt. Sicherer ist ein aktives Kühlsystem, dessen Funktion man selbst in der Hand hat. Zwei Systeme werden angeboten: Kompressor- und Absorberkühlschränke. Bei Kompressorkühlschränken treibt ein Elektromotor einen Kompressor an, der für das Kühlen verantwortlich ist. Im Auto-Kühlschrank ist das ein Motor, der aus der Fahrzeugbatterie gespeist wird und der nicht wenig Strom verbraucht. In jedem Fall ist der Betrieb über viele Tage ohne Aufladen der Batterie (und wer legt nicht mal eine längere Pause z.B. am Strand ein) kaum möglich.

Auf dem Markt sind derzeit zwei Hersteller, die Kompressorgeräte anbieten. Aus Japan kommt der Engel-Schwingkompressor, bei dem ein Schwinganker die fürs Kühlen notwendige Kompression erzeugt. Diese eigentlich elegante Lösung hat den Nachteil, daß zunächst einmal Wechselstrom aus dem Auto-Gleichstrom erzeugt werden muß, und das hebt den Vorteil schon fast wieder auf. Weiterhin ist das Kompressor-System komplett gekapselt, Reparaturen sind so gut wie unmöglich.

Das andere Gerät kommt von dem italienischen Hersteller Indel und wird unter dessen Namen von Expeditionsausrüstern wie Därr oder von der Münchner Firma Kissmann unter deren Namen angeboten. Hier treibt ein Gleichstrommotor einen Niederdruck-Kompressor an, Komponenten, die leicht zugänglich und daher notfalls auch unterwegs zu reparieren sind. Weiterhin hält ein sog. Kältespeicher Niedrigtemperaturen bis zu 24 Stunden, so daß längere Rastzeiten von der Zweitbatterie eher verkraftet werden. Der Expeditionsausrüster Woik veröffentlich Vergleichstabellen zwischen Engel und Indel/Kissmann, die zudem für das Kissmann-Gerät einen besseren Wirkunsgrad und damit geringeren Stromverbrauch angeben. Die Summe aller Eigenschaften scheint für Kissmann zu sprechen, daher entschieden wir uns für unseren neuen Bus für dieses Gerät.

Doch bei Campern sind Absorber-Kühlschränke am weitesten verbreitet, weil bei ihnen die Kälte auf dem Umweg über Erhitzen des Kältemittels erzeugt wird. Das Erhitzen kann beliebiger elektrischer Strom (daher sind die meisten Geräte für 12 V und für 220 V ausgelegt) oder Gas besorgen. Man betreibt daher einen Absorber während der Fahrt elektrisch und beim Parken per Gas. Das wäre nahezu ideal, wenn nicht der Absorber unter zwei Nachteilen leiden würde: er muß möglichst waagrecht stehen und er funktioniert umso schlechter, je wärmer es ist, bei 30 Grad Umgebungstemperatur hört das Kühlen praktisch auf. Während der Weltreise haben wir in heißen Gegenden unseren Absorber nur mehr als Eisbox nutzen können, die wir durch Eiswürfel - sofern auftreibbar - kühl hielten. Daher haben wir uns jetzt endgültig zur Kompressor-Kühlbox entschieden (eine Box, weil beim Befüllen von oben keine Kälte abfließen kann).

5.9 Toilette

Täglich stellt sich viel zu häufig die dringende Frage nach einer Toilette. Fahren Sie mal stundenlang in dichtem Verkehr durch Pampa ohne Baum und Busch oder durch dichtbesiedeltes Gebiet, wo aus jedem Strauch ein Kinderkopf schaut. Dann empfindet man die im Wagen eingebaute chemische Toilette wahrlich nicht mehr als Luxus.

Es gibt heute ein breites Angebot chemischer Toiletten; nehmen Sie aber auch die nötigen Chemikalien mit auf die Reise, Sie werden unterwegs nur schwerlich Nachschub bekommen.

Wenn jedoch aus finanziellen Gründen oder aus Platzmangel auf eine festeingebaute Toilette verzichtet werden muß, so sollte für Not- und Durchfälle wenigstens Omas Nachttopf greifbar sein. Ein verschließbarer Eimer o.ä. kann durchaus als Ersatz dienen. Klappstuhltoiletten mit Tüteneinsatz brauchen weniger Platz (Tütenvorrat bereits hier kaufen).

Viele Asiaten benutzen anstelle von Toilettenpapier die linke Hand (daher nie die linke Hand zum Gruß reichen). Aus diesem Grund gibt es hin und wieder Toilettenpapier-Versorgungsprobleme. Ein Mindestvorrat sollte immer an Bord sein, zumal sich Toilettenpapier anstelle von Haushaltspapier zum Reinigen von Küchengeräten oder als Papiertaschentuchersatz bestens eignet.

5.10 Dusche

Größere Camper besitzen heute eine Sanitärzelle mit Dusche und Toilette, im VW-Bus fehlt dafür leider der Platz. Trotzdem sollten Sie eine Behelfsdusche bereits hier vorbereiten. Eine Handbrause mit entsprechend langem Schlauch und mit einer an Ihr Wasserleitungssystem passenden Kupplung kann nahezu vollwertiger Ersatz sein. Man muß dann im Freien duschen und - solange es hell ist - in der Badehose. Diesem Handicap können Sie entgehen, wenn Sie einen Duschvorhang z.B. an die geöffnete Heckklappe hängen.Das ist ein von der Größe her brauchbarer Platz. Für unseren neuen Bus haben wir im Innenraum einen Duschplatz vorgesehen (siehe Kap. 13). - Wer noch mehr Wert auf Komfort legt, installiert eine Warmwasserversorgung für die Dusche.

In vielen asiatischen Ländern gibt es meist nur Wasserhähne in Hüfthöhe anstelle von Duschen. Bei Camper-Ausrüstern gibt es Handduschen mit Schlauch und trichterförmigen Gummiadapter, der auf unterschiedlichste Wasserhähne aufgeschoben werden kann: damit läßt sich aus beliebigen Wasseranschlüssen eine Dusche machen. Außerdem eignet sich dieser Gummitrichter vorzüglich als Schlauch-Adapter beim Füllen von Wassertanks.

5.11 Radio und Tonband

Aktuelle politische Informationen sind für den Alleinreisenden wichtig bis lebenswichtig (Ausbruch von Kriegen, Weg von Wirbelstürmen, Aufstände). Überall in der Welt können Sie die immer noch vorbildlichen BBC-Sendungen auf Kurzwelle mit einfachen 100 DM-Geräten empfangen. Wenn Sie Wert auf die Nachrichten-Verbindung mit Deutschland legen, dann sind Sie auf die "Deutsche Welle" angewiesen: Deutsche Welle, Postfach 100 444, 5000 Köln 1; dort können Sie kostenlos das Monatsprogramm, das auch die Sendefrequenzen angibt, anfordern; unterwegs liegt es meist bei den Deutschen Botschaften aus. Auch der Schweizerische Kurzwellendienst und der Österreichische Rundfunk senden im Kurzwellenbereich (Informationen von den entsprechenden Botschaften). Weiterhin ist die Voice of America überall zu empfangen.

Die "Welle" sendet nur ins Ausland und ist dort nur auf Kurzwelle zu empfangen. Je nach Gegend liegt der beste Empfang im 16, 19, 25, 31 oder 41-Meter Band. Sie sollten sich also ein Radio anschaffen, das Sie speziell auf den Empfang dieser Bänder einstellen können (z.B. Grundig Satelit, Sony ICF 2000). Mit einem Radio, das den gesamten Kurzwellenbereich ohne Aufteilung bestreicht, werden Sie wenig Glück haben. Ebenso sollten Sie die Finger von einem sog. Kurzwellenvorsatz für das Autoradio lassen, der für Fernempfang ungeeignet ist.

5.12 Klima: Kühlen, Lüften, Heizen

Eine Klimaanlage kann in den Tropen gar nicht genug gelobt werden. Und wenn sie nur dazu dient, das Auto für die Nacht herunterzukühlen, denn erfahrungsgemäß bleibt die Eisenmasse des Wagens manchmal bis fast zum frühen Morgen wärmer als die ohnehin schon heiße Umgebung.

Eine Klimaanlage jedoch ist nicht nur teuer, sie braucht viel Platz im Motorraum, sie ist schwer und sie zapft mehrere PS vom Motor ab. Fast alle Fabrikate arbeiten nur, wenn der Motor läuft (es gibt auch Geräte, die nur elektrisch aus der Fahrzeugbatterie betrieben werden, allerdings mit schlechter Energiebilanz). Ein die ganze Nacht ratternder Motor kann aber störender sein als die Hitze. Eine Alternative wäre ein Fensterklimagerät mit 220 V-Versorgung, das man entweder aus einer der nur höchst selten vorhandenen Steckdosen oder aber mit einem entsprechend leistungsfähigen Notstromgenerator betreibt (der ebenfalls rattert).

Ein möglicher Kompromiß kann ein Kühlgerät sein, das den Kühleffekt von verdunstendem Wasser ausnutzt. Der Nachteil dieses Prinzips kann allerdings nicht verleugnet werden: der Kühleffekt entsteht nur dann, wenn das Wasser auch tatsächlich verdunsten kann. Es funktioniert hervorragend in trockenem Wüstenklima, während in der wassergesättigten Tropenluft kaum mehr Kühlung zu erwarten ist. - Die Geräte brauchen neben Wasser nur elektrische Energie, um einen kräftigen Ventilator anzutreiben.

Wer keinen Air-conditioner mitschleppen will, der muß unbedingt für gute Belüftung des Campers sorgen. Durchzug erfrischt ungemein, selbst wenn es nur eine kaum spürbare Brise ist. Zwei gegenüberliegende Fenster wirken hervorragend.

Hubdächer haben auch einen guten Ventilationseffekt. Wer kein Hubdach hat, sollte eine möglichst große und regensichere Dachluke vorsehen; wenn dazu eine Bodenluke kommt, entsteht auch Durchzug.

Ventilatoren erzeugen zwar auch Wind. Aber eine Nacht unter einem Autoventilator führt fast mit Sicherheit zu einer satten Erkältung. Wie auch immer der Luftstrahl gerichtet sein mag, durch seine Stetigkeit unterkühlt er eine Körperstelle zu stark. Das einzige Mittel der Wahl ist ein Ventilator, der automatisch schwenkt.

Kaufen Sie keinen der billigen Ventilatoren, die machen nur Radau. Ein Ventilator soll langsam drehen, dabei aber möglichst viel Luft langsam bewegen.

Auch dem anderen Extrem des Klimas muß man irgendwie begegnen: der Kälte. Allerdings wird sich für Globetrotter dieses Problem weniger stellen, weil fast alle Routen in die Wärme führen. Es lohnt sich daher in kleineren Reisemobilen kaum, eine Heizung mitzuschleppen. In kalten Gegenden behalfen wir uns, indem wir abends ein lange kochendes Menü zubereiteten und den Morgenkaffee bereits vor dem Aufstehen ansetzten.

Längere Aufenthalte in Deutschland lassen sich jedoch kaum ohne Zusatzheizung ertragen. Vor die Wahl gestellt, entschieden wir uns gegen Benzin- und für die Gasheizung, weil Gas ohnehin im Wagen und die Gasheizung - subjektiv - angenehmer ist, nicht zuletzt auch weniger Strom verbraucht. Von den angebotenen Geräten schien uns die trumatic-e vor allem deswegen geeignet, weil sie sich fast an beliebiger Stelle einbauen läßt.

Wir haben uns in den Tropen öfters die Frage gestellt, ob die Wärmeisolierung des Wagens sinnvoll war; es zeigte sich, daß die am Tag gespeicherte Wärme von der Isolierung bis in die späte Nacht hinein gefangengehalten wurde.

Trotz dieses Handicaps ist eine Isolierung für die kälteren Gegenden sehr anzuraten. Sie hält den Wagen wegen der unvermeidbaren "Kältebrücken" (Holme, Verstrebungen) auch nicht allzu lange warm, sie verhindert aber weitgehend die sehr lästige Kondenswasserbildung. Verwenden Sie keine Glaswolle zum Isolieren; bei den ständigen Erschütterungen kann Glaswolle in winzige Teilchen zerbröckeln, die Sie dann unbemerkt einatmen, 2 - 3 cm dicke Styropor- oder (noch besser) PE-Schaum-Platten erfüllen den gewünschten Zweck.

5.13 Diebstahlsicherung

Touristenwagen ziehen überall in der Welt Diebe an. Ein Camper ist in den meisten Ländern der Dritten Welt ein so auffälliges Gefährt, daß der Diebstahl des gesamten Wagens zu aufsehenerregend wäre. Daher werden die Wagen meist nur ausgeraubt. Die auch in Europa gültige Präventivmaßnahme, möglichst nichts Wertvolles sichtbar im Wagen liegen zu lassen, gilt unterwegs umso mehr. Sorgen Sie dafür, daß Ihr Wagen innen so uninteressant wie eine Mondlandschaft aussieht. Selbst einfachste technische Geräte kosten viele Monatslöhne in der Dritten Welt; und auch dort gilt das alte Sprichwort, daß Gelegenheit Diebe macht. Wir gewöhnten uns daran, immer - auch wenn der Wagen nur kurzzeitig allein stand - alle Fenstervorhänge zuzuziehen. Diebe waren zumindest verunsichert, ob vielleicht nicht doch jemand im Wagen zurückgeblieben sein könnte, zum andern konnten sie nicht sehen, ob etwas Wertvolles mitzunehmen war.

Es ist selbstverständlich, daß man stets auch bei kürzestem Aufenthalt alle Türen verschließt. In verschiedenen lateinamerikanischen Ländern empfiehlt die Polizei, die Türen auch während der Fahrt zu verriegeln: es kommt immer wieder vor, daß während der Rot-Phase an Ampeln Leute mit Pistolen in der Hand zusteigen und den Fahrer an andere Ziele dirigieren. Wir hörten, daß Armband-Uhren durchs offene Autofenster geraubt wurden; wir trugen daher nur eine Billiguhr und gar keinen Schmuck.

Ein Auto mit möglichst wenig Fenstern bietet auch nur wenige Einstiegsluken für Diebe. Die trotzdem vorhandenen Fenster sollte man durch Gitter verrammeln; man kommt sich dann aber selbst wie in der "Grünen Minna" vor. Als Kompromiß kann man die Fenster durch stabile Stangen (z.B. 16 mm Stahlrohr) so unterteilen, daß ein Kopf nicht mehr durch das Gitter dringen kann.

Türschlösser von Autos kann beinahe jedes Kind knacken. Noch einfacher ist, eine Scheibe einzuschlagen und die Türverriegelung zu öffnen. Derartigen Attacken kommt man durch zusätzliche Türschlösser entgegen. Geschickte Bastler bauen sich selbst ein zweites Paar Schlösser vom Schrottplatz ein. Oder man geht zu Karosseriewerkstätten und läßt sich zusätzliche Sicherheitsschlösser in alle Türen montieren. Aber die Sicherheitsschlösser nützen nicht, wenn man sich nicht eisern angewöhnt, sie bei jedem Halt abzuschließen

Eine Alarmanlage beruhigt vor allem die eigene Seele, wenn man das Auto längere Zeit verläßt. Ob sie im orientalischen Lärm Diebe wirklich abschreckt, bleibt dahingestellt. Kaufen Sie eine Anlage, die auf die Türkontakte als Detektoren oder auf Ultraschall- Überwachung anspricht. Mit Anlagen, die Erschütterungen des

Autos als Zeichen zum Alarmschlagen auswerten, bereiten Sie den stets an Ihrem Auto spielenden Kindern eine helle Freude: Ihr Auto wird hupen bis die Batterie leer ist.

Viele Leute bauen sich an versteckter Stelle ein Safe ins Auto (und schweißen es fest), in dem sie Papiere, Geld und Kamera aufbewahren. Verstecken Sie trotzdem einen geringen Geldbetrag oder Schecks an halbwegs leicht zugänglicher Stelle: bei einem brutalen Raubüberfall müssen Sie einen glaubhaften Betrag rausrücken; kein Mensch wird Ihnen glauben, Sie führen ohne Geld. Wir kennen einen Fall, wo der Überfallene erst nach einem Armdurchschuß das Versteck öffnete und die dort gestapelten 20 000 DM ablieferte - und die Reise abbrechen mußte. Daher bauen Sie am besten mehrere Geldverstecke ein (als Doppelböden o.ä.). Benutzen Sie keine Hohlräume, die der Automobil-Hersteller erzeugte, diese sind auch Dieben bekannt.

Leute, die sich nachts am Auto zu schaffen machen, können Sie dadurch sehr erschrecken, daß Sie plötzlich auf die Hupe drücken. Um diesen Überraschungseffekt zu nutzen, müssen Sie einen Hupenschalter ans Bett bauen. Ein zusätzlicher Scheinwerferschalter unterstützt den Effekt.

5.14 Ausrüstungslisten für Auto und Wohnung

Die folgenden Ausrüstungslisten sind, zugegebenermaßen, mit etwas Überwindung verfaßt - über fast jedes einzelne Utensil läßt sich zumindest stundenlang diskutieren, zum anderen hängt die Bewertung ganz subjektiv vom jeweiligen Benutzer ab. Wenn Sie sich in die Listen vertiefen, betrachten Sie jedes einzelne Stück sehr kritisch und bewerten Sie den praktischen Wert, den es haben wird - alles, was Sie nicht mitnehmen, belastet weder Ihren Wagen noch Ihre Kasse und kann Ihnen nicht gestohlen werden.

Die Listen wurden nur für reine Ausrüstungsgegenstände, nicht für Verbrauchsgüter erstellt. Die Menge verschiedener Dinge richtet sich nach der Personenzahl und der Dauer der Reise, eine Angabe fehlt also in vielen Fällen (z.B. Ersatzteile).

Ersatzteile (VW-Bus mit luftgekühltem Benzinmotor)

A) Elektrik

Zündkerzen
Unterbrecherkontakte
Zündspule
Zündkondensator
Kerzenstecker
Regler
Diodensatz für Drehstromlichtmaschine
Lichthupenrelais
Satz Glühbirnen
Sicherungen 8 A, 16 A

Kabel (verschiedene Durchm.)
Kabelstecker
Isolierband
Destil. Wasser (Batterie)

B) Motor/Getriebe

Satz Motordichtungen
Zylinderdeckeldichtungen
Dichtungskleber
Ölablaßdichtungen
Ölablaßschraube
Satz Vergaserdichtungen
Benzinfilter
Ölfilter
Keilriemen
Gaszug
Kupplungsseil
Kupplungsscheibe
Reparatursatz für Benzinpumpe
Benzinschlauch
Silentblöcke für Motoraufhängung
Motoröl

C) Fahrwerk

Gleichlaufgelenke (Hinterachse)
Fett für Gl.-Glenke
Faltenbalg f. Gl.-Gelenke
Bremsbeläge
Bremsklötze
Rep.-Satz f. Bremszylinder
Bremsflüssigkeit
Radlager
Simmeringe für Radlager
Lenkungsdämpfer
Federn vorn und hinten
Radmuttern bzw. Schrauben
Ersatzreifen
Schläuche
Schlauchventile
Staubkappen (m. Ventilschlüssel)
Stoßdämpfer
Abschmierfett
Sortiment Schrauben, Muttern, Unterlegscheiben, Sprengringe, Splinte.

Alles weitere mit Werkstatt besprechen!

D) Werkzeug

1 Satz Ringschlüssel
1 Satz Maulschlüssel
1 Satz Nüsse
1 Satz Imbusschlüssel
1 Kerzenschlüssel
1 "Kreuz" für Radmuttern
1 Satz Schraubendreher
1 Satz Kreuzschlitzschraubendreher
1 Schlüssel für hintere Achsmutter
1 Eisensägenblatt
1 Wasserpumpenzange
1 Universalabziehvorrichtung
2 Hämmer
1 Handbohrmaschine
Bohrer
1 Blechschere
1 12-V-Lötkolben, Lötzinn
verschiedene Feilen
Sandpapier
1 Fettpresse
1 Fuchsschwanz
1 Fußluftpumpe mit Manometer
1 Handmanometer
1 Reifenreparatursatz je für schlauchlos und Schläuche
Autolackpflegemittel
Scheibenreiniger
Mückenschwamm für Windschutzscheibe

Schwamm für Autowäsche
Spachtelmasse, Lack
Zange
Seitenschneider
Kombizange
Preßzange für Kabelstecker
Fühlerleere
Montiereisen für Reifen
Ölkanne
Fettpresse
Klappspaten
Axt
Abschleppseil
Plastikplane (Unterlage)
1 Zündeinstellungspistole
2 Wagenheber und Hartholz unterlagen
1 leichter Scherenwagenheber

Allgemeine Ausrüstung bzw. Ersatzteile für ein Wohnmobil

E) Wohnungseinrichtung

Kontaktkleber
Holzleim
Schrankschlösser
Wasserschlauch
Schlauchklemmen
Dichtungen
Holzschraubensortiment
Bindedraht
Kette
Vorhangschlösser

F) Küche

Dampfkochtopf
Bratpfanne
Kleiner und mittelgroßer Edelstahltopf
Plastiksalatschüssel
Wasserkessel
Große und kleine Plastikteller
Emaillierte Blechtassen
Bruchsichere Gläser
Frühstücksbrettchen
Küchenbrett
Eßbestecke
Plastik-Eierlöffel
Eierbecher
Salz- und Pfefferstreuer
Tee-Ei
Teekanne
Kaffeekanne (Filter)
Pfeffermühle
Knoblauchpresse
Reibeisen
Küchenmesser
Messerschleifer
Kochlöffel
Dosen- u. Flaschenöffner
Korkenzieher
Gasanzünder
Fruchtpresse
Butterdose
Plastikbehälter für Eier
Rechteckige Plastikcontainer
Zuckerdose
Backofen für Gasbetrieb
Thermosflasche (Plastik)
Kleiner Abfalleimer
Eimer mit verschließbarem Deckel (Wäsche)
Spülbürste
Topfreiber
Schwammtücher
Geschirrtücher
Alu-Folie
Einkaufstasche
Gummiringe
Zündhölzer

G) Wohnung

Benzinkocher (Reserve)
Feuerlöscher
Handbrause
Tisch (Camping)
Stühle
Liege
Toilette
Chemikalien für Toilette
Wäscheleine und Klammern
Nähzeug mit Schere
Schuhputzzeug
Kleiderbürste
Fliegenklatsche
Handfeger
Staubsauger
Wecker
Wärmflasche
Schlafsäcke
Decken
Kissen
Bettwäsche
Handtücher
Taschenlampe
Fernglas
Kopfhörer
Kasettenrecorder, Kassetten
Kompaß
H) Schreiben/Lesen
Reise-Dokumente
Dokumententasche
Bauch-Tasche für Geld und Paß
Adressenverzeichnis
Kalender
Tagebuch
Schreibpapier
Luftpostpapier/Umschläge
Kohlepapier
Durchschlagpapier
Notizblock und -bücher
Kugelschreiber, Filzstifte
Reiseschreibmaschine
Taschenrechner
Tesafilm, Uhu
Karten
Reise-Handbücher
Reiseführer
Lexika (engl.,span.,franz.)
Erst-Hilfe-Anleitung
Medizinische Ratgeber
Reparaturhandbücher
Reparaturanleitungen für
wichtige Geräte (Radio, TB)
Unterhaltungsliteratur
Spiele (Schach)

I) Foto und Film

Foto/Filmkamera
Objektive
Gegenlichtblende
Belichtungsmesser
Filme
Kühltasche (Filmaufbewahrung)
Silikagel (Trockenmittel)
UV-Filter, Vorsatzlinsen
Blitz
Ersatzbatterien
Polaroid-Kamera
Polaroid-Filmpacks
Reinigungspinsel (Objektiv)
Reinigungspapier (Linsen)
Fernauslöser
Umhängeriemen für Kamera
Stabile Tasche für Kamera
und Zubehör
Notizbuch für Dokumentation
Stativ

6. Praktische Vorbereitungen

6.1 Reise-Apotheke zusammenstellen

Die Reiseapotheke, deren Grundausstattung mindestens ein Autoverbandkasten ist, soll mit Mitteln gegen chronische Erkrankungen, an denen Sie leiden, gut gefüllt sein. Legen Sie darüberhinaus Wert auf den Magen-Darm-Trakt, Schmerzmittel, fiebersenkende Mittel, Herz- und Kreislaufpräparate, Hals- und Rachen-Medikamente, Antibiotika, Vitamine und Desinfektionsmittel. Und, für alle Fälle, die Anti- Baby-Pille.

Um wenigstens Ansteckungen durch schlecht oder gar nicht sterilisierte Injektionsnadeln zu entgehen, sollten Sie unbedingt einige Einwegspritzen und steril verpackte Injektionsnadeln mitnehmen und auch auf deren Anwendung bestehen.

Gegen Schlangen gibt es keine Universalmittel, abgesehen von der eigenen Vorsicht (siehe auch Kap. 7.8). Schlangenseren können nur gegen die Schlangenart helfen, von der man gebissen wurde (daher versuchen Sie im Falle eines Falles das Biest zu erwischen, totzuschlagen und mit zum Arzt zu nehmen). Die Seren müssen kühl gelagert werden, sie halten nur beschränkte Zeit. Es gibt sog. Schlangenbestecke, mit denen man die Bißwunde aussaugen kann.

Überall gilt, daß die eigene Vorsicht die beste Gesundheitsvorsorge ist: trinken Sie in Drittweltländern niemals Wasser aus der Leitung, putzen Sie sich lieber die Zähne mit Bier oder Coca-Cola, essen Sie keine Salate, ungeschältes Obst etc. - wir haben diese Regeln schon mehrere Male wiederholt und wir wissen, daß viele Leute ohne diese Regel um die ganze Welt kommen und niemals krank werden. Jeder muß den Grad seiner körpereignen Abwehrkräfte letztendlich selbst beurteilen.

Die Hinweise auf die Apotheke sind bewußt sehr pauschal gehalten, weil dieses Kapitel viel zu wichtig ist, als es mit Laien- Erfahrungen detailliert auszuweiten. Sprechen Sie vor der Abreise auf jeden Fall mit Ihrem Arzt, der Ihnen auf Ihre Person bezogene Ratschläge geben wird.

Nützlich für die Reise ist aber auch ein gutes medizinisches Handbuch, das von Ärzten mit Erfahrungen auf diesem Gebiet geschrieben sein sollte. Als gute Beispiele derartiger Bücher seien aufgezählt: das in der Reise Know How Reihe erschienene Buch "Wo es keinen Arzt gibt","Dünnpfiff, Gips und Reisefieber" von Dr. Rainer Lössl,"Gesund reisen - Ärztlicher Ratgeber für Tropen- und Fernreisen" von Dr. Hans Ritter. Die Autoren nehmen auch ausführlich zu den medizinischen Vorbereitungen einer Reise und zum Thema Reise-Apotheke Stellung.

Außerdem sind im Thieme-Verlag und beim ADAC Ratgeber für Reisen ins Ausland erschienen. Sehr nützlich kann der mehrsprachige "PATIENTEN-PASS" (erhältlich in Apotheken) sein.

6.2 Kleidung

Immer wieder zeigt sich, daß man zu viele Dinge einpackt, die letzlich nur Belastung und daher überflüssig sind. Jeans sind sowohl für Männer als auch Frauen die ideale Kleidung. Hat man außerdem noch genügend Baumwoll-T-shirts, als weiblicher Globetrotter zwei strapazierfähige Röcke (auch hier eignet sich Jeansmaterial), dann ist die Garderobenfrage grundsätzlich gelöst.

In orthodoxen muselmanischen Ländern sind Frauen von Kopf bis Fuß verhüllt. Leichtbekleidete Europäerinnen verletzen einmal die Gefühle der einheimischen Frauen, zum anderen signalisieren sie den Männern vermeintliche Freizügigkeit und rufen Annäherungsversuche bis zur Aggressivität hervor. Daher sollten Besucherinnen nicht hauteng gehen, sondern sich in weiten Blusen oder Kleidern mit verdeckten Armen und Beinen verstecken.

Männer in Shorts rufen bei vielen Völkern Verwunderung oder andere Gefühle hervor; zumal sich Völker, die in der Sonne leben, lieber vor ihr schützen, als die bloße Haut braten zu lassen. Trotzdem sollte man Shorts für einsamere Gegenden einpacken. Vergessen Sie nicht, Sonnenhüte und Badesachen griffbereit zu verstauen.

Für Himalaya- oder Andenländer packen Sie am besten eine pelzgefütterte Jacke oder einen Mantel, einige nicht zu dicke Pullover und eine Kopfbedeckung ein. Sie glauben nicht, wie kalt es werden kann (drum wickeln Sie hier schon eine hochprozentige Flasche in Ihre wärmsten Sachen). Ein Trainingsanzug oder Ski- Unterwäsche können auch nützlich sein. - Natürlich packt man entsprechende Mengen bunte Baumwollunterwäsche, Strümpfe und Socken ein. Machen Sie Leuten, die Sie einladen, eine freundliche Geste und ziehen Sie sich ein bißchen besser an: daher eine pflegeleichte Kombination und eine hübsche Bluse mit Rock mitnehmen, nicht zu vergessen die passenden Schuhe.

Im Regen schützen am besten geräumige Capes, unter denen alle Dinge, die man so mitschleppt, trocken bleiben. Als Kopfschutz empfiehlt sich ein breitkrempiger "Südwester". Wollen Sie allerdings auch im Regen fotografieren, dann natürlich der Technik zuliebe unterm Regenschirm. Suchen Sie sorgfältig nach

Schuhen, die auch in der Hitze nicht drücken oder scheuern. Vor Fußpilzen und ähnlichen Infektionen kann man sich schützen, wenn man beim Duschen wenigstens Gummilatschen trägt (auch sonst sollte man der möglichen Infektionen wegen nicht barfuß gehen).

Packen Sie unbedingt Rucksäkke ein, selbst wenn Sie hier noch keine Rucksacktouren planen - Sie werden früher oder später einen kleinen Trip dranhängen. Für diese Fälle sind Moskitonetze zu empfehlen, die wie ein Zelt über das Hotelbett gespannt werden. Auch wird man in billigen Hotels der Bettwäsche nicht immer vertrauen; zwei in Schlafsackart zusammengenähte Bettlaken oder Baumwolltücher schützen und passen in jeden Rucksack. - Denken Sie an Ersatz-Sonnenbrillen, für Brillenträger an die Ersatzbrille.

6.3 Vorräte für den mobilen Haushalt

Sie können unmöglich alle Lebensmittelvorräte für die ganze Reise mitnehmen. Daher empfehlen wir hier einige wichtige Grundnahrungsmittel, die es unterwegs nicht oder selten gibt: kleine Dosen Speiseöl, Essig, Fleisch- und Fischkonserven (vor allem bei längerem Indienaufenthalt), Trockenmilch, Trokkensuppen, Kartoffeltrockenprodukte, Mehl, Zucker, Reis, Gries, Haferflocken, Trockenhefe, Puddingpulver, Kekse, Milchmädchen (= Kondensmilch in der Tube, gesüßt), Honig, Marmelade, Ovomaltine, Parmesankäse, Kaffee, Kakaopulver, Nüsse, Müsli, Teigwaren, getrocknete Kräuter (Petersilie, etc.), Becel-Creme (statt Butter in heißen Gegenden), Trockenpulver für Quark.

Diese Empfehlungen sind auf unseren Geschmack bezogen, Sie werden vielleicht auf ganz andere Dinge Appetit haben. Aber gehen Sie davon aus, daß Sie sich hauptsächlich vom Markt des Gastlandes ernähren. Wenn wir paradoxerweise Reis für Indien empfehlen, so einmal als eiserne Ration, zum anderen weil guter Reis dort exportiert wird und der auf den Märkten gekaufte häufig davonläuft: Sie haben dann mehr Kleinlebewesen als Reiskörner erworben.

In Afrika, zumindest im Norden und Westen des Kontinents, bieten die einheimischen Märkte sehr wenig, und noch weniger für unseren Geschmack. Wir deckten uns daher mit "Bundeswehr- Einsatzverpflegung" ein, die haltbar und gut verpackt ist. PEMA-Brot schmeckte uns wesentlich besser als Dosenbrot, außerdem enthält es keine Konservierungsstoffe, und es ist günstiger verpackt.

Neben Lebensmittelvorräten sollten Sie auch an folgendes denken: Zahnpasta, Haarwaschmittel, Spülmittel, Waschmittel in der Tube (z.B. Rei oder Saptil), Klopapier als Allzweckpapier, kosmetische Artikel, Cremes und Sonnenschutzöle.

6.4 Waffen

Eigene Waffen bringen wesentlich mehr Ärger als Nutzen. Bei Überfällen dürfte der Räuber stets das Überraschungsmoment auf seiner Seite haben; bis Sie Ihre Pistole ausgepackt haben, ist das Auto längst ausgeleert. Wird bei Grenzübertritten eine nicht deklarierte Waffe bei Ihnen gefunden, so kommen Sie sicher in Schwierigkeiten. Außerdem besteht die ernsthafte Gefahr, daß Sie sich bei einem Raubversuch mit der Waffe zur Wehr setzen, der Räuber aber fühlt sich herausgefordert und holt Verstärkung. Einen gewissen Eigenschutz können Sie sich durch Signalmunition zulegen, die mit einem kugelschreiberähnlichen Instrument abgeschossen wird.

Auch Tränengaspistolen oder Platzpatronen-Pistolen können tödliche Effekte auslösen; der Räuber nimmt an, Sie hätten eine echte Knarre und schießt los. Unverfänglich dagegen sind Tränengassprühdosen. Mit Gummiknüppeln oder ähnlichen Schlaginstrumenten (z.B. ein Stück Gummi-Elektrokabel) können weniger hart entschlossene Einbrecher in die Flucht geschlagen werden.

Grundsätzlich meinen wir jedoch, daß man bei einem Raubüberfall höflich zur Seite treten und die Herrschaften bei der Arbeit nicht hindern sollte - solange einem das eigene Leben lieb ist.

6.5 Foto und Film

Filme kaufen Sie am besten gleich neben der Herstellerfabrik, also in Europa, USA, Panama, Australien, Singapore, Hongkong, Japan. Beim Einkauf auf längstmögliche Laufzeit der Filme achten und diese trocken, möglichst staubfrei und kühl lagern (eine Kühltasche oder -box, in die man Silikagel als Trockenmittel legt, eignet sich sehr gut). - Wir arbeiteten mit Kodak-Filmen, waren aber in den Fällen, in denen wir auf Agfa angewiesen waren, durchaus mit dem Ergebnis zufrieden.

Das einwandfreie Entwickeln funktioniert am besten in den obengenannten Ländern. Die Filme per Post zu schicken ist riskant, wir trafen fast immer im rechten Moment deutsche Flugtouristen, denen wir ein Päckchen (möglichst frankiert, daher deutsche Briefmarken mitnehmen) mitgeben konnten.

Für einen bestimmten Kameratyp müssen Sie sich selbst anhand Ihrer eignen Interessen entscheiden (wenn wir eine Hasselblad-Ausrüstung herumschleppten, so deshalb, weil Sigrid als Profi-Fotografin ohnehin mit dieser Kamera arbeitete). Wie auch immer Ihre Kameraauswahl ausfällt, Sie sollten mindestens ein Tele-Objektiv besitzen. Auch Weitwinkel-Objektive sind besonders bei Gebäudeaufnahmen sehr nützlich.

Sie werden des öfteren mehr Licht als vorhanden brauchen, daher auf jeden Fall ein Blitzgerät mitnehmen. Es sollte aus Batterien gespeist werden, die man überall nachkaufen kann (Steckdosen zum Laden dürften selten an der Wegstrecke liegen). Mit einer Polaroid-Kamera können Sie Staunen erregen, billige, aber gern gesehene Gastgeschenke machen oder Zöllnern zu guter Laune verhelfen. Nehmen Sie Ersatzbatterien für Kameras, Belichtungsmesser etc. mit. In vielen Fällen ist ein Stativ und ein Fernauslöser hilfreich. Denken Sie auch an Reinigungspinsel für Ihre Kamera.

Machen Sie sich unterwegs Notizen über die Motive, die Sie ablichten. Sie bringen unter Umständen tausende von Fotos nach Hause, und wie schnell kann es passieren, daß Sie eine Moschee dem Nachbarland zuordnen - auf den Fehler aber erst bei Ihrem öffentlichen Dia-Vortrag aufmerksam gemacht werden.

Das für Kameras Gesagte gilt sinngemäß für's Filmen. Sie sollten sich entscheiden, ob Sie filmen oder fotografieren. Ein Kompromiß aus beidem kann ganz furchtbar ins Auge gehen (buchstäblich): Wenn Sie alle statischen Motive fotografieren und alle lebendigen filmen, dann werden Sie hinterher weder mit den Fotos noch mit den Filmen ihre Reise wirklich reproduzieren können. Die einzig brauchbare Lösung ist, daß einer alles fotografiert und der andere alles filmt.

Der Rat klingt überflüssig: Üben Sie das Fotografieren oder Filmen mit Ihren neuen Geräten vor der Abreise, unterwegs werden Sie sich kaum kontrollieren können. Wir haben mehrere Leute getroffen, die noch nie ein mit ihrer neuen Kamera gemachtes Foto gesehen hatten - und später bitter enttäuscht waren, weil alles über- oder unterbelichtet war.

Beim Fotografieren unterwegs sollten Sie die Empfindungen der Leute respektieren und nur dann die Kamera zücken, wenn Sie sicher sind, daß Ihre Umgebung mit Ihrem Fotografieren einverstanden ist. Dies gilt besonders dann, wenn Sie Gefahr laufen, religiöse Gefühle durch Fotos verletzen zu können. Allerdings drängt sich die Mehrzahl der Mitmenschen förmlich ins Bild. Hüten sollten Sie sich aber vor allen militärischen Anlagen, dazu können schon lächerliche Brücken gehören.

6.6 Letzte Jobs vor der Abreise

Bevor Sie endgültig und vielleicht für Jahre davonfahren, sollten Sie zweierlei nicht vergessen. Es könnten "amtliche" Fragen an Sie während Ihrer Abwesenheit gestellt werden - selbst wenn es nur im Zusammenhang mit Ihrem Wagen ist -, die nur jemand beantworten darf, den Sie zuvor schriftlich bevollmächtigt haben. Bitten Sie einen Menschen Ihres Vertrauens um derlei Gefallen und stellen Sie ihm eine Vollmacht aus.

Zweckmäßig wäre, wenn Sie demselben Menschen auch eine Bankvollmacht geben könnten, damit er Ihnen Geld ins Ausland schicken oder sonstige finanzielle Dinge regeln kann. Und drittens wäre es gut, wenn Sie sich bei diesem Vertrauten als Briefkasten- Untermieter behördlich anmelden könnten (wenn Sie nicht gemeldet sind, ist nach der Reise eine Strafgebühr fällig), dann käme außerdem dort auch Ihre Post an. Dann müssen Sie ihm noch eine Postvollmacht geben (deren Ausstellung hier umsonst ist, im Ausland aber gegen DM 20,- bei der Botschaft bestätigt werden muß).

Bisher haben wir kaum jemanden getroffen, der in aller Gemütsruhe von zu Hause aufgebrochen wäre. Uns selbst passierte es immer wieder, daß wir in den letzten Tagen vor der Abreise außer Atem gerieten und dann gehetzt ins Auto sprangen. Das muß nicht sein, wenn man sich vorher ganz genau überlegt, was alles zu tun ist. Wir haben versucht, alle notwendigen Jobs der letzten Wochen vor der Abreise in der Checkliste auf der folgenden Seite zusammenzutragen; das kann hier nur pauschal sein, überlegen Sie gründlich, ob in Ihrem Fall noch mehr zu tun ist.

7. Unterwegs - das tägliche Leben

7.1 Camping ohne Campingplatz

Den Luxus von Campingpläzen leistet sich nur unsere Welt, in der Dritten finden Sie solche Annehmlichkeiten nur ganz selten. Für den Camper stellt sich die Frage: wo übernachten? Zwei grundsätzliche Möglichkeiten bieten sich an. Entweder man verbringt die Nacht in einsamer Wildnis, wo normalerweise Räuber mangels Markt nicht vorbeikommen. Oder man parkt in belebten Gegenden in der Hoffnung, daß dort die

Jobs der letzten Wochen vor der Abreise:

1. Impfungen laut Plan unter 3.1
2. Alle Ausrüstungsgegenstände laut 5.14 vorhanden?
3. Alle Ersatzteile vorhanden?
4. Neuen Paß ausstellen lassen
5. Ca. 10 zusätzliche Paßfotos machen
6. Carnet des Passage besorgen
7. Internat. Zulassung besorgen
8. Internat. Führerschein besorgen
9. Benötigte Visa vorhanden?
10. Vollmacht für Bevollmächtigten zu Hause ausstellen
11. Neue Anschrift anmelden
12. Postvollmacht ausstellen
13. Zeitungen, Zeitschriften kündigen
14. Versicherungen abschließen
15. Bankkonto bei Großbank eröffnen
16. Abschiedsparty nicht vergessen
17. Auto packen
18. Auto (interessehalber) wiegen
19. Wohnung auflösen
20. Möbel und Utensilien unterstellen
21. Einen Tag Pause einlegen!
22. In Ruhe kontrollieren, ob alles eingepackt ist
23. Geld tauschen, Reiseschecks kaufen
24. Elektro/Gaszähler ablesen
25. Freudig erregt starten - GUTE REISE

Räuber vom Betrieb auf der Straße verschreckt werden (deswegen z.B. unter einer Laterne, damit jeder gesehen werden kann, der sich an Ihrem Auto zu schaffen macht). Dort ist es immer laut. Trotzdem zogen wir meist derartige Plätze vor, weil wir uns mehr Gedanken um den Zufallsräuber machten, der uns in der Wildnis entdecken könnte.

In Pakistan und Indien übernachtet man gegen Gebühr auf dem Gelände der staatlichen Resthouses, die in jedem größeren Dorf zu finden sind. In Thailand liebten wir Schutz und Stimmung buddhistischer Klöster. In anderen Ländern schliefen wir sehr oft bei Tankstellen, auf Hotelparkplätzen, Flughafenparkplätzen, in der Nähe von Kasernen, Polizei- und ähnlichen Dienststellen, vor Kirchen und in touristischen Zentren. Wir bevorzugten kleine Dörfer, wo wir auf dem Dorfplatz parkten und häufig sehr guten Kontakt zu den Bewohnern fanden. In Wüstengegenden wie z.B. Ägypten gehen wir in die Wüste abseits von Pisten.

In Städten (selbst in New York) parkten wir auf einsamen Straßen, in die wir aber erst kurz vor dem Schlafengehen und mit bereits im Wohntrakt verhangenen Fenstern fuhren; auf großen Hotelparkplätzen fällt dann zur Not auch nicht auf, daß der Gast kein Zimmer hat.

Meiden Sie Betten von Trockenflüssen für's Camping. Es könnte weit entfernt in Sturzbächen geregnet haben, die Flutwelle käme lautlos. Der alte Spruch, daß in der Sahara mehr Leute ertrunken als verdurstet sind, kommt nicht von ungefähr.

Grundsätzlich parken wir nachts mit steckendem Zündschlüssel und so, daß wir im Notfall ohne Rangieren sofort die Flucht ergreifen könnten. Denn immer wieder hört man von Überfällen, bei denen die Überfallenen sich selbst durch ungeschicktes Parken den Fluchtweg verstellt hatten.

7.2 Ernährung unterwegs

Am besten Sie vergessen die gewohnte europäische Kost und lassen sich von fremden Märkten inspirieren. Das Angebot an Gemüse und Obst ist im allgemeinen mehr als ausreichend, wenn Sie den Mut zum Experimentieren haben und sich Anregungen aus der Küche des Gastlandes holen. Mit Frischfleisch wird es schon etwas schwieriger. Häufig bekommt man es nicht, und wenn, dann entspricht es manchmal nicht den qualitativen oder hygienischen Minimal- Anforderungen. In diesen Fällen können Sie sich entweder mit Meerestieren behelfen, oder aus Eiern (die fast immer und überall erhältlich sind) abwechslungsreiche und schmackhafte Gerichte bereiten, so daß Sie durchaus einige Wochen vegetarisch leben können.

Grundsätzlich gilt die Regel, sich in den Großstädten, die immer ein reiches Angebot an allen notwendigen Lebensmittel bieten, mit den notwendigen Erzeugnissen einzudekken. Deutsche Vertretungen sind in der Lage, einschlägige Einkaufsquellen an Ort und Stelle zu nennen, auch wenn diesbezügliche Auskünfte, wie so viele andere auch, meist nur ungern gegeben werden. Häufig erfährt man schon tausende Kilometer im Voraus von anderen Reisekollegen, wo gute Geschäfte zu finden sind oder, in Lateinamerika hauptsächlich, den Weg in eine deutsche Bäckerei.

Natürlich werden Sie nicht immer selbst kochen. Probieren Sie die einheimische Küche an Ort und Stelle, sie ist dort immer am besten. Auf dem indischen Subkontinent waren wir etwas vorsichtig bei der Auswahl von Restaurants, bevorzugten aber meist die vegetarische Küche, weil sie nirgends in der Welt besser ist als im Land mit den meisten Vegetariern. In Südostasien haben wir auch in sehr einfachen Pinten gegessen, ebenso in den meisten lateinamerikanischen Ländern. Die mit Abstand für uns beste Küche entdeckten wir übrigens in Thailand.

7.3 Geldwechsel

Es gibt den offiziellen Weg über Banken oder Wechselstuben oder aber den Schwarzmarkt. Grundsätzlich gilt: je härter ein Land den freien Devisenmarkt einschränkt, umso günstiger ist der Schwarzmarktkurs. Allerdings sollte man sich umgekehrt Gedanken darüber machen, daß die Ursache der Devisenbeschränkung immer im Wohlstandsgefälle zwischen den Industriestaaten und der Dritten Welt liegt. Mit dem schwarzen Devisentausch schadet man zwar "nur" einer anonymen Bürokratie, letztendlich trifft man dennoch den kleinen Mann auf der Straße. Unsere Einstellung zu diesem Problem hat sich daher in den letzten Jahren sehr geändert: das, was wir früher als Sport betrachteten, sehen wir heute als Negativhandlung.

Das Tauschen auf dem Schwarzmarkt ist natürlich immer mit dem Risiko verbunden, von Dieben übers Ohr gehauen oder gar ausgeraubt zu werden oder den staatlichen Fahndern in die Arme zu laufen. Ob das Risiko den Nutzen übersteigt, muß jeder selbst wissen, siehe oben. Tauschen Sie nach Möglichkeit nie mehr Geld als Sie in einem Land verbrauchen werden, der Rücktausch von überflüssiger Landeswährung in harte Devisen ist immer mit Verlusten verbunden. Heben Sie sich stets ein paar Ein-Dollar-Noten auf, falls Sie beim Grenzübergang noch unerwartete Gebühren zahlen müssen oder dem Zöllner eine besondere Freude machen wollen oder müssen.

7.4 Briefverkehr mit zu Hause

In einigen asiatischen Ländern erhöhen Postbeamte ihr kärgliches Gehalt, indem sie jede Briefmarke mehrere Male verkaufen: sie lösen die Marke vom Brief (der vernichtet wird) und bieten das rückgewonnene Objekt erneut zum Kauf. Diesen Zyklus können Sie nur durchbrechen, indem Sie mit Standhaftigkeit das Abstempeln Ihrer Briefe verlangen. Besser Sie verwenden nur Aerogramme mit aufgedruckten Briefmarken oder Sie schicken eingeschrieben ab. (Unsere Briefe, die aus Asien verlorengingen, waren ausnahmslos nicht in unserer Anwesenheit gestempelt worden).

In Lateinamerika ist es nicht so kritisch. Dort werden viele Stempelmaschinen am Postschalter eingesetzt, und damit ist das Problem gelöst.

Wenn, umgekehrt, Sie sich Briefe schicken lassen wollen (verzichten Sie von vornherein auf Pakete, sollten diese jemals ankommen, so haben Sie den zusätzlichen Ärger beim Zoll), dann gibt es drei Verfahren:

a) Postlagernd ("Poste Restante"). Auf den Postämtern kann häufig jeder im Stapel herumwühlen. Schärfen Sie für diesen Fall Ihren Lieben ein, auf Ihre Briefe nur "Schulz, Poste Restante, Bombay" zu schreiben. Bei "Herrn Dr. J. Schulz" wird Ihr Brief entweder unter H,D,J oder S abgelegt.

b) American Express Büros nehmen Ihre Post an. Adressenverzeichnisse gibt es überall. "Client's Mail" auf dem Brief vermerken. Auch dort kann meist jeder im Poststapel wühlen.

c) An die diplomatischen Vertretungen der Bundesrepublik (Adresse vom Auswärtigen Amt oder auch ADAC) mit dem Vermerk "Wird abgeholt". Dieses Verfahren ist das sicherste, weil i.a. die Briefe nur nach Paßvorlage ausgegeben werden. Es hat den Nachteil, daß die Diplomaten nur kurz zu sprechen sind und grundsätzlich an jedem nur möglichen Feiertag geschlossen halten.

7.5 Feiertage im Ausland

So willkommen Feiertage zu Hause auch sind, unterwegs schaffen sie meist Verdruß. Behörden, von denen man ein Visum oder den Erlaubnisschein für eine Besichtigung braucht, sind geschlossen, Geschäfte öffnen nur ein paar Stunden.

Der christliche Sonntag ist in den allermeisten nicht- muselmanischen Ländern mehr oder weniger gesetzlicher Feiertag. Strenge muselmanische Länder halten ganz strikte Ruhe am Freitag, während ehemals von den Engländern abhängige Länder wie z.B. Pakistan beide Feiertage achten, zumeist die staatlichen Stellen den Sonntag, während private Geschäfte etc. am Freitag geschlossen sind. Fast immer passiert es, daß die Butter genau am Freitag ausgeht und man in der Hauptstadt am Sonntag ankommt, wenn die Behörden geschlossen haben.

In ärgere Zeitbedrängnis mag kommen, wer in große Feiertage gerät wie Neujahr (das je nach Glaubensbekenntnis auf die unterschiedlichsten Tage zwischen November und März fallen kann) oder in muselmanischen Ländern in das Ende der Fastenzeit. Derartige Feste können sich über viele Tage hinziehen; Freunde von uns saßen bei einer solchen Gelegenheit eine Woche lang auf der Hebebühne einer Werkstatt fest - es gibt bessere Plätze für eine Pause.

Der Versuch, hier eine Liste der üblichen Feiertage pro Land aufzustellen, scheiterte beim ersten Anlauf. Die meisten der lokalen Feste hängen vom Mondkalender oder gar den Orakelsprüchen der Astrologen ab. Für längere Reisen in einem Land empfiehlt es sich, bei der Einreise Auskünfte zu holen. Spätestens die deutsche Botschaft wird die Feste genauestens kennen; die Herren Diplomaten finden genug Vorwände, alle ortsüblichen und zusätzlich sämtliche in Deutschland zelebrierten Feiertage mitzunehmen.

7.6 Waschtag wie bei Großmutter

Das Problem der schmutzigen Wäsche läßt sich mit verschiedenen Methoden lösen. Man sammelt solange - sofern der Vorrat reicht - bis man zur nächsten Reinigungsanstalt kommt. Dort versucht der Vorsichtige herauszufinden, in welchem der Flüsse der Stadt die Wäsche landet; eventuell verschiebt er dann das Vorhaben auf die nächste Gelegenheit. Hat man sich zur Abgabe der Wäsche entschlossen, erscheint noch eine Überprüfung des Markierungsverfahrens angebracht. Wir erlebten mehr als einmal, daß unsere Wäsche mit unlöslicher Tusche genau dort gezeichnet wurde, wo man es auch beim Tragen sah.

Außerdem ist zu beachten, daß indische Profis sehr häufig die Wäsche auf Steine oder Holzplatten schlagen oder mit Knüppeln bearbeiten: das überstehen nicht alle Knöpfe.

Einfacher ist es, einen dicht verschließbaren Eimer mit Wäsche, Wasser und Waschmittel zu füllen, ihn möglichst auf dem Dachständer zu befestigen und dann einen Tag lang spazierenzufahren. Das Geschaukel auf schlechten Straßen wirkt ein bißchen wie die heimische Waschmaschine; und wenn die Sonne kräftig scheint, arbeitet die Maschine mit warmem Wasser. Zum Trocknen spannten wir häufig Leinen quer durchs Auto, nach kurzer Zeit hatte der Fahrtwind den Job erledigt.

Die dritte Möglichkeit ist, auf Einladungen freundlicher Leute zu warten, die eine Waschmaschine besitzen. Im ungünstigsten Fall muß man an einem klaren Bach halten und tatsächlich einen mühseligen Hand-Waschtag einlegen.

7.7 Ungeziefer

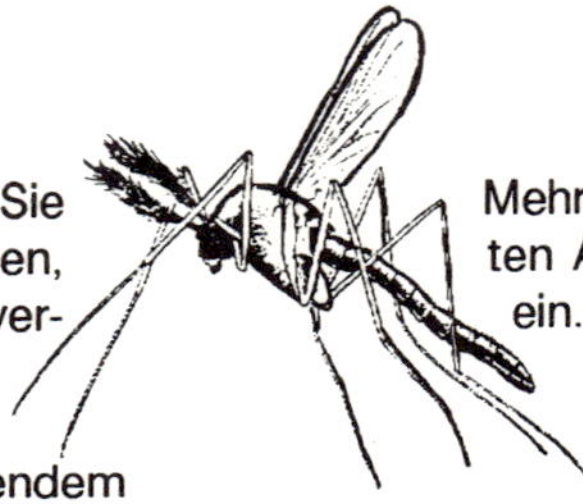

Eine einzige Mücke kann Sie eine ganze Nacht wachhalten, sobald Sie Licht machen, verschwindet das Luder. In der Dunkelheit startet sie erneut ihre Angriffe, mit nerventötendem Tieffliegergeheul. Es helfen wirklich nur Moskitonetze.

Es gibt zeltartige Konstruktionen, die im Auto erstickend wirken, weil sie die ohnehin mäßige Luftzirkulation weiter verringern. Besser ist es, den Schlaftrakt des Wagens mit einem Moskitonetz abzutrennen. Aber suchen Sie nach jeder kleinsten Lücke, die Viecher kriechen überall durch.

Einreibemittel gegen Insekten halten nur wenige Stunden an, Insektensprays bergen gesundheitliche Gefahren auch für den Menschen, eine Fliegenklatsche dagegen hilft Aggressionen abzubauen. In verschiedenen Ländern gibt es eine Art Räucherstäbchen in Spiralform, dessen Rauch Mücken davontreiben soll - wenn der Rauch so stark ist, daß die Mücken die Flucht ergreifen, dann läuft auch der Anwender davon.

Mehrere Male wanderten Ameisen bei uns ein. Eine Nacht im hohen Gras kann bereits die Brücken für Gäste schaffen, die sich sehr schnell vermehren. Sie sind allerdings mit den üblichen Sprays, z.B. Shelltox, zu vernichten. Bei anderer Gelegenheit - als wir den Wagen ein paar Tage allein ließen - fand eine Maus Zuflucht in unseren Vorräten. Zum Glück verließ sie uns bald wieder; wir erinnerten uns der Geschichte eines allein reisenden VW-Bus-Globetrotters, der in Indien mehrere Wochen Mause-Gesellschaft hatte, die er trotz Mausefallen und allen erdenklichen Mühen nicht los wurde.

Wenn wir in billigen Hotels nächtigten, handelten wir uns mehrere Male Flöhe ein. Die wird man entweder durch Leiden oder intensive Suche mit komplettem Wäschewechsel, sofortigem Duschen oder Baden und Wäschewaschen los. Im Übrigen können Flöhe auch jederzeit im dichten Menschengedränge umsteigen.

7.8 Gefahren am Wegesrand

Wir erlebten einen Krieg, zwei Erdbeben und einen Wirbelsturm. Wir glauben, daß all diese Gefahren viel geringer für den Reisenden zu veranschlagen sind als die Verkehrsgefahren, die ihn im selben Zeitraum auf Deutschlands Straßen bedrohen würden.

Generell gilt, daß man lieber Gefahren aus dem Weg gehen sollte, als den Helden zu spielen. Lieber bei Demonstrationen einen riesigen Umweg fahren oder umkehren und an sicherer Stelle eine erholsame Pause einlegen, als sich einen Weg erzwingen durch den Demonstrationszug - und dann als willkommenes Aggressionsobjekt wirken. An brennenden Autos ergötzen sich weltweit Demonstranten; und es gibt Länder, in denen ist die Freude noch größer, wenn die Auto-Insassen mitbrennen.

Gerät man unversehens in einen Krieg, dann sollte man sich peinlichst genau an alle Regeln des Ausnahmezustandes halten. Ein Beispiel (verständlicher) Hysterie: Weil während des indisch- pakistanischen Krieges strikte Verdunkelung angeordnet war, regten sich Inder bei einem Reisekollegen ganz furchtbar über die sichtbare Glut einer im Freien gerauchten Zigarette auf.

Erdbeben sind für den Camper recht ungefährlich, wenn sich nicht gerade ein Spalt in der Straße öffnet oder wenn Haustrümmer herumfliegen. Das Auto schaukelt vielleicht etwas unsanft.

Wirbelstürme rücken dem Camper schon mehr zuleibe. Aber man muß wirklich Pech haben, wenn man den Weg eines Hurricans kreuzt. Trotzdem hörten wir in gefährdeten Gebieten immer ein bißchen genauer den Nachrichten zu (BBC berichtet darüber), um eventuell die Flucht einschlagen zu können.

Bergrutsche finden gewöhnlich während der Regenzeit statt. Regenzeiten lassen sich bei einer langen Reise nicht vermeiden. Wir haben am Ende der Regenzeit in Südamerika unzählige Stellen passiert, an denen die Straße verschüttet war, aber niemals hat uns auch nur ein Stein getroffen.

Die fast panische Angst vor Schlangen, Spinnen und Skorpionen sitzt fast allen Bewohnern nördlicher Breiten im Nacken. Dabei haben Schlangen noch mehr Angst vor dem Menschen, sie greifen fast immer nur aus Verteidigung an. Man sollte sich daher angewöhnen, stets mit hörbarem Fußrascheln oder lauten Geräuschen in die Büsche zu gehen, Schlangen verschwinden dann aus Eigenschutz. Skorpione sind offenbar dümmer und träger, sie laufen einem bei der Flucht auch noch aus Versehen unter die Füße. Obwohl wir sogar im Schlafzimmer in unserem Haus in Pakistan Skorpione jagten, hat uns kein einziger gebissen. Vor Spinnen sollte man mehr Respekt haben. In Australien hörten wir von einer Österreicherin, die morgens ihren BH anzog, aber die Spinne darin nicht bemerkte, gebissen wurde und 10 Minuten später starb. Wir gewöhnten uns das Durchsuchen von Kleidungsstücken und von Schuhen an, besonders wenn das Auto länger mit offenen Fenstern unter Bäumen gestanden hatte.

Eine gar nicht seltene Gefahr ist Feuer im Auto, das häufig durch gasbetriebene Geräte ausgelöst wird. Ohne einen wirksamen Feuerlöscher wäre unsere Reise beinahe nach 10 000 km in Dehli zu Ende gewesen; als "gebrannte" Kinder empfehlen wir unbedingt Feuerlöscher. Am besten zwei 2 kg-Pulverlöscher, einen davon im Wohntrakt, den anderen im Fahrerhaus angebracht. Machen Sie sich in einer stillen Stunde mit den wenigen Handgriffen der Benutzung vertraut - in der Panik werden Sie aufgeregt an dem Ding herumfingern und kostbare Zeit verlieren. Benutzte (auch nur sekundenlang) Feuerlöscher müssen von einer Servicestation wieder aufgefüllt werden, weil das Treibmittel entweicht!

7.9 Souvenirs und Geschenke

Es stimmt, daß in den meisten Ländern Souvenirs äußerst preiswert sind. Kaum ein Tourist kann im Orient einem Teppichkauf widerstehen. Man muß aber lange suchen, um einmalige oder außergewöhnliche Stücke zu ergattern. Die nüchterne Wahrheit ist, daß es kaum ein noch so ausgefallenes Stück gibt, das nicht auch in Deutschland zu haben ist; bei manchen Dingen mögen Sie hier erstaunt feststellen, daß Sie dem Feilschen der Händler nicht gewachsen waren und teurer einkauften als Nekkermann.

Wenn Sie einen bestimmten maximalen Geldbetrag zum Reisen haben und davon 20 % für Souvenirs ausgeben, dann wird eben die Reise ein ganzes Stück kürzer. Auch handeln Sie sich an der deutschen Grenze Mehrarbeit ein. Wir kennen Leute, die ein paar Tage an der Autobahngrenze Salzburg kampierten bis die Zollauslösung von zu Hause eingetroffen war.

Wer Souvenirs nicht pausenlos spazierenfahren will, kann sie auch von zuverlässigen Stellen nach Hause schicken. Der billigere Weg ist meist der Schiffstransport, daher wartet man bis zu einem größeren Hafen, wo derartige Aktionen keinerlei Sensation bedeuten. Luftfracht ist natürlich schneller und meist auch sicherer.

Vielleicht können Sie sich auch mit anderen Reisenden zu einer gemeinsamen Kiste zusammentun. Manchmal haben auch nach Deutschland zurückkehrende Diplomaten oder Geschäftsleute noch Platz für ein Paket im Umzugsgut.

Umgekehrt hat man unterwegs manchmal den Wunsch, einem Einheimischen für eine Einladung oder sonst ein Entgegenkommen eine Freude zu machen. Dann zum nächsten Markt gehen und ein in unseren Augen hübsches Souvenir kaufen und dem guten Mann schenken, da wird er u.U. etwas mitleidig schauen.

Man sollte vor der Reise bereits Gastgeschenke besorgen, denn die Freude des Beschenkten ist über ein Produkt aus der Heimat des Gastes sehr viel größer als über irgendeine lokal erworbene Sache. Außerdem sollte das Geschenk auch irgendwie nützlich und leicht transportierbar sein. Betrachten Sie die folgende Auflistung als Beispielsammlung:

Kugelschreiber, Malstifte, Luftballons, sinnvolles Spielzeug, Bonbons etc eignen sich für Kinder. Mit gebrauchter Kleidung kann man häufig jemandem einen Gefallen tun oder mit Verbandszeug, Heftpflaster, Vitamintabletten, Seife, Teebeuteln und Würfelzucker, Einwegfeuerzeugen, Postkarten mit der heimatlichen Fußballmannschaft oder von der Heimatstadt des Besuchers, Briefmarken, T-Shirts mit heimischem Aufdruck, Taschenmesser, Taschenspiegel, Sonnenbrille, Nähnadelpäckchen, Taschenrechner, Transistorradios oder gar Kasettenspieler. Bei Einladungen, bei denen durch Gastgeschenke die Aufwendungen des Gastgebers nicht kompensiert werden können, sollte man dies durch äquivalente Geldgeschenke tun, die für die Kinder des Gastgebers bestimmt sind; damit verliert keiner der Beteiligten Gesicht.

8. Unterwegs - fortbewegen

8.1 Verkehrsregeln außerhalb Europas

Als wir nach einer Reise um die Erde nach Deutschland zurückkehrten, packte uns die Angst im deutschen Straßenverkehr. Die hier praktizierte Rücksichtslosigkeit, die vielen Fahrern nicht mehr Bewegungsfreiheit als eine an Schienen gefesselte Straßenbahn erlaubt, ist anderswo kaum wiederzufinden. Andere Länder sind wesentlich flexibler oder wie die US-Bürger rücksichtsvoller und fairer.

So fällt es denn auch manchem Deutschen schwer, das Eisenschienen- Verhalten in der Ferne zu verlieren. Man kann aber als einzelner nicht ganze Völkerscharen zu deutscher Verkehrsmentalität erziehen wollen. Die Verkehrsregeln in der Fremde sind jedoch sehr schnell zu erlernen.

- Gesetz Nr. 1: Der Größere hat immer recht bzw. die Vorfahrt
- Gesetz Nr. 2: Man muß jederzeit auf alles gefaßt sein, weil sich jeder alles erlauben kann
- Gesetz Nr. 3: Man kann, umgekehrt, auch sich selbst einiges erlauben
- Gesetz Nr. 4: Gib dem anderen, wenn nötig und möglich, immer eine Chance.

Das bedeutet, daß man nie auf irgendeinem Recht bestehen sollte. Z.B. kann das Schild EINBAHNSTRASSE eine reine Deklaration sein. Ein eiliger Omnibusfahrer wird durchaus gegenteiliger Meinung sein und die Einbahnstraße entgegen der Fahrtrichtung benutzen. Wenn Sie in der richtigen Richtung fahren, aber an dem Bus wegen zu enger Straße nicht vorbeikommen - dann werden Sie den Rückwärtsgang einlegen müssen: Gesetz Nr. 1. Das Fahren ist in diesen Ländern noch mehr Kunst und Kunststück zugleich, hält wach und kann nach kurzer Eingewöhnungszeit durchaus Spaß machen.

Neben vielen andersartigen oder neuen Verkehrszeichen gibt es ein universelles und weltweit verbreitetes: ein Stein auf der Straße. Er deutet meist eine der folgenden Möglichkeiten: Vorsicht (allgemein), Straße gesperrt wegen Erdrutsch oder Überschwemmung, Baustelle, Straße nur in Gegen-Richtung befahrbar, Loch vor oder hinter dem Stein. Der Stein kann aber auch ganz schlicht vom letzten dort parkenden LKW, der ihn als Bremsklotz benutzte, liegen geblieben sein. An Bergen läßt sich fast immer auf diese Bedeutung schließen.

Auch der Lichterbaum besonders an LKW und Bussen ist der Erwähnung wert. Lampen irgendwelcher Art am Heck unterliegen sehr häufig der strikten Mißachung. Viele LKW tragen ein einziges Bremslicht - vorne, mitten auf dem Kühler (das ist tatsächlich vorteilhaft, weil man sehen kann, ob der entgegenkommende und zum Überholen ansetzende LKW bremst und einschert). Blinklichter werden häufig eingesetzt, um dem Nachfolger die Überholmöglichkeit anzuzeigen (falls Blinker am Heck vorhanden sind). Dabei blinken Pakistaner z.B. mit dem Blinker zur Fahrbahnmitte, wenn zum Überholen frei ist, zum Fahrbandrand, wenn Gegenverkehr in Sicht ist. Also genau umgekehrt der häufig in anderen Ländern geübten Praxis.

Omnibusse kennen keine festen Haltestellen. Sobald ein Fahrgast auftaucht, tritt der Fahrer voll in die Bremse. Wenn der gerade entgegenkommende Bus auch einen Fahrgast entdeckt, hält er auch und die Straße ist blockiert.

In Pakistan kann es Ihnen jederzeit (besonders auf der Rennstrecke Peshawar - Lahore) passieren, daß Ihnen zwei oder gar drei sich überholende Omnibusse entgegenkommen. Fahren Sie runter von der Straße, nicht zuletzt deswegen scheint der breite Randstreifen angelegt zu sein. Omnibusfahrer glauben Rennfahrer höchster Qualifikation zu sein, die meisten beherrschen ihr Fahrzeug einigermaßen. Aber es gibt auch solche, die gerade anfangen, die Fahrkunst zu erlernen oder, als nächst höhere Vorbildungsstufe, Erfahrungen als Ochsenkarrenlenker auf den Omnibus übertragen. Während unseres Aufenthaltes lasen wir fast wöchentlich von Omnibusunglücken mit vielen Toten.

Wie überall auf der Welt gilt daher besonders in Pakistan: DEFENSIV FAHREN!

8.2 Verhalten bei Unfällen

Unfälle unterwegs ziehen weit mehr Komplikationen nach sich als in Deutschland. Wenn es um eigene und besonders um Bagatellschäden (das sind Blechschäden selbst größeren Umfanges) geht, dann sollte man unbedingt die Sache begraben und den Schaden bezahlen, auch wenn der andere noch so eindeutig schuld war. Uns rammte beim Parken in Ankara ein Omnibus. Trotz eindeutiger Sachlage drehten "getürkte" Zeugen und Polizisten die Sache so, daß die Schuld angeblich bei uns lag. Wir mußten vor einem Schnellrichter diese Pseudo-Schuld beschwören, andernfalls hätten wir mindestens 3 Monate auf Sachverständige, ein ordentliches Gerichtsverfahren und unsere eingezogenen Pässe warten müssen.

Generell gilt: Wenn Sie als Ausländer einen Unfall mit oder ohne Personenschaden bauen, halten Sie nach Möglichkeit nicht an, fahren Sie weiter bis zur nächsten Polizeistation, auch wenn die in der nächsten Stadt liegt. Wenn Sie anhalten, können Sie selbst sehr leicht Opfer einer hysterischen Menge werden, die sich in wenigen Augenblicken an der Unfallstelle sammelt. Es findet sich immer ein Aufputscher, der gesehen haben will, daß Sie dem Opfer hinterherfuhren, um es zu überfahren. All das werden Sie nicht verstehen können, niemand wird Ihnen übersetzen. Sie sind, wenn Sie Glück haben, nur das Opfer verbaler Aggressionen, wenn Sie Pech haben, gehen Autoscheiben oder mehr zu Bruch.

Das Beste ist, Unfälle zu vermeiden, Das klingt zwar sehr simpel, Sie können aber einiges tun dazu:

- Defensiv fahren!
- Nach Möglichkeit nie nachts fahren, weil Fuhrwerke, Radfahrer, auch Autos und LKW unbeleuchtet dahinfahren oder entgegenkommen, Menschen und Viecher auf oder an der Straße schlafen.
- Soviel und so oft und so laut wie nur möglich hupen (spendieren Sie auch dem Beifahrer einen Hupenknopf).
- In vielen Ländern Asiens nicht direkt einem anderen Wagen nachfahren, weil Straßenpassanten nicht daran denken, daß so bald ein zweiter Wagen nachkommen könnte.
- Vor unübersichtlichen Kurven hupen, weil in den Augen vieler Einheimischer Kurven nur geschnitten werden können.
- Niemals auf so lächerlichen Rechten wie Vorfahrt bestehen: Vorfahrt hat grundsätzlich der Größere.
- Ein entgegenkommender und überholender LKW oder Omnibus wird Ihretwegen ungern die Geschwindigkeit reduzieren; sicherer ist, wenn Sie auf die Bremse steigen oder notfalls in die Büsche fahren.

- LKWs sind meist überladen, bei nur geringer Schräglage kippen sie um; daran sollten Sie denken, wenn Ihnen ein Truck in Straßen- oder Kurvenmitte entgegenkommt.
- Allen Verkehrsampeln mißtrauen, ROT gilt in den meisten Länder nur für den, der es nicht besonders eilig hat.
- Lassen Sie dem anderen auch eine Chance: wenn einer auf Ihrer Fahrbahn entgegenkommt, denken Sie daran, daß er keine Bremsen haben könnte, daß die Lenkung versagt oder daß er in eine Einfahrt auf Ihrer Seite (die aber hinter Ihnen liegen mag) einbiegen will.
- Glauben Sie nie, daß auf autobahnähnlich ausgebauten Straßen die Überholspur nur dem Überholen dient; dort können Ihnen jederzeit ganze Kolonnen LKW, Busse, PKW und Ochsenkarren entgegenkommen.
- Fahren Sie keine Hochgeschwindigkeits-Rallye, mit z.B. 80 km/h hat man mehr Muße zum Sehen und zum Bremsen.
- Der Übergang vom Rechts- zum Linksverkehr und umgekehrt (z.B. Iran/Pakistan) fordert immer wieder Opfer. Da hilft nur Konzentration und auch das Mitdenken der Beifahrer, die den Fahrer rechtzeitig an die richtige Straßenseite erinnern können.

8.3 Fahrtechnik

Nicht wenige Leute haben sich für viel Geld einen neuen Motor z.B. nach Indien schicken lassen müssen, weil sie den alten ganz schlicht kaputt gefahren hatten. Es gibt ein paar sehr einfache Möglichkeiten, einen Benzinmotor frühzeitig zu verschleißen.

In vielen Ländern wird nur schlechtes Benzin mit niedriger Oktanzahl angeboten, das einen normalen Motor immer wieder zum "Klingeln" animiert. Man sagt, daß 10 km mit klingelnden Kolben dem Motor mehr Schaden zufügen als ein paar tausend km mit gutem Benzin. Während bei gutem Benzin eine kontinuierliche Verbrennung den Kolben in Richtung Kurbelwelle treibt, entzündet sich schlechter Brennstoff von selbst, noch bevor die Zündkerze den Funken an's Gemisch legt. Diese Selbstentzündung artet zur Explosion aus, alle beteiligten Teile - Kurbelwelle, Pleuel mit Lagern, Kolben - werden übermäßig beansprucht.

Klingeln läßt sich geringfügig reduzieren durch Zurückstellen der Zündung (um wenige Grad nur, sonst wird der Motor zu warm). Es gibt im Zubehörhandel Zusätze, welche die Eigenschaften von schlechtem Benzin verbessern, man muß jedoch große Vorräte mitschleppen. Aber auch schonende Fahrweise kann weitgehend das Klingeln verhindern: nie voll und vor allem nicht im niedrigen Drehzahlbereich beschleunigen, den Motor immer möglichst auf ca. 3000 U/min oder mehr halten, rechtzeitig zurückschalten. Weil in größeren Höhen die Verdichtung nachläßt, hört auch das Klingeln je nach Motor und Benzin ab 1200 - 1500 m Höhe auf.

Bei der luftgekühlten VW-Maschine muß man sich mit der Öltemperatur beschäftigen. Laut Werksangabe darf das Öl nicht wärmer als 130 Grad werden. Auf Straßen, auf denen man einigermaßen zügig fahren kann, ist diese Grenze in heißen Gegenden bald überschritten. Wer seinen Motor schonen will, wirft stets ein Auge aufs Ölthermometer und legt Kühlpausen ein, wenn die Temperatur zu hoch ist (oder baut sich einen zusätzlichen Ölkühler ein). Bei uns stellte sich heraus, daß die Temperatur nicht zu schnell unzulässig stieg, wenn wir die Maschine im Drehzahlbereich um 3000 U/min hielten.

Die Straßen der Dritten Welt sind nicht immer die besten. Durch forsche Fahrweise auf den üblichen Holperstrecken lassen sich Federpakete, Stoßdämpfer und die Hinterachsgelenke leicht aufarbeiten. Bei den etwas älteren VW-Busmodellen liegt das Lenkgetriebe recht exponiert, was bei Geländefahrten wehtun kann. Überhaupt kann der relativ lange Überhang des Vorderwagens im Gelände Schwierigkeiten bereiten. Steile Hänge muß man häufig schräg angehen.

Im Hochgebirge ab etwa 3000 m beginnt sich der Leistungsverlust infolge der Höhe (ca. 1 % pro 100 m Höhe) bemerkbar zu machen. Steile Pässe müssen mit soviel Schwung wie nur möglich angegangen werden; und diese Schwungenergie sollte man versuchen bis hinauf zu halten; d.h. rechtzeitig zurückschalten und lieber mal ein Stück im 1. Gang bleiben, um die Kraftpause beim Schalten zu vermeiden. Wir haben zweimal erlebt, daß 70-PS-VW-Busse an Pässen versagten, die wir ohne Mühe schafften. Das mag an etwas ungünstigeren Drehmomentverhältnissen gelegen haben, überwiegend jedoch an falscher Fahrtechnik.

Flußdurchfahrten stellen häufig die spannende Würze in einem Globetrotter-Alltag dar. Trotz aller Erkundungsgänge bleibt immer ein Restrisiko, weil tiefere Flüsse meist so trübe sind, daß man nicht auf den Grund sieht. Wir haben die tieferen Furten immer sehr genau untersucht, haben den lokalen Verkehr - falls im Laufe der Wartezeit überhaupt existent - beobachtet und durch "Begehen" der Furt die Tiefenverhältnisse und die Lage von dicken Steinen oder Sandbänken herauszufinden versucht. Bei einigen kritischen Durchfahrten schleppten wir eine Seilwinde (eine einfache Bootswinde) und Abschleppseile ans andere Ufer, um zur Not eingreifen zu können; allerdings gab es in der Gegend auch weit und breit keinen anderen Verkehr, auf dessen Hilfe wir hätten warten können. Auch betonierte Furten haben ihre Tücken: dort wo die Flut am tiefsten und trübsten ist, können ganze Betonplatten fehlen.

Für längere und tiefere Furten muß man den Auspuff per Schlauch nach oben legen, um die Abgase loswerden zu können (sonst Leistungsverlust bis zum Absterben) und auch um zu verhindern, daß beim abgestorbenen Motor Wasser durchs gerade offene Auslaßventil dringt und den Zylinder füllt. Ein solchermaßen buchstäblich abgesoffener Motor ist blokkiert, das Wasser läßt sich nur durch Herausnehmen der Zündkerze wieder auspusten (brutale Anschleppversuche zerstören den Motor!). - In ganz tiefen Gewässern muß auch noch der Vergaserlufteinlaß hochgezogen und die Zündanlage gegen Wasser geschützt werden. Aber dann steht vermutlich auch der Wohntrakt unter Wasser.

Fahren im Sand ist ein spannendes, häufig auch ein anstrengendes Erlebnis. Der geübte Sandfahrer erkennt Weichsandstellen rechtzeitig, schaltet blitzschnell in immer kleinere Gänge, um mit möglichst viel Schwung und Kraft durch die häufig nur 20 - 50 m langen Stücke zu kommen. Bleibt man dennoch stecken, dann muß der Wagen entweder auf Sandbleche gefahren oder, wenn das nicht mehr geht, gehoben werden. Dann schiebt man die Bleche - am besten sind gelochte Leichtmetallbleche - unter die Antriebsräder und - falls vorhanden - zwei weitere Bleche vor die nicht getriebenen Räder. Diese kurze Anlaufstrecke genügt gewöhnlich als Startbahn.

Sehr vorteilhaft sind breite, möglichst profil-lose Reifen im Sand. Normalreifen kann man verbreitern, indem man Luft bis auf 0,8 - 1 Bar abläßt. Dieser Trick hilft durch so manche Weichsandstelle.

Verminderter Luftdruck - nach unseren Erfahrungen etwa 25 - 40 % weniger als normal - macht sich auch auf dem nervtötenden Wellblechpisten vorteilhaft bemerkbar. Die Stöße von den Wellblechkämmen werden schon ein bißchen im Reifen abgefangen, die Rüttelei vermindert sich merkbar. Der Nachteil ist, daß größere Steine bis auf die Felge durchschlagen können.

Schlamm- und Morastfahrer benutzen Schneeketten. Durch geschicktes Timing entgingen wir fast allen Regenzeiten und konnten auf diesem Gebiet kaum Erfahrungen sammeln. Schneeketten gehörten jedoch zu unserer Ausrüstung.

Zum Schluß noch ein Tip. Auf den einspurig asphaltierten Straßen Indiens bleibt immer der Größere auf dem Asphaltband. Bei entgegenkommenden LKW müssen Sie runter in den Dreck oder Schlamm am Rand. Aber: bei den entgegenkommenden PKW sind Sie der Größere. PKW-Fahrer versuchen Sie auszutricksen, indem sie scheinbar frontal auf Sie zuhalten, im allerletzten Moment verschwinden sie dann durch einen Schleuder-Schlenker vom Asphalt; das ist immer ein Spiel der stärkeren Nerven.

8.4 Fahrpläne

Wir reisten drei Monate mit der glücklichen Gewißheit, viel Zeit zu haben und uns treiben lassen zu können. Plötzlich stellten wir fest, daß wir bei diesem zwanglosen Tempo bald in die indische Regenzeit geraten würden, und daß wir dann 10 Jahre auf Achse sein müßten, um alle Ziele anzulaufen (was wir auch gern getan hätten, jedoch sprach das Bankkonto dagegen).

Daraufhin setzten wir uns zu den bereits anvisierten Zielen auch Termine. D.h. wir versuchten abzuschätzen, welche Fahrzeiten wir benötigen würden, wie lange wir jeweils bleiben wollten und gaben Zuschläge für besondere Überraschungen. Ein zunächst angenommenes Wochenraster erwies sich als zu grob, wir gingen schließlich dazu über, Tagesstrecken für Wochen oder Monate im Voraus festzulegen. Solche Ideen mögen wohl typisch für einen Ingenieur sein. Aber in einer Zeitspanne, die durch ein vorhandenes Betriebsvermögen bestimmt ist, möglichst Vieles sehr intensiv erleben zu wollen, das setzt schon fast einen EDV-reifen Optimierungsprozeß voraus. Die Früchte dieser Detail-Planung sahen wir immer wieder: andere mußten ganze Abschnitte auslassen, weil es ihnen an einem Platz zu lange zu gut gefallen hatte.

Solche Fahrpläne hängen natürlich von den ganz persönlichen Interessen der Beteiligten ab. Aber sehr bald werden Sie eine Art Gefühl dafür entwickeln, wie lange Sie sich eine Sehenswürdigkeit anschauen oder unter einer Palme am Strand glücklich sein möchten. Diese Erkenntnisse müssen in die Planung einfließen; sicher werden Sie manchmal dem Plan ein Stück voraus sein, manchmal hinterher. Aber Sie können jetzt ziemlich genau feststellen, ob Sie langfristig gesteckte Ziele zur richtigen Zeit erreichen werden.

8.5 Logbuch

Reise-Zeit bedeutet bei uns, daß alle Sinne gespannt sind und daß wir für jede Neuigkeit aufnahmefähig sind. Manchmal betreiben wir heute das Spiel, uns an einzelne, willkürlich herausgegriffene Tage aus den über 1000 Tagen der Weltreise zu erinnern - meist mit Erfolg, manchmal kommen Zweifel. Dann schlagen wir im Tagebuch nach.

Es spricht sehr viel dafür, ein Reise-Tagebuch zu führen. Eine solche Aufgabe bietet die hervorragende Möglichkeit, die vielfältigen Eindrücke und Geschehnisse eines Tages zu überdenken, sie zu ordnen und schließlich, sie auch besser zu behalten. Trotzdem sind unsere 10 dicken Tagebücher bereits jetzt zu einem Nachschlagewerk geworden, dem wir auch ganz trockene Informationen wie den Namen einer Reparaturwerkstatt o.ä. entnehmen können. - Wir machten die Erfahrung, daß sich am besten DIN A5 Ringordner eignen. Allerdings muß man genug Papiervorrat mitnehmen, weil viele Länder angelsächsische Papierformate verwenden.

An unsere Freunde in Deutschland schrieben wir regelmäßig "Rundbriefe", die von Empfänger zu Empfänger weitergereicht wurden. Auch das muß organisiert werden, bei mehr als 8 - 10 Teilnehmern in einer Kette kommt es zu unerfreulich langen Laufzeiten.

Neben dem Tagebuch gewöhnten wir uns an, in einem Logbuch täglich den Übernachtungsort und km-Stand zu notieren, auch das ist nach der Reise eine wertvolle Daten-Quelle. Ein Tankbuch für das Auto halten wir für unbedingt wichtig, weil aus der Kontrolle des Spritverbrauchs wichtige Informationen über Motorzustand etc. zu gewinnen sind.

8.6 Starke Nerven an Grenzen

Grenzen sind Greuel. Außerhalb Europas feiert die heilige Bürokratie wahre Begeisterungstänze an Grenzstationen. Der Beamte hinter dem Schalter verkörpert die volle Souveränität des neuen Landes, er läßt meist keinen Zweifel daran aufkommen. Je kleiner und unbedeutender ein Staat, umso mehr plustert er sich bei der Einreise auf. Es ist ein Wunder, daß so wenige Grenzbeamte auf der Welt verprügelt werden. Wir könnten Bücher mit Geschichten über arrogante, dumme Grenzer füllen, deren ganze Freude es war, die einreisenden Einzeltouristen zu demütigen.

Aber man ist den Herrschaften schutzlos ausgeliefert. Die bittere Erkenntnis von über 100 Grenzübertritten ist, daß man mit opportunistischem Geschwätz, eiserner Ruhe und betonter Freundlichkeit viele Nerven und ebenso viel Zeit spart. Wenn Sie sich per Kleidung das Aussehen von Geschäftsleuten geben, mag das häufig die Prozedur beschleunigen (bei der Einreise nach Ceylon mußte jeder von uns jeansbekleideten Bärtigen einen Mindestbetrag an Geld nachweisen, ein völlig abgebrannter Globetrotter, der Geld in Colombo erwartete, ging bei tropischen Temperaturen in Anzug und Krawatte ohne jede Frage wie ein König an Land).

Eine Schikane besonderer Art haben sich mittelamerikanische Grenzer ausgedacht. Jede Abfertigung außerhalb der Bürozeit muß Handgriff für Handgriff bezahlt werden. Das gilt auch für die 2 Stunden lange Siesta in der Mittagszeit. Trotz bester Zeitplanung gerät man sehr schnell in das feingesponnene Netz: die Beamten verstehen eine Abfertigung so hinauszuzögern, daß am Ende doch die Sondergebühren fällig sind.

Achten Sie darauf, daß alle Ihre Papiere richtig ausgefüllt wurden (besonders das Carnet); wir haben Fälle erlebt, in denen Leute bei der Ausreise an die Einreise-Grenze zurückgeschickt wurden, weil ein Stempel fehlte. - Meistens sind Formblätter in mehrfacher Ausfertigung auszufüllen; wenn Sie Kohlepapier und Kugelschreiber mit in die Station nehmen, ersparen Sie sich viel Arbeit. - Schauen Sie vor der Ausreise nach, ob Ihre Impfungen erneuert werden müssen, Sie könnten sonst im neuen Land in Quarantäne geschickt werden.

8.7 Auto-Service

Mit Ihrem Camper sind Sie auf Gedeih und Verderb verbunden; selbst wenn Sie keine Lust mehr zum Autofahren haben, werden Sie das Fahrzeug nicht einfach irgendwo zurücklassen können, spätestens an der Grenze müssen Sie es vorweisen. Aber die Gefühle entwickeln sich meist umgekehrt, die Bewohner verfallen in heftige Zuneigung und können sich auch am Ende der Reise nur schwer von dem Gefährten trennen. Auf der anderen Seite fordert der Gefährte - wie jede Liebe - Aufmerksamkeit und Pflege. Man sollte daher dem Wagen täglich ein paar Minuten widmen:

- Blick auf den Motor: ist der äußerliche Eindruck o.k.?
- Kontrolle des Ölstandes
- Luftdruck aller 4 Reifen überprüfen.

Bei Pistenfahrten kommt es zu den täglichen Routinen:

- Luftfilter nachschauen und nötigenfalls reinigen
- Wichtige Schrauben (Stoßdämpfer z.B.) auf festen Sitz kontrollieren
- Staub und Schmutz aus dem Kühlsystem entfernen, z.B. mit Staub verklebte Ölwanne der besseren Kühlung wegen säubern (dabei auf Leckstellen achten).

Man wird sich zumeist täglich gezwungen sehen, die Windschutzscheibe zu säubern. Dazu empfehlen sich ein Mückenschwamm, ein Scheibenreiniger mit Gummilippe und Wassertank im Griff und ein Fensterleder.

Alle anderen Arbeiten am Wagen sind vom Kilometerstand abhängig. Man sollte zumindest den Ölwechsel und das Abschmieren in kürzeren Intervallen als vom Hersteller angegeben vornehmen, weil neben der höheren Belastung Öl und Fett zusätzlich durch den Staub verunreinigt werden. Auch weiß man nicht, wie gut das auf einem Bazar erworbene Öl ist (nehmen Sie nie aus offenen Behältern abgefülltes, untersuchen Sie die Dosen, ob sie nicht geöffnet und mit gebrauchtem Öl neu gefüllt wurden). Für Abschmierfett dürfte sich die Mehrausgabe für Fett auf Lithiumbasis lohnen.

Sie sollten sich unterwegs nicht so sehr auf Werkstätten für den üblichen Service verlassen. Zwar sind die Löhne gering, aber in vielen Fällen entspricht das Ergebnis nicht gerade den Anforderungen: nach unserem ersten Werkstattbesuch in Indien war weder ein einziges Ventil noch die Zündung richtig eingestellt.

Sie sollten daher zumindest die Arbeiten genau überprüfen oder sie, besser noch, selbst machen können. Aus der Service-Anleitung Ihres Wagens gehen die notwendigen Arbeiten hervor, sollten dort unverständliche Codes verwendet sein, so müssen Sie sich von Ihrer Werkstatt eine Übersetzung geben lassen. Machen Sie sich aus diesen Angaben eine übersichtliche Liste, die sie unterwegs jeweils abhaken.

Denken Sie daran, daß auch der Lack Ihres Wagens einer wesentlich höheren Beanspruchung durch Staub und Sonne ausgesetzt ist. Tausende Neugierige werden Fingerabdrücke (die sich als Fettschicht rund ums Auto ablagern) hinterlassen, werden ihre Nasen an den Scheiben platt- und ausdrücken. Neben einem guten Waschmittel sind Lackpflegemittel und deren Anwendung nötig. - Spröde werdende Dichtungsgummi lassen sich mit Glycerin (aus der Apotheke) wieder geschmeidig machen.

8.8 Verschiffen

Das Auto per Schiff zu transportieren ist immer teuer und riskant. Innerhalb eines halben Jahres fielen z.B. im Hafen von Penang zwei Camper aus dem Kran. Deswegen schauen Sie sich vorher Kabel und Seile an.

Bei den wenigen Linien, die heute noch im Liniendienst Passagiere befördern, gilt das Auto als eine Art Handgepäck. Es ist dann relativ billiger. Frachtschiffe hingegen stellen Ihnen eine Rechnung für das maximale Volumen aus, daher überstehende Teile wie z.B. Stoßstangen abmontieren.

Trotz ständig steigender Frachtraten wird es immer schwieriger Schiffe zu finden, die Autos und Globetrotter transportierten. Containerschiffe setzen sich überall durch, auf diesen bleibt für Autos und Passagiere kein Platz. Es ist daher kaum möglich, jetzt und an dieser Stelle Linien, Fahrpläne oder gar Preise zu nennen, die auch nur für kurze Zeit

Gültigkeit besitzen. Leider müssen Sie sich selbst auf die Suche nach aktuellen Möglichkeiten machen; hilfreich sollten Ihnen dabei die Angaben in Kap. 2.2 sein. Wenn Sie keine Linienverbindung finden, so gibt es häufig die Chance, auf ein sog. Trampschiff zu warten. Diese Schiffe fahren nicht regelmäßig bestimmte Routen ab, sondern richten sich nach dem aktuellen Bedarf.

Sie werden heute ein Schiff in der gewünschten Richtung praktisch erst dann finden, wenn Sie in einer Hafenstadt ankommen und die einschlägigen Agenturen abklappern. Planen Sie daher Ersatzziele in der näheren Umgebung der Hafenstadt ein, um längere Wartezeiten überbrücken zu können.

Warnen müssen wir vor den Dockarbeitern rund um die Erde. Zum Verladen müssen Sie das Fahrerhaus Ihres Wagens offenlassen, und diese Gelegenheit nutzen Docker gern, um ein paar handliche Dinge wie Autoradios oder ähnliches mitgehen zu lassen. Eine fest verschließbare Tür zwischen Fahrerhaus und Wohntrakt empfiehlt sich schon daher. Lassen Sie trotzdem Ihren Camper nie aus den Augen bis er im Schiffsbauch am endgültigen Stauplatz verschwunden ist; und umgekehrt natürlich. Auf dem Schiff wird normalerweise der Wagen verschlossen, der Schlüssel beim Lade-Offizier aufbewahrt. - Für Leute, die im Roll-on/Roll-off-Verkehr in die USA verschiffen: Lassen Sie nicht eine einzige wertvolle Sache im Auto, diese Strecke ist besonders gefährlich.

Die Schiffsfracht können Sie natürlich versichern, aber die Prämien sind den Risiken angepaßt, d.h. sie belasten eine Globetrotter- Kasse sehr. Der Schiffsagent nennt Ihnen Versicherer.

Erkundigen Sie sich vor dem Buchen auch nach den Hafengebühren Ihres Zieles. Es kann durchaus sein, daß ein Hafen im Nachbarland günstigere Konditionen in Bezug auf Hafen- und Zollgebühren bietet.

Das hier Gesagte gilt nicht für reine Fährschiffe, auf die Sie direkt und selbst fahren und die Sie nach kurzer Zeit wieder verlassen (z.B. Mittelmeer, Skandinavien).

Wenn Sie die Seereise-Kosten durch Arbeiten an Bord verringern wollen, so müssen Sie sehr viel Glück haben, einen solchen Job überhaupt zu finden. Ohne Seemannspatente geht es nur als sog. Überarbeiter, im See-Slang Robber genannt. Es ist ein blutigharter Job: der Tag an See dauert mindestens 10 Stunden, den Samstag als Zugabe inbegriffen. Man wirkt als Putzer, Rostklopfer, Anstreicher oder Farbabreiber und bekommt als Lohn die kräftige Seemannskost und die freie Überfahrt. Es gibt trotzdem nur noch ganz seltene Gelegenheiten dieser Art. Fragen Sie nicht die ortsansässige Agentur der Linie, die wimmelt nur ab. Fragen Sie, wenn das Schiff eingelaufen ist, den Kapitän, nur der ist kompetent.

9. Das Ende einer langen Reise: Rückkehr

Das schlimmste Erlebnis unserer Reise war die Rückkehr nach Deutschland. Im Spiegel des Heimatlandes erkennen Sie plötzlich, wie sehr Sie sich verändert haben. Ihre alte Umgebung verharrte im eingefahrenen Geleise, es gab keine tiefgreifenden Änderungen.

Sie hingegen waren vogelfrei, jedem Angriff preisgegeben. Sie lebten täglich äußerst aktiv, mit geschärften Sinnen, wachem Verstand, 24 Stunden am Tag herausgefordert. So kommen Sie zurück, hellwach und voller innerer Spannung. Aber dann trifft Sie die Mittelmäßigkeit des industrialisierten Alltags. Ihren Nerven fehlt plötzlich die tägliche Portion Reiz, weil hier das Risiko gleichermaßen verteilt, reglementiert ist. Diese Erfahrung tut weh.

Die große Frage stellt sich meist sofort: welcher Arbeitgeber honoriert Allgemein- und Persönlichkeitsbildung, die Sie unterwegs erwarben. Das Gegenteil scheint eher der Fall zu sein. Jedoch, wenn Sie Motive und Erfolg Ihrer Reise richtig darstellen, stoßen Sie bei erstaunlich vielen Leuten auf Verständnis.

Über ein publizistisches "recycling" Ihrer Reise-Investitionen sollten Sie sich vor falschen Illusionen bewahren. Der Markt ist übervoll, es gibt sogar von dem langweiligsten Winkel der Erde Meisterfotos. Als Sensation können Sie höchstens noch eine Besichtigungsfahrt durchs russische Atomforschungszentrum verkaufen.

Ein Tip zum Schluß. Wenn Sie schon nach Deutschland zurückkehren müssen, so legen Sie Ihre Ankunft in den Sommer. In all dem Unglück auch noch kalten Dauernieselregen ertragen zu müssen - wie es uns im November/Dezember passierte - das geht bis hart an die Grenze der Belastungsfähigkeit.

Teil III

Die optimale VW-Bus-Einrichtung

Beschreibung, Ausbau-Anleitung, Tricks

10. Grundsätzliches

10.1 Vorbemerkungen zu Arbeit und Material

Heute bieten zahlreiche Hersteller diverse Einrichtungs-Varianten speziell für den VW-Bus an. Warum soll man da noch zu Hammer und Säge greifen und alles selbst machen? Für uns gibt es einen einzigen Grund: Keins der angebotenen Modelle kommt auch nur annähernd unseren Vorstellungen entgegen, weder von der Raumaufteilung, noch von der Stabilität her. Bei unserer zweiwöchigen Synchro-Bus-Testreise in der Sahara mit der Einrichtung eines renommierten westfälischen Herstellers brach - konstruktionsbedingt - der Küchenschrank teilweise zusammen, fiel die Wasserversorgung aus und einiges mehr. Auch setzte uns die Volumenverschwendung in Erstaunen. Diese Erfahrungen festigten uns wieder in der Überzeugung, für unsere Zwecke die Einrichtung selbst bauen zu müssen.

Dennoch sollten Sie sich den Selbstausbau Ihres Campers nicht nur einmal, sondern mehrere Male überlegen: a) ob Sie es überhaupt tun - denn eventuell wird eine gekaufte Einrichtung billiger und besser - und b) wie Sie es tun. Investieren Sie viel Zeit in eine detaillierte Planung. Jedes Stück, das Sie wegen falscher Maße oder schlechter Kompromisse erneut anfertigen müssen, kostet Geld und Zeit. Auf der anderen Seite ist der Ausbau deshalb eine interessante Erfahrung, weil man sich dauern zu praktikablen Kompromissen durchringen muß und weil man am Ende etwas Greifbares und Benutzbares geschaffen hat.

Sie brauchen ein Minimum an Erfahrung im Umgang mit Holz und Blech und Sie benötigen einen guten Heimwerker-Maschinensatz, weil Sie viele Schnitte nach Schablone anfertigen und unzählige Löcher in Ihr Auto bohren müssen. Fehlendes Geschick müssen Sie durch Fleiß und Durchhaltevermögen ersetzen (so ging es mir trotz Ausbaus von zwei VW-Bussen); wenn ein Scharnier schief angeschraubt ist und die Tür klemmt, erfordert das ganz einfach Mehrarbeit, entweder gerade anschrauben oder abhobeln.

Daher wendet sich diese Bauanleitung an "Fach-Laien", die sich selbst zu helfen wissen. Leute, die eine Anleitung brauchen: "Und nehmen Sie die Säge in die rechte Hand, bewegen Sie das Blatt auf dem Holz ...", solche

Menschen sind mit dem Ausbau eines Campers überfordert. Weiterhin ist wichtig, daß Sie sich über die rechtlichen Konsequenzen Ihres Tuns im Klaren sind und die einschlägigen Vorschriften beachten, vor allem die Richtlinien über "Flüssiggasgeräte und -feuerstellen in Fahrzeugen" des Deutschen Vereins des Gas- und Wasserfaches. Der TÜV Bayern hat ein Merkblatt zum Wohnmobilausbau herausgebracht.

Als Kompromiß wäre auch zu überlegen, fertige Bausätze anzuschaffen oder nur Teile davon. Eine ganze Reihe von Firmen bietet verschiedene Variationen von VW-Bus-Möbeln und jedes erdenkliche Zubehör für den Bastler an. Adressen finden Sie im Anzeigenteil einschlägigen Zeitschrften (tours, promobil, Off Road, ADAC-Motorwelt etc). Auch die Expeditionsausrüster bieten interessantes Zubehör an.

Die Maßangaben unserer Abbildungen sind reine Außenmaße, Sie müssen sich die Abmessungen der einzelnen Teile je nach Holzstärke und Modifikationswünschen selbst errechnen; das kostet nicht viel Zeit, aber den Kompromiß für die Größe von Möbelstücken auszuknobeln, das ist sehr viel aufwendiger.

Die Frage ist, welches Material man für die Möbel verwenden sollte. Entscheidend sind einmal Stabilität und Gewicht, zum anderen die Verarbeitungsmöglichkeiten. Skelettbauweise erspart das meiste Gewicht: auf einem Rahmen aus Holzlatten werden Sperrholzplatten befestigt oder auf Metallrahmen Aluminiumplatten oder ein Mischmasch aus beidem. Z.B. lassen sich für diesen Zweck Winkelschienen für Kellerregale bestens verwenden. Unterhalten Sie sich mal mit einem Schreiner, welche Tips er Ihnen gibt. Bedenken Sie aber bei der gesamten Konstruktion, daß Ihre Einrichtung Rütteleien, Verwindungen, Temperaturen- und Feuchteschwankungen ausgesetzt ist.

Bei dem Küchen- und Kleiderschranktrakt entschieden wir uns für das schwerste Baumaterial: für 13 mm dicke, doppelseitig kunststoffbeschichtete Preßspanplatten. Obwohl Experten meinten, daß sich Schraubverbindungen lockern würden, haben wir gute Erfahrungen damit gemacht. Doch Spanplatten haben einen ganz entscheidenden Nachteil: sie sind zu schwer. Wir haben sicherlich 50 - 80 kg mehr Gewicht in den Wagen gebaut als notwendig war; andererseits hat die beidseitige Kunststoffbeschichtung große Vorteile.

In unserem neuen Bus findet sich tatsächlich nur mehr Sperrholz, und zwar so dünn wie möglich. Entgegen den im Wohnmobilbau üblichen Material, nämlich 16 mm Pappelsperrholz, haben wir uns bis auf wenige große Flächen für Gabun entschieden, Stärke zwischen 6 und 10 mm. Gabun ist nicht so stoßempfindlich wie Pappel-Sperrholz, das man mit dem Fingernagel bereits einritzen kann.

Nachteilig an diesen dünnen Sperrhölzern ist, daß man sie noch oberflächenbehandeln muß. Wir entschieden uns zum Klarlack, dabei muß man generell bei der Konstruktion aufpassen, daß die Maserung immer in einer Richtung verläuft, sonst gibt es später infolge von Lichtreflexionen stark unterschiedliche Tönungen. Weiterhin ist das Lackiern außerordentlich arbeitsintensiv: Jede Fläche muß geschliffen, vorgestrichen, dann noch einmal fein säuberlich geschliffen und schließlich eine weiteres Mal gestrichen werden (im neuen Bus haben wir bisher knapp 10 Liter Lack verpinselt). Eine Alternative, von der wir zu spät erfuhren, ist das Einwachsen mit Bienenhonig; allerdings haben wir keinerlei Erfahrungen.

Bevor Sie sich nun an die Arbeit machen, sollten Sie Ihr Fahrzeug innen sehr gründlich vermessen und von Krümmungen (soweit jetzt schon möglich) Schablonen aus starker Pappe oder 10 mm Styropor anfertigen. Sie werden sicherlich Roststellen im Innenraum gründlich beseitigen und den Fußboden eventuell neu streichen. Alle Eisenteile, die Sie einbauen werden, sollen geschützte Oberflächen haben, also z.B. mindestens vernickelte Schrauben etc.

Alle Argumente, warum was eingebaut wurde, gehen aus Teil II dieses Handbuchs hervor, sie sind im Folgenden nicht wiederholt.

In den Kapiteln 10 und 11 ist die Einrichtung für einen VW-Hochraumbus älterer Bauart (Modelle 1968 - 1979) beschrieben. Diese Einrichtung kann sehr einfach für einen Normalbus modifiziert werden, was aus Kapitel 12 zu entnehmen ist. Kapitel 13 geht dann auf den VW-Bus ab Baujahr 1979 ein, so daß praktisch die gesamte Palette der derzeit (Anfang 1989) herumfahrenden VW-Transporter-Typen abgedeckt ist.

10.2 Überlegungen zur Raumeinteilung

Der VW-Bus bietet zwei grundsätzliche Möglichkeiten der Raumaufteilung. In der ersten Version legt man das Bett auf den Motorraum, d.h. von der Heckklappe aus nach vorn. Bei der zweiten Version liegt das Bett zwischen den Vordersitzen und dem Motorraum, es füllt also im aufgebauten Zustand den gesamten Aufenthaltsraum. Diese Variante ist zwar viel einfacher herzustellen, sie hat aber soviele Nachteile (Küche muß auf den Motorraum; wenn das Bett aufgebaut ist, bleibt kein Platz z.B. für's Waschen etc.), daß sie auch kommerziell kaum noch angeboten wird. Reden wir also nicht mehr davon.

Eine andere Alternative für das Bett wäre das Dachgeschoß. Dort oben ist maximal eine Bettbreite von 1,20 m möglich, weiterhin liegt man bei allen Hochdachmodellen in einem fast beängstigend engen Gehäuse. Lediglich bei Klappdächern ist diese Variante vom Raumvolumen her diskutabel, sofern man sich mit einem schmalen Bett zufrieden gibt. Einen unbestreitbaren Vorteil des Hochbettes wird man täglich erleben: Das Bettzeug muß tagsüber nicht fortgeräumt werden im Gegensatz zu allen anderen Konstruktionen, wo ein Teil des Bettes als Sitzbank verwendet wird.

Das Bett auf dem Motorraum könnte zur Not aus einer einzigen Platte bestehen, die nicht zu einer Sitzbank gefaltet werden kann. Dann bleibt davor immer noch ein Bewegungsraum von ca. 80 x 150 cm. Das ist aber zu wenig, wenn dort noch andere Möbel wie Küche und Kleiderschrank stehen. Trotzdem fahren Anspruchslose mit dieser Einfach-Ausführung durch die Welt.

Wesentlich günstiger ist, wenn das Bett am Tag zur Sitzbank umfunktioniert wird. Dann entsteht der nötige Platz, um eine gut bedienbare Küche, einen Kleiderschrank und ähnliche Dinge zwischen dieser Sitzbank und dem Fahrerhaus unterzubringen. Die Faltmöglichkeit des Bettes erfordert natürlich mechanische Hilfsmittel; Sie sollten möglichst einfache Lösungen für diesen Zweck bevorzugen.

Als nächstes ist für die Küche ein Platz zu suchen. Man kann sie direkt hinter den Fahrersitz stellen, was viele Leute aus mir unerfindlichen Gründen tun. Dann läßt sie sich nicht von draußen bedienen und die Dämpfe ziehen quer durchs Auto bis sie einen Auslaß finden. Steht sie dagegen hinter dem Beifahrersitz direkt an der Schiebetür, entfallen alle diese Nachteile. Man kann die Küche von draußen her bedienen und alle Koch-Geräte stehen griffbereit im Küchenschrank neben der Schiebetür.

Zweifelsohne hat die Variante, die Küche an der der Schiebetür gegenüberliegenden Wand unterzubringen - die heute bei den kommerziellen Herstellern fast zum ausschließlichen Standart geworden ist - den Vorteil, daß davor relativ viel Bewegungsraum bleibt. Das bedeutet andererseits, daß der Kleiderschrank entweder ganz entfällt oder seitlich neben dem Bett angebracht wird und sich die mögliche Bettbreite stark verringert. Vorteilhaft ist allerdings auch, daß man Fahrer- und Beifahrersitz als Drehsitze bestellen kann, die sich in den Wohnbereich umschwenken lassen. Somit ist das Fahrerhaus mehr in den Wohnbereich einbezogen.

Wenn Sie sich den Luxus eines Kleiderschrankes leisten wollen, dann müssen Sie einen Platz dafür finden (viele Globetrotter verzichten darauf und legen die Kleider in Staufächern ab). Eine oft praktizierte Lösung ist der Kleiderschrank z.B. über dem Motorraum, d.h. er nimmt von der maximalen Bettbreite von 150 cm mindestens 20 - 30 cm weg. Ein so schmales Bett ist, besonders in den Tropen, unkomfortabel. Letztlich bleibt also nur der Platz hinter dem Fahrersitz für den Kleiderschrank.

Wenn der Kleiderschrank unter dem Dach beginnt, läßt sich unterhalb des Schrankes im Hochraum-Bus noch einiges unterbringen: z.B. Gasflaschen, Benzinkanister, Küchenvorräte. Alternativ könnte man dort einen Kühlschrank einbauen. - Im Dachgeschoß können mehrere Staukästen untergebracht werden.

Die Einrichtung, wie sie in den folgenden Kapiteln beschrieben wird, ist für zwei Personen konzipiert. Diese Gesamtkonzeption hat den einzigen Nachteil, daß für Gäste im Auto zu wenig Sitzplätze zur Verfügung stehen, außerdem sitzt man nebeneinander auf der Sitzbank. Allerdings hält man sich meist draußen auf, und dort dürfte immer genug Platz auch für Gäste sein.

10.3 Beschreibung der Einrichtung

Die Lösung, das Bett über die 29 cm hohen Stauräume (A) und (B) (siehe Abb. 1 und die entspr. Fotos) zu legen, wurde gewählt, um den Schwerpunkt des Wagens niedrig zu halten (andernfalls hätten gleichgroße Stauräume im Dach untergebracht werden können) und weil sich damit eine einfachere Bettkonstruktion ergab. Das Bett ist dreifach unterteilt: über dem Motorraum deckt es die Stauräume (A) und (B) ab, die Rückenlehne (C) verdeckt das Staufach (F), die Sitzfläche liegt auf der Truhe (E) auf.

Die Sitzbank wird zum Bett umgebaut (siehe auch Abb. 11), indem die Rückenlehne (C) angehoben und die Sitzfläche (D) nach vorn geklappt (gestrichelt gezeichnet) und an dem äußeren Ende in je eine Kette (I) eingehängt wird. Die Rückenlehne (C) stützt sich jetzt auf Stützen ab, die in die Fahrzeugwände eingelassen sind. - Über dem Küchenschrank (N) wurde ein kleines Fach (L) für Kosmetik, Zahnputzzeug etc. angebracht, darüber stehen die Wasserkanister (K), die per Schwerkraft die Wasserhähne versorgen.

Der Küchenschrank (Abb. 5 und 6) beherbergt ganz oben den Gasherd (A), darunter das Waschbecken (B) mit Wasserhahn (E). Das Waschbecken ist in eine Schublade eingebaut, die herauszuziehen ist. Damit spart man viel Platz, trotzdem behindern sich Herd und Waschbecken nicht. Im unteren Teil des Küchenschrankes sind Vorräte und Geschirr untergebracht.

Der Küchenschrank (Abb. 5 und 6) beherbergt ganz oben den Gasherd (A), darunter das Waschbecken (B) nit Wasserhahn (E). Das Waschbecken ist in eine Schublade eingebaut, die herauszuziehen ist. Damit spart man Platz, trotzdem behindern sich Herd und Waschbecken nicht. Der untere Teil des Küchenschrankes, durch den die Abwasserleitung (K) läuft, ist in Staufächer für Küchen-Geräte unterteilt.

Neben dem Küchenschrank befindet sich die "Wasserkiste " (O) - ein Vorratsfach für 3 Wasserkanister -, davor das Safe (P). Man muß also über diese beiden 31 cm hohen Staukästen hinwegsteigen, um ins Fahrerhaus zu gelangen - bei der Höhe des

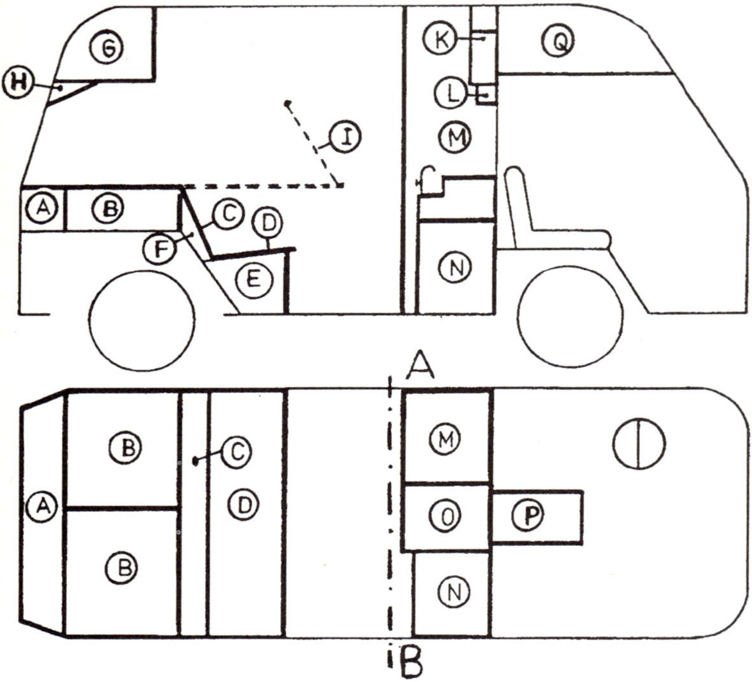

Abbildung 1: Raumeinteilung

Zeichenerklärung zu den Abbildungen 1 - 4:

A,B Stauräume über Motorraum
C Rückenlehne
D Sitzfläche
E Truhe
F Stauraum (Ersatzteile)
G Bett-Stauraum
H Socken-Fach
I Ketten für Kopfteil
K Platz für Wasserkanister
L Kosmetik-Kästchen
M Kleiderschrank
M1 Kleiderschranktür (Tisch)
N Küchenschrank
O Wasserkanister
P Safe
Q Staufächer im Fahrerhaus
R Benzinkanister
S Lebensmittel
T Gasflaschen

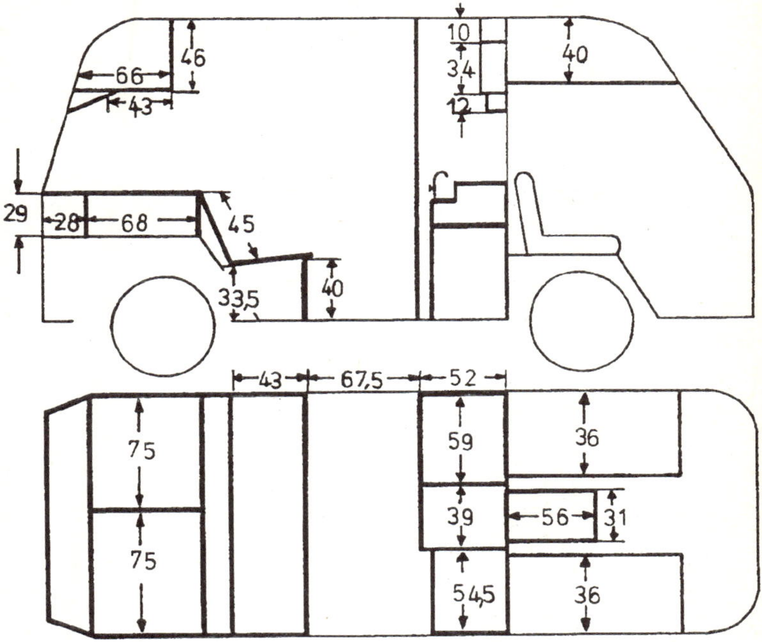

Abbildung 2: Maßangaben

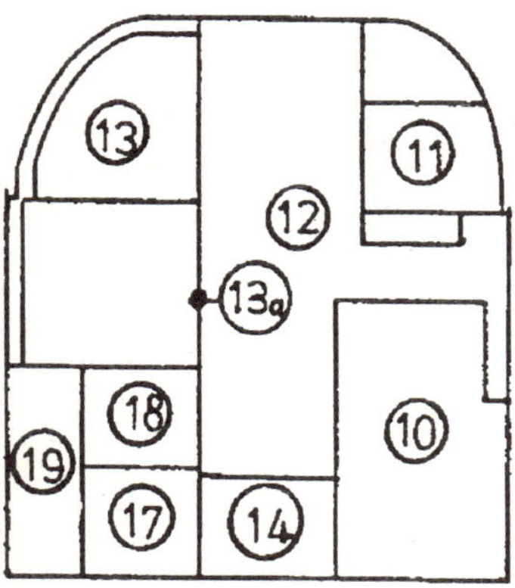

Abbildung 3:
Schnitt A-B, Raumeinteilung

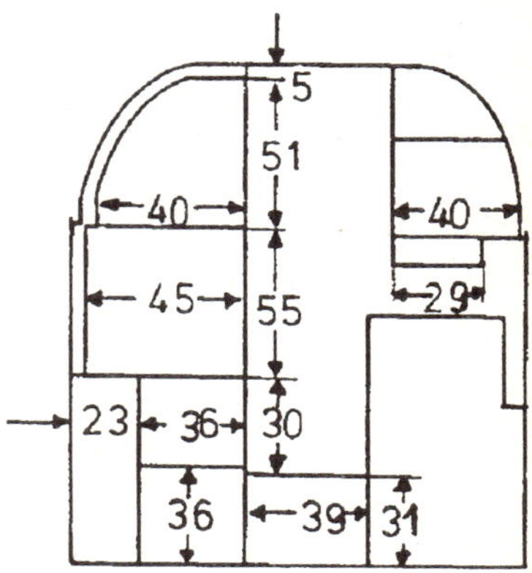

Abbildung 4:
Schnitt A-B, Maßangaben

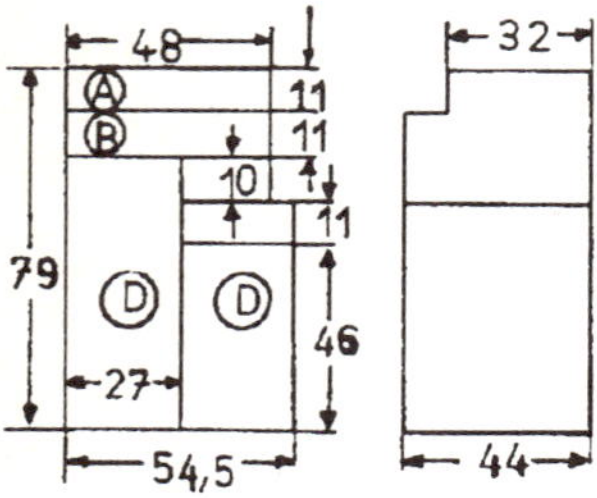

Abbildung 5:
Küchenschrank, Türen geschlossen
A Gasherd
B Waschbecken-Schublade
C Geschirr-Schubladen
D Küchenschranktürenk
E Wasserhahn
F Abdeckung (als Ablage aufgeklappt)

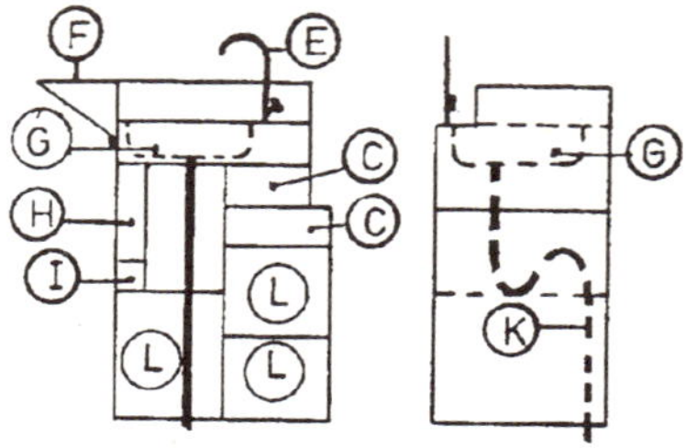

Abbildung 6:
Küchenschrank, Türen geöffnet
G Waschbecken
H Teller
K Tassen
K Abwasserschlauch
L Küchengeräte, Vorräte

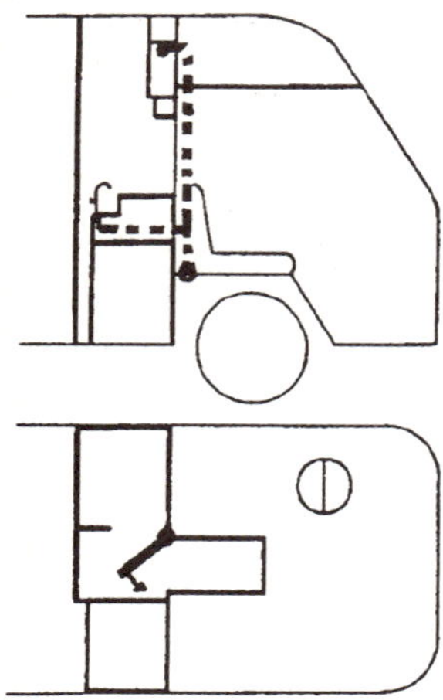

Abbildung 7:
Wasserleitung (oben), Tür Fahrerhaus/Wohntrakt (unten)

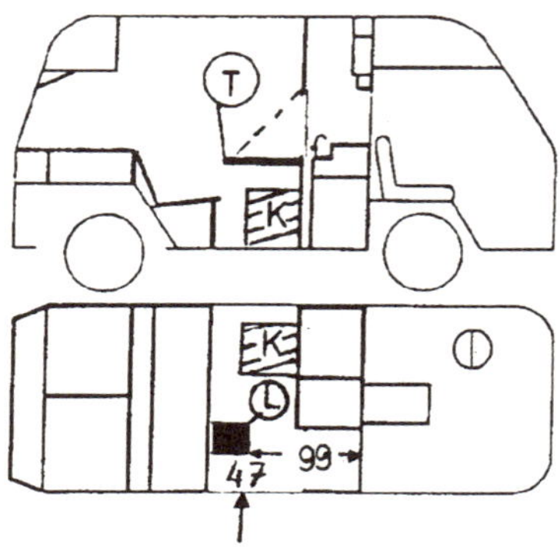

Abbildung 8:
Innentisch (T), Kühlschrank (K), Bodenluke (L)

Wagens kein Problem, jedoch ist der Platz im Durchgang genutzt.

Hinter dem Fahrersitz sind untergebracht (Abb. 3): direkt unter dem Dach anfangend der Kleiderschrank (M), dessen Tür (M1) nach unten zu klappen ist und den Innentisch ergibt (siehe Abb. 8); unter dem Kleiderschrank links das Gasflaschenfach (T), daneben das Fach für 2 Benzinkanister (R), darüber ein Lebensmittelfach (S). Vor Fach (R) steht die Kühlbox K (Abb. 8), die nicht befestigt sondern nur arretiert ist, um sie bei Bedarf abrücken zu können. - Der Vollständigkeit halber muß gesagt werden, daß wir den Trakt unterhalb des Kleiderschranks nach unserer endgültigen Rückkehr nach Deutschland änderten, weil wir dort eine trumatic-e-Heizung einbauten, damit rückte das Gasflaschenfach weiter zur Wagenmitte, die Fächer (R) und (S) entfielen, dafür mußte schließlich auch der Küchenschrank umgebaut werden (fest eingebauter Gasherd mit Waschbecken, keine herausziehbare Spüle mehr).

Im Dachgeschoß ist hinten das große Staufach (G) für Bettzeug und darunter das Fach (H) für Socken etc. untergebracht. Vorn über den Sitzen sind Fächer (Q) für Schreibzeug, Bücher etc. - das "office", wie durch's Fenster schauende Inder immer den staunenden Zuschauern berichteten.

Um den Wohnungstrakt gegenüber dem Fahrerhaus fest verschließen zu können (wegen Verschiffen, Werkstatt etc.), wurde die rechte Seitenwand des Kleiderschrankes teilweise als Tür konstruiert. Abb. 7 zeigt das Prinzip: die Tür ist an der vorderen Kante angeschlagen und schließt den Durchgang (mit Sicherheitsschloß) ab. Weil diese Tür wegen der Sitzrückwände nicht bis zur Höhe des Safes hinunterreichen kann, schiebt man eine in U-Schienen geführte und normalerweise zwischen Safe und Wasserkiste versenkte Tischlerplatte von unten gegen die Tür im Durchgang.

Das gesamte Fahrerhaus und alle übrigen Fenster können mit dichten Vorhängen, die in Plastikschienen laufen, verschlossen werden.

11. Einbauten

11.1 Vorbereitende Arbeiten

A) Fenster

Bevor Sie mit dem Einbau der Möbel beginnen, sind eine Reihe vorbereitender Arbeiten zu bewerkstelligen. Sie werden eine ganze Reihe von Zubehörteilen benötigen, die Sie bei den inzwischen über ganz Deutschland verbreiteten Fachgeschäften bekommen. Anzeigen aller auf diesem Markt tätigen Leute finden Sie in Fachzeitschriften wie promobil, tours, Off-Road, Motorwelt (ADAC) etc. Es lohnt sich sehr, Preise zu vergleichen.

Wenn Sie nicht schon die passenden Fenster werksseitig geliefert bekamen, sollten Sie aus Lüftungsgründen in der Schiebetür und gegenüber je ein Jalousie- oder Klapp-Fenster einbauen. Fenster im den hinteren Seiten des Wagens sind nach unserer Meinung völlig unnötig und stellen nur Wärmebrücken und mögliche Einstiegsluken für Diebe dar.

Zum Einbau eines Fensters gehört nur ein bißchen Mut: Ein Loch in die heilige Karosserie-Wand bohren und den Fensterausschnitt mit einer Stichsäge oder Knapperschere heraustrennen. Der Ausschnitt muß natürlich genau der Größe des Fensters entsprechen. Nach getaner Arbeit setzen Sie das Fenster ein (je nach Art von innen oder von außen) und verschrauben es. Sofern keine entsprechenden Dichtungen mitgeliefert wurden, müssen Sie es mit dauerelastischer Dichtungsmasse sehr sorgfältig abdichten. Achten Sie darauf, daß Ihr Fenster so befestigt ist, daß es der nächste Dieb nicht mit einem simplen Schraubenzieher herausschrauben kann (Schrauben innen vernieten).

B) Ventilation

Lüftungsklappen wie man sie häufig in LKW-Fahrerkabinen sieht, stellen eine relativ einfache, allerdings nicht regensichere Belüftung dar. Wir bauten eine solche Klappe über das Fahrerhaus, sie sorgt für einen kräftigen Luftdurchzug während der Fahrt. Eine weitere derartige Klappe bauten wir in den senkrechten Dachteil über der Küche, dort ist sie einigermaßen regensicher.

Wir suchten zusätzlich nach einer Dachluke, die so groß sein sollte, daß man von innen zum Fotografieren aufs Dach steigen konnte, außerdem wollten wir eine regensichere großflächige Belüftung über dem Bett. Eine

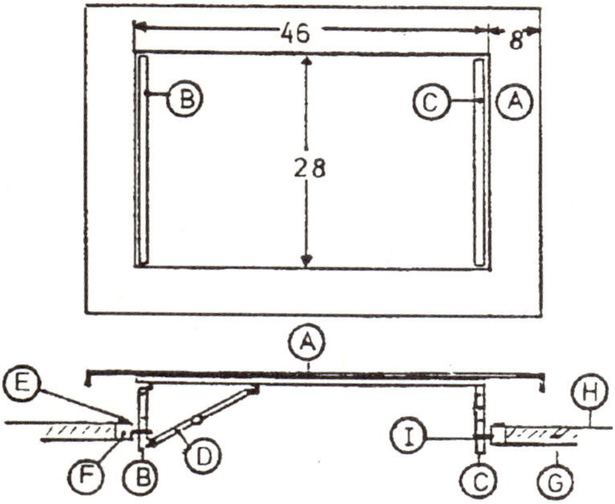

Abbildung 9: Dachluke
A Aluminium-Abdeckkung
B Begwegliche Stütze
C Feste Stütze
D Arretierung
E Dichtung
F Holzrahmen
G Isolierung
H Dach

solche Luke war nicht zu finden, daher bauten wir sie selbst (Abb. 9, Foto III/13). Sie besteht aus einer 28 x 46 cm großen Sperrholzplatte (10 mm), auf deren Oberseite eine rundum 8 cm größere Aluminiumplatte wasserdicht befestigt ist. Auf der rechten unteren Schmalseite ist eine senkrecht stehende 9 cm lange Stützplatte fest verschraubt. Eine in den Maßen gleichgroße Stützplatte ist gegenüber allerdings per Scharnier angebracht. Der Ausschnitt im Plastikdach ist 46,5 x 28,5 cm groß, an den Kanten wurde ein 3 x 3 cm dicker Holzrahmen fest mit dem Dach verschraubt. Auf der linken und der rechten Schmalseite sind jeweils zwei 6 mm Holzschrauben (Messing) soweit in den Rahmen geschraubt, daß sie etwa 12 mm herausstehen; ihre Köpfe sind abgeschnitten.

In die Stützen der Luke wurden den im Rahmen befestigten Stütz-Schrauben gegenüber Löcher von 6,5 mm 0 gebohrt, so daß die Stützen in die Schrauben einrasten können. Die Löcher sind in 3 Reihen mit je gleichen Abständen übereinander angeordnet, damit kann die Luke in 3 verschiedenen Höhen eingehängt werden. Das Einhängen geschieht so: Man klappt die linke Stütze nach innen (links in Abb. 9) und hat Platz, die rechte Stütze in der entsprechenden Stellung in die Schrauben einzuschieben. Nun klappt man die linke Stüzte zurück und hält dabei die Luke so, daß dort Schrauben und Löcher in dieselbe Lage treffen. Genauso kann man jetzt die Luke komplett aushängen, auf dem Dach ablegen und selbst hinaussteigen. Damit das gute Stück nicht hinunterfällt, ist sie mit 2 Lederriemen gesichert.

An eine weitere Lüftungsmöglichkeit müssen Sie unbedingt denken, wenn Sie Gas im Auto transportieren. Die Gasflaschen müssen in einem gasdichten Fach stehen, das nach unten einen Auslaß von 100 cm zum Abfluß von Gas bei Undichtigkeiten hat. Sie können - falls möglich - entweder seitliche Lüftungskiemen in Bodenhöhe anbringen oder entsprechende Löcher in den Boden schneiden. Wir taten letzteres und legten Fliegendraht so darüber, daß dort keine ungebetenen Gäste wie Mäuse zusteigen können.

Zur Querlüftung von unten nach oben (Kaminwirkung) bauten wir eine 17 x 15 cm große Bodenluke ein. Wegen des doppelten Bodens muß man vorsichtig eine Stelle suchen, an der man keine Leitungen o.ä. zersägt. Aus Abb. 8 geht die Lage der Luke (L) hervor (auch hier an ein Fliegendrahtgitter zum Abdecken denken).

C) Elektroinstallation

Wenn Sie eine zweite Batterie einbauen, müssen Sie auch ein paar Kabel im Auto verlegen, um die Innenbeleuchtung aus dieser Batterie speisen zu können. Diese Leitungen sollten Sie vor Einbau der Möbel und der Verkleidung verlegen. Zur zweiten Batterie gehört ein sog. Trennrelais, das für gemeinsames Laden, aber getrenntes Entladen der beiden Batterien sorgt. Sie können das auch mit einem Schalter stets selbst tun, aber im entscheidenden Moment haben Sie es vergessen.

Von der Lichtmaschine führt ein 4 mm Kabel zum Trennrelais, dessen Kontakt die zweite Batterie erst an den Ladestrom schaltet, wenn die Lichtmaschine Strom liefert. Zu den Verbrauchern sollte von der zweiten Batterie ein Kabel von 4 mm Querschnitt gelegt werden, das gleich nach der Batterie mit einer 16 A-Sicherung abgesichert sein muß. Dieses Kabel lassen Sie an günstiger Stelle in einem Sicherungskasten enden, von dem einzelne, mit 8 A abgesicherte 1,5 mm Leitungen zu den Verbrauchern führen, z.B. Steckdosen, Lampen, Radio etc. Zu größeren Verbrauchern (z.B. Kompressor-Kühlschrank), sollten Sie 4 mm Kabel verlegen. Wenn Sie eine Alarmanlage einbauen, dann können Sie die auch von der Zweitbatterie aus speisen, wegen des hohen Hupen-Stromes am besten mit einem separaten 4 mm Kabel. Jetzt können Sie die Alarmanlage so schalten, daß sie unentwegt hupt, bis die Batterie leer ist (in Deutschland verboten, maximale Hupzeit 30 Sekunden).

Arbeiten Sie bei der Elektroinstallation sorgfältig, sehr viele Brände entstehen wegen durchgescheuerter Isolation, daher auch lieber eine Sicherung mehr als weniger und für direkt Spannung führende Leitungen zusätzlich Isolierschlauch verwenden. Machen Sie sich einen genauen Lageplan der Kabelinstallation; wenn Sie nach Jahren einen Fehler suchen, werden Sie sich darüber freuen.

Nach unserer Erfahrung ist eine 25-Watt-Lampe (allerdings ohne Schirm) zum Lesen im Wagen ausreichend. Stromsparende "Transistorleuchten" verbreiten ungemütliches Licht.

D) Radio-Einbau

Wenn das Radio wie üblich in der Armaturentafel eingebaut ist, läßt es sich nur vom Fahrerhaus aus bedienen. Wir installierten es stattdessen im Dachbereich im Durchgang, dort läßt es sich noch vom Wohnbereich bedienen, und es fällt Dieben nicht sofort auf. Doch eine Antenne zeigt Dieben das vorhandene Radio ebenfalls an. Daher verlegten wir eine Kupferlitze innen unter dem Plastikdach entlang (was natürlich die Empfangsverhältnisse verschlechtert). Bei ganz schlechtem Empfang - speziell unseres, an diese Antenne auch angeschlossenen Kurzwellenradios - verwendeten wir ein zusätzliches, ca. 15 m langes dünnes Kabel, das auf der einen Seite mit der eingebauten Antenne verbunden ist und auf der anderen in einen Baum gehängt wurde und ganz deutlich den Empfang verbesserte.

Wenn unterwegs einer Radio hören, der andere aber schreiben, lesen oder seine Ruhe haben will, gibt es Probleme, die sich durch einen Kopfhörer einfach vermeiden lassen.

E) Blitzschutz

Ein normales Auto ist ein "Faraday'scher Käfig", eine elektrisch isolierende Büchse und daher vor Blitzeinschlag sicher. Ein Auto mit Plastikdach ist das nicht mehr. Wir verlegten deswegen Maschendraht zwischen Plastikdach und Deckenverkleidung und verbanden ihn gut leitend mit der Karosserie. Ob der uns wirklich vor Blitzschlägen schützte, können wir nicht nachweisen. Wenn aber im Tropengewitter Blitze wie Granaten in unmittelbarerNähe einschlagen, fühlt man sich ein bißchen wohler.

F) Wärmedämmung und Verkleidung

Zumindest gegen die deutsche Kälte und gegen das damit verbundene Kondenswasser sollten Sie Ihr Auto schützen. Gute Isoliereigenschaften weist Styropor auf, das allerdings einen Schmelzpunkt von 60 - 80 Grad hat. Diese Temperatur kann auf dem Karosserieblech erreicht werden. Ein Trick, das Styropor zu schützen ist, 10 mm dünnen Schaumgummi von innen auf die Karosserie zu kleben und darauf das Styropor. Die Isolierschicht sollte mindestens 20 - 30 mm stark sein, wir paßten sie immer der Dicke der Holme an. Alternativ zu Styropor setzt sich im Wohnmobil mehr und mehr Polyethylen(PE)-Schaum durch. Dessen Oberflächen sind vollkommen geschlossen, so daß keine Feuchtigkeit (Kondenswasser) eindringen kann. Die Isoliereigenschaften sollen sogar besser als von Styropor sein.

Der Fußboden kann eiskalt werden. Er sollte mit Bitumenplatten ausgelegt werden, über die eine Sperrholzplatte (sie muß nicht unbedingt wasserfest sein) von 10 - 15 mm Dicke kommt, darauf legten wir einen PVC-Filzbelag und schließlich obenauf ein Reststück Teppich-Auslegware. Trotzdem dringt im Winter die Kälte sehr schnell durch.

Die Innenverkleidung soll der Wohnung wenigstens einen gemütlichen Anstrich geben, zusätzlich soll sie leicht reinzuhalten sein. Den letzten Zweck erfüllen kunststoffbeschichtete Hartfaserplatten, die aber relativ schwer sind. Dünne Sperrholzplatten sind leichter und lassen sich besser in die Rundungen drücken. Angeblich speziell für den Wohnmobilbau werden 3 mm Pappelsperrholzplatten hergestellt, deren Oberfläche kunststoffbeschichtet ist, allerdings mit einem ziemlich spießigen Dekor.

11.2 Bett/Sitzbank

A) Betten-Bauen

Tagsüber dient die vordere Betthälfte als Sitzbank. Die Rückenlehne (C) (siehe auch Abb. 1) ist am oberen Ende mit Scharnieren an der Oberkante der Staufächer (B) montiert. An der Unterkante der Rückenlehne ist wiederum mit Scharnieren (hier Klavierband) die Sitzfläche (D) befestigt. Die Sitzfläche liegt auf der Truhe (E) auf, die zur Rückenlehne hin abgesenkt ist, damit man bequemer sitzt. An der Vorderkante der Sitzfläche ist eine kräftige Winkelschiene über die ganze Länge montiert.

Rechts und links neben der Sitzfläche sind in die Seitenwände des Wagens Stützen für das Bett eingelassen. Abb. 10 zeigt je ein fest montiertes unteres Stützbrett, das auf dem Autoboden aufsteht und auf jeder Seite je eine bewegliche Stütze, die auf den Stützbrettern stehen. Auf der Oberkante der beweglichen Stützen ist eine Aluminium-U-Schiene montiert. Diese beweglichen Stützen werden von Federn (bzw. Gummipuf-

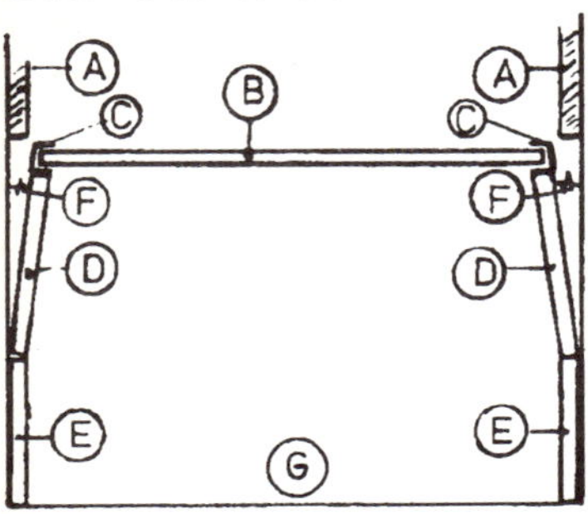

Abbildung 10: Bettstützen
A Isolierte Seitenwand
B Bett
C U-Halteschienen
D Bewegliche Stütze
E Feste Stütze

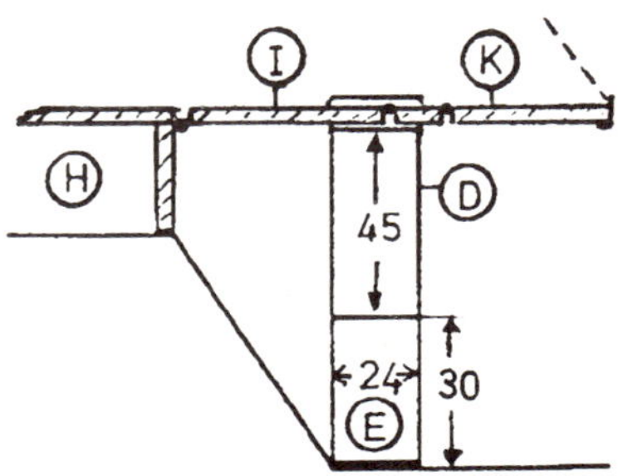

Abb. 10a: Seitenansicht
F Feder
G Wagenboden
H Staufach
I Rückenlehne
K Sitzfläche

fern) zum Wageninneren gedrückt. In der Position "Sitzbank" sind sie durch Riegel so arretiert, daß sie mit der Verkleidung bündig abschließen.

Alle Holzteile der Bettkonstruktion bestehen aus 16 mm Tischlerplatten. Als Polster für Bank und Bett zugleich dienen 7 cm dicke Matratzen aus festem Schaumstoff, die mit Baumwollstoff bezogen sind (Reißverschlüsse für's Waschen vorsehen!). Die Matratzen sind in den Abmessungen wie die Teile (1), (2), (3) und (4) unterteilt. Weil sich die Matratze, die auf der Sitzfläche der Truhe liegt, beim Öffnen der Truhe (also Anheben von (4)) verklemmt, bauten wir in die Sitzfläche ein zweites Scharnier, das 14 cm (Dicke von 2 Matratzen) vom Scharnier zwischen (3) und (4) entfernt ist (Abb. 11). Jetzt läßt sich der vordere Teil von (4) leicht hochklappen, der Zugang zur Truhe (5) ist einfacher.

Zum Betten-Bauen (siehe Abb. 11, Foto III/1) legt man zunächst die Rücken- und die Sitzmatratze auf (2) ab, dann klappt man die Sitzfläche nach oben (Abb. 11A). Jetzt löst man die Arretierung der Stützen (Abb. 10), dann hebt man Rückenlehne und Sitz gemeinsam (Abb. 11B) nach oben. Sobald die Waagerechte erreicht ist, packen die U-Schienen der Stützen die seitlichen Kanten der Rückenlehne, sie rasten ein und stützen dieses Teil sicher ab. Dann wird die Sitzfläche vorgeklappt (Abb. 11C) und rechts und links in je eine Kette eingehängt - wenn jetzt noch die Matratzen in die richtige Lage geschoben sind, ist das Bett fertig.

Das Einhängen des Kopfteils in Ketten hat zwei Vorteile: man kann die Neigung der Kopfebene verändern und damit eine nicht waagerechte Stellung des Autos halbwegs kompensieren; außerdem stehen keine andernfalls nötigen Stützen im Weg herum. Die Ketten sind am Holm links neben der Schiebetür bzw. gegenüber befestigt. Sie sind gegen Klappern mit Stoff überzogen und dienen während der Fahrt als Haltegriffe (Foto III/3). An der Winkelschiene der Kopfteilvorderkante sind 2 Karabinerhaken (Foto III/1) angebracht, um ein einfaches Einhängen der Ketten zu ermöglichen.

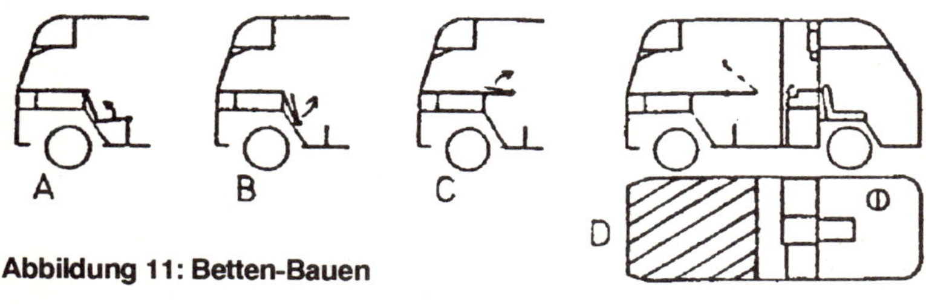

Abbildung 11: Betten-Bauen

B) Reise-Wiege

Häufig mag man sich während der Fahrt ein wenig ausstrecken. Das wäre im Bett möglich. Jedoch liegt das Bett relativ hoch im Wagen, Schaukeleien auf schlechten Straßen teilen sich umso eher dem Magen mit. Wir legen uns auf die Sitzbank. Dabei besteht die Gefahr, daß man bei scharfem Bremsen nach vorn geschleudert wird. Wir befestigten daher über die gesamte Länge der Sitzfläche an deren Vorderkante ein ca. 35 cm breites, kräftiges Segeltuch, durch dessen freie Längsseite ein starkes Teppichband läuft. Dieses Band wird rechts und links in je eine Öse eingehängt, die an den Mittelholmen in 30 cm Höhe über der Sitzfläche (4) angebracht sind. Man kann sich in dieser - zwar nur 150 cm langen - Wiege vorzüglich ausruhen oder unbesorgt schlafen: bei plötzlichem Bremsen kann nichts passieren.

11.3 Die Küche

A) Küchenschrank

Der Herd (A) (Abb. 5, Foto III/4) verbirgt sich während der Fahrt unter einem Deckel, der an der linken Wand mit kräftigen Scharnieren befestigt und in der Mitte einmal quer mit einem Klavierbandscharnier (Messing) unterteilt ist. Zum Kochen klappt man den Deckel zurück und stützt ihn ab, wie Abb. 6 (F) zeigt. Damit ist eine zusätzliche Arbeitsfläche gewonnen.

Unter dem Herd befindet sich die Waschbeckenschublade (B) mit einem passenden Plastikwaschbekken und Wasserhahn (E). Die Schublade läuft auf Metall-Schubladenschienen. Zu- und Abwasserschläuche müssen beweglich sein, daher ergab sich für den Abwasserschlauch automatisch das in Abb. 6 gezeigte Knie, das das Abwassersystem nach unten geruchsfrei abschließt (wichtig bei Abwassertank). Die Abwasserleitung verläuft an der Beifahrersitz-Rückwand direkt nach unten und auf die linke Wagenseite. An ihrem Ende ist ein Schnellverschluß für einen Abwassersack angebracht.

Unterhalb des Waschbeckens ist der Küchenschrank ganz gezielt nach den Abmessungen der verwendeten Geräte unterteilt. Z.B. ist das Fach (H) eine Schublade, in der Teller und ähnlich hohe Dinge stehen. Zwei weitere Schubladen (C) beherbergen die häufig benötigten Utensilien wie Bestecke, Gewürze etc. - Schubladen vereinfachen den Zugriff sehr, hier investierte Bauzeit zahlt sich aus.

B) Gas-Installation

Bedenken Sie, daß Gas ein gefährliches Medium ist; immer wieder werden Todesfälle von Campern bekannt, die eindeutig auf den sorglosen Umgang mit Gas zurückzuführen waren. Besorgen Sie sich vorher die "Richtlinien für die Installation von Flüssiggasanlagen in Fahrzeugen" und die für die letztlich notwendige Abnahme nötigen "Technischen Regeln Flüssiggas". Die Gasanlage muß nach Fertigstellung von einem autorisierten Fachmann abgenommen und jeweils vor dem TÜV-Besuch überprüft werden. Überlegen Sie ernsthaft, ob Sie die Anlage nicht lieber komplett vom Fachmann installieren lassen.

Wir stellten unsere Gasflaschen in das dem Flaschendurchmesser angepaßte Fach (T). Vom Regler der "Betriebsflasche" führt ein Schlauch zu Schnellschließventilen für Herd und Kühlschrank. Vom Herd-Schnellschließventil aus ist ein Ermeto-Gasrohr bis in die Nähe des Herdes gut geschützt und fest verlegt. Vom Ende des Rohres führt ein Schlauch zum Herd. Eine Schlauchinstallation dieser Art darf heute nur noch der Hersteller ausführen (aus eigner Erfahrung: bei uns verdrallte sich der Schlauch, kam der Flamme zu nahe, schmolz und verursachte ein loderndes Feuerwerk). Unterhalten Sie sich zumindest vorher mit einem Fachmann, um bei der Abnahme keine Pleite und andrerseits das Ende der Reise ohne Gasgefahr zu erleben.

C) Tisch-Konstruktionen

Fest eingebaute Tische stören im engen VW-Bus. Wir verwenden eine Kleiderschranktür (M1) als Tisch (Abb. 8 oben, Foto III/5), das tut der Kleiderschrankfunktion keinen Abbruch. Diese Platte (45 x 55 cm groß) bewegt sich um ein unteres Scharnier und wird in der Tischstellung auf der linken Seite von einer Kette gehalten. (Im Möbelhandel erhältliche Halterungen erschienen uns zu anfällig, Ketten gibt es in jedem Land der Erde).

Unser Außentisch ist geländeunabhängig, er wird an der Außenwand des Küchenschrankes eingehängt und mit 2 Stützen in der Schiebetürlaufrille abgestützt (Abb. 13, Foto II/4). Der Tisch (45 x 55 cm) kann außerdem innen neben den Kleiderschranktisch, vor (14), eingehängt werden, um die Tischfläche zu verdoppeln.

Diese Tischplatte läßt sich außerdem als Schreibtischplatte im Fahrerhaus verwenden. Dazu befestigen wir unter dem Tisch ein 41 cm langes und 10 cm breites Brettchen mit einem Scharnier so, daß es - herumgeklappt - die rechte Tischseite um etwa 3 cm

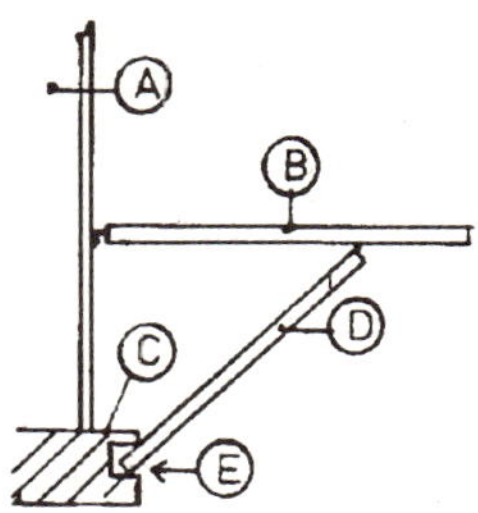

Abbildung 12: Außentisch
A Küchenschrank
B Tischplatte
C Wagenboden
D Stütze
E Schiebetür-Laufrille

überragt. Dieses Teil wird in entsprechenden Ösen im Handschuhfach eingehängt, vom Dach herunter kommen Ketten, die die Vorderkante des Tisches halten (Foto III/6).

11.4 Wasserinstallation

A) Wasseraufbewahrung

Die simpelste Lösung der Wasserversorgung ist ein Kanister mit Auslaufhahn, der direkt über dem Waschbecken befestigt wird. Kanister mit Hähnen sind jedoch sehr unpraktisch zu stapeln (wenn man mehrere gleiche mitnimmt). Wir suchten einen Kanister mit Schlauchanschluß auf der Oberseite. Weil es diese damals nicht gab, besorgten wir trinkwasserechte Weithalskanister. Neben dem Deckel wurde ein 13 mm Loch gebohrt und in diesem ein Messingrohr mit Gewinde mit Dichtungen verschraubt. Vom Messingrohr führt im Innern ein Schlauch bis zum Kanisterboden, außen hängt ein kurzes Stück Schlauch, am Ende mit einer Schnellkupplung versehen. Für den Luftausgleich des Kanisters wurde ein Fahrrad-Rückschlagventil zusätzlich eingebaut. Wir besaßen 4 derartige 12-Liter-Kanister und kamen mit dem Wasservorrat bis auf Wüstenfahrten und wenige andere Gelegenheiten aus (zusätzlich Faltkanister einpakken).

Es empfiehlt sich, anstelle der üblichen Plastikschläuche - aus denen sich Weichmacheranteile auslösen -, trinkwasserechte Schläuche zu verwenden. Diese sind nicht leicht zu bekommen, einige Expeditionsausrüster bieten (z.B. Woik, Stuttgart) sie an. Die Fa. Sahlberg in München vertreibt Schläuche dieser Art unter der Bezeichnung "Bierschlauch".

Das Wasser muß aus dem Kanister in die Küche befördert werden. Um allen Problemen mit Pumpen etc aus dem Weg zu gehen, lassen wir die Schwerkraft dieses Werk vollbringen (wobei wir, physikalisch gesehen, den Wasserkanister durch Hochheben erstmal mit dieser Energie aufladen). Foto III/7 zeigt deutlich den Platz der Wasserkanister über der Küche. Ein leerer Kanister kann sehr einfach durch Lösen der Schnellkupplung ausgewechselt werden. Von der Kupplung am Kanister verläuft die Wasserleitung (wie Abb. 7 als dick gestrichelte Linie zeigt) im Fahrerhaus nach unten und dann weiter zum Küchenschrank und zum Wasserhahn.

Um nun das Wasser aus dem Kanister in die Leitung zu bekommen, muß man erst einmal den Höhenunterschied zwischen Wasserspiegel im Kanister und höchstem Punkt der Wasserleitung überwinden. Dazu genügt es, im Tank Überdruck durch Hineinblasen zu erzeugen (indem man ein kurzes Schlauchstück auf das Fahrradventil aufsetzt; in den letzten Jahren haben wir das Fahrradventil durch einen Schlauchanschluß mit Schnellkupplung ersetzt). Häufig wird auch die Luftblase, die beim Kanister-Wechseln in der Leitung entsteht, mitgerissen, sobald man Wasser laufen läßt (sofern die Leitung nicht komplett leer ist).

Es zeigte sich, daß ein zweiter Wasserhahn sehr vorteilhaft wäre. Daher bauten wir hinter den Beifahrersitz einen an einer Alu- Schiene befestigten, herausklappbaren Hahn, den wir nicht mehr missen möchten. Einzelheiten zeigt Foto III/8.

B) Filter-Anlage

Da in vielen Ländern kein hygienisch einwandfreies Trinkwasser zu bekommen ist, suchten wir nach einer möglichst wenig aufwendigen und bedienungsfreundlichen Wasserfilter-Anlage. Wir entschieden uns zum Katadyn-Haushaltsfilter, der aus Platzgründen nur noch hinter dem Beifahrersitz in der in Foto III/8 gezeigten Position untergebracht werden konnte. Vom rechten Kanister in Foto III/7 führt ein Schlauch zum Filter, von diesem rechts ein Schlauch zu einem in (14) stehenden "Sauber-Kanister". Je nach Verschmutzung benötigen 12 Liter Wasser 2 - 3 Stunden zum Filtern.

Das Wasserleitungsnetz des Campers wird jetzt nur noch von gefiltertem Wasser aus Sauberkanistern versorgt, d.h. sobald ein Sauberkanister leer ist, hängen wir ihn an den Filter, nach ein paar Stunden ist er gefüllt. Dieweil reicht der Vorrat des anderen Sauberkanisters.

Bei den ersten Filter-Versuchen zeigte sich, daß bei leerem Schmutzigwasserkanister Luft in das Filtergehäuse dringt, die jedesmal entfernt werden muß. Daher legten wir vor dem Einlauf und nach dem Auslauf eine Schlauch-Schleife (Foto III/8): sobald sich die Zulaufleitung bis zum höchsten Pegel des Auslaufs (also oberster Punkt der Schleife) entleert hat, herrscht Druckausgleich, der Rest Wasser in der Zulaufschleife wird nicht auslaufen, es kann keine Luft in den Filter gelangen.

Alternativ besteht die Möglichkeit, den Filter ganz einfach auf den Kopf zu stellen: dann sind Zu- und Auslauf ohnehin oben, das Filtergehäuse wird immer mit Wasser gefüllt sein. Leider fanden wir bei unserem VW-Bus zunächst keinen Platz für den Filter in dieser Position; erst Jahre später wagten wir, hinter dem Beifahrersitz ein Stück Blech so auszuschneiden, daß der Filter auf dem Kopf stehen konnte und die Schlauch-Schleifen damit überflüssig wurden.

Zusätzlich versahen wir den Filter mit einem Entlüftungshahn, um nach dem Reinigen (das in Südindien manchmal täglich nötig war) die Luft im Gehäuse abzulassen. Auf Foto III/8 ist kurz vor dem Filter ein weiterer Schlauch zu erkennen. Dieser mit einem Absperrhahn versehene Schlauch ist nögig, um beim Ansetzen eines neuen Schmutzig-Kanisters die Luft aus dem Zulauf zum Filter zu lassen; d.h. man öffnet den Hahn, der Wasserrest im Schlauch reißt die Luft mit und saugt das Wasser aus dem Kanister an.

Sehr simpel läßt sich das Filterproblem durch folgendes System lösen: eine Filterkerze wird liegend unten in einen Weithals- Wasserkanister so eingebaut, daß der Filterauslauf aus dem Kanister herausschaut und mit einem Ablaufschlauch versehen werden kann.

11.5 Stauräume

Zum Aufbewahren von Kleimkram, Lebensmittelvorräten etc. eignen sich vorzüglich rechteckige Tiefkühlplastikboxen (runde bedeuten Platzverschwendung).

Die beiden Stauräume (B) (Abb. 1) sind so groß, daß man Ersatzreifen und ähnliche sperrige Dinge unterbringen kann. Raum (F) war ursprünglich für ein Schlauchboot geplant, er ist wagenbreit (und wurde noch nie von einem Zöllner entdeckt). Die Truhe (E) ist in 5 Einzelfächer unterteilt, von denen eins vorn zugänglich ist (Foto III/3).

Im Dach liegt das Fach (G), das bei den angegebenen Abmessungen die Bewegungsfreiheit im Bett nicht stört. Fach (H) entstand primär als Verkleidung des häßlichen Hecktürgestänges, daher können auch nur Dinge wie Socken und Taschentücher dort untergebracht werden. Die beiden Stauräume (Q) im Fahrerhaus wurden ebenfalls so in den Abmessungen gewählt, daß genug Bewegungsfreiheit bleibt. Sie sind mehrfach unterteilt für Schreibmaschine, Papier, Bücher etc.

Das Safe (P) wurde aus Blech zusammengeschweißt, die Klappe ist mit einem Sicherheitsschloß dreifach verriegelt. Weil das Safe so hoch wie die Sitze und mit ähnlichfarbenem Teppich belegt ist, fällt es den wenigsten Leuten (Zoll z.B.) auf. Dort ist die umfangreiche Fotoausrüstung immer griffbereit, staubgeschützt und relativ kühl untergebracht.

Der obere Teil des Kleiderschranks paßt sich der Dachkrümmung an, daher wäre eine Kleiderstange sehr kurz. Stattdessen wurde ein Flacheisen (quer) entsprechend der Krümmung gebogen und zum Einhängen der Kleiderbügel mit vielen 8 mm Löchern versehen.

In Indien ließen wir uns Medizinschränkchen bauen, um den verlorenen Platz hinter Fahrer- und Beifahrerkopf, oberhalb der Sitzlehnen, zu nutzen. Sie sind 36 cm hoch, 34 cm breit und 6 cm tief. Die Türen dienen gleichzeitig als eine Art Kopfstütze (als wir den Bus 1970 kauften, gab es keine Kopfstützen).

11.6 Tricks

A) Einbruchsicherung

Gegen Einbruch kann man sich nur bedingt schützen. Der Schutz ist aber schon erreicht, wenn dem Dieb die Mühe mit Ihrem Wagen zu groß wird und er weitergeht. Verbarrikadieren Sie die Fenster von innen durch

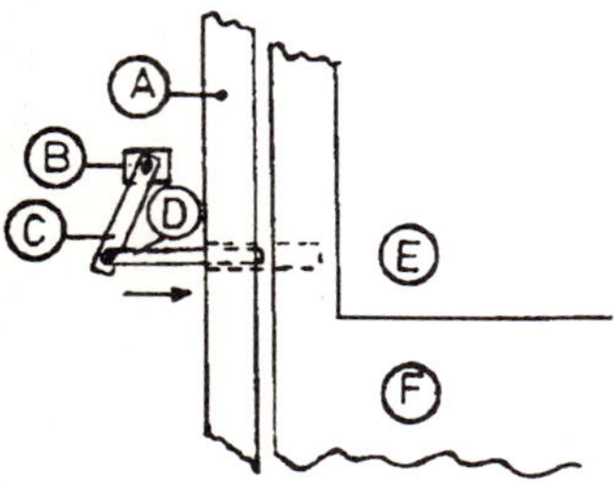

Abbildung 13: Zusatzschloß

A Türholm	D Bolzen
C Hebel	F Türrahmen
E Fenster	F Türrahmen
B Schloß	

Längs- und Querstangen (z.B. 16 mm Stahlrohr, mit Hohlnieten festgenietet). Im Fahrerhaus stören Stangen vor dem Fenster. Wir nieteten U-förmige Halterungen an die Türrahmen vorn: bei geöffneter Tür schaut das "U" mit der offenen Seite nach außen (Foto III/12) oben). Sie können also die Stange von außen bei geöffneter Tür einlegen. Sobald die Tür geschlossen ist, arretiert sie die Stange.

Diebe aber schlagen das Fenster ein, öffnen die Türverriegelung und steigen bequem ein. Daher muß man die Türen durch zusätzliche Schlösser sichern, die man komplett kaufen kann. Wir verwendeten stattdessen VW-Türschlösser vom Schrottplatz, die so umgeändert und eingebaut wurden, daß ein Hebel C (Abb. 13) vom Schloß S nach rechts gedreht wird, dabei schiebt H den Bolzen E, der im Türholm gelagert ist, aus dem

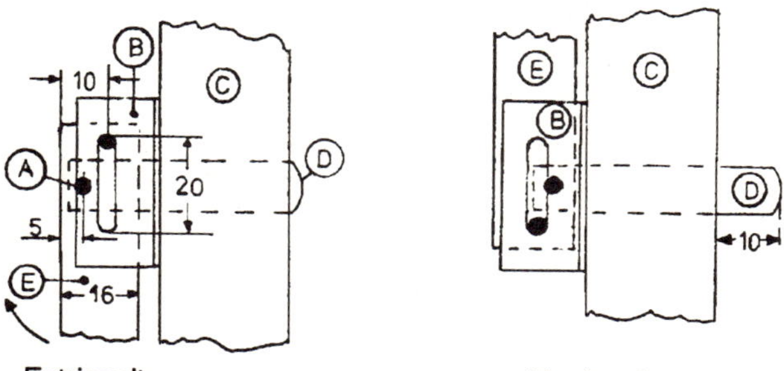

Abbildung 14: Verriegelung der Beifahrertür

A Drehpunkt	B Haltewinkel
C Türholm	D Bolzen
	E Fahrzeugholm

Holm heraus in ein gegenüberliegendes Loch in der Tür. Der Bolzen hat 10 mm 0, d.h. U-Halterung Sie müssen 10 mm Löcher in Holm und Tür bohren. Foto III/11 zeigt den Einbauplatz von Schloß und Bolzen der Fahrertür (die Tür ist offen, der Bolzen ist links neben dem Schloß zu erkennen). An der Schiebetür ist (hinten) dasselbe System montiert.

Am Holm zwischen Schiebe- und Beifahrertür wäre dafür zu wenig Platz, daher bastelten wir eine andere Lösung, die etwas kompliziert aussieht, aber einfach zu bedienen ist. Wenn der Hebel in Foto III/9 nach oben gelegt wird, schiebt sich auf der anderen Seite wiederum ein Bolzen (Foto III/10) in die Beifahrertür. Bevor man also die Schiebetür abschließt, legt man den Hebel nach oben, die Beifahrertür ist arretiert. Wenn jetzt das Sicherheitsschloß der Schiebetür abgeschlossen wird, ist gleichzeitig die Beifahrertür abgesichert.

Den Mechanismus soll Abb. 14 erklären: am Hebel E ist der Bolzen D drehbar gelagert, Hebel E wiederum kann im Langloch des Haltewinkels B sowohl gleiten als auch sich drehen. Dreht man nun E nach oben, dann muß er zwangsläufig im Langloch nach unten gleiten, weil seine Drehbewegung zusätzlich vom Lager A bestimmt wird. Sobald sich E um 180 Grad nach oben gedreht hat, ist er am unteren Ende des Langlochs angekommen (Abb. 14 rechts). Da aber in dieser Lage der Drehpunkt A sich um 5 + 5 = 10 mm gegenüber dem Langloch verschoben hat, wurde der Bolzen um diese Entfernung, also 10 mm tief in die Tür hineingeschoben. Diese 3 Teile sind sehr simpel, mit Bohrmaschine, Feile und Säge leicht nachzubauen (sehen Sie genügend Spiel für die tatsächlich auf komplizierten Kurvenbahnen verlaufenden Bewegungen vor).

Bauen Sie zusätzlich eine Alarmanlage ein, bei der vorgesehen ist, sie mit einem Schalter von außen einzuschalten. Wenn Sie die Sache etwas komfortabler gestalten wollen, dann verwenden Sie stattdessen einen Schalter, den Sie an eins oder beide der oben beschriebenen Sicherheitsschlösser so ankoppeln, daß mit dem Schließen der Schlösser automatisch auch die Alarmanlage eingeschaltet wird. Weiterhin haben wir einen Schalter für die Alarmanlage am Bett angebracht: Als in Teheran jemand nachts auf Dach stieg und wir unversehens hupten, verschwand er wie der Blitz.

Als weitere Sicherheitsmaßnahme sei ein versteckt angebrachter Batterieschalter genannt, mit dem sämtlicher Strom - also auch der zum Starten - abgeschaltet werden kann.

B) Ölkühler

Wir waren den ewigen Ärger mit dem zu heißen Motoröl so leid, daß wir uns vor unserem dritten Aufbruch nach Asien einen Eigenbau-Ölkühler zulegten. Obwohl die Fälle immer seltener werden, daß Globetrotter heute noch mit luftgekühltem VW-Bus-Motor auf Reisen gehen, wollen wir doch diese wichtige Anregung geben.

Aus dem Tuning-Shop stammt eine Zusatzölpumpe, die über eine Spezialmutter auf der Lichtmaschinenwelle und einen Keilriemen angetrieben wird. Sie saugt das Öl über ein Anschlußrohr, das in den Ölablaßdekkel gelötet wurde, aus dem Sumpf.

Von der Pumpe führt ein flexibler Öldruckschlauch zu einem alten VW-Ölkühler vom Schrottplatz, an den zwei Anschlußnippel gelötet wurden. Das Öl durchströmt den Kühler und wird vom Auslaß zum nächstgelegenen Zylinderkopfdeckel, in den ebenfalls ein Anschlußnippel gelötet wurde, per Öldruckschlauch geführt. Der Ölkühler sitzt in einem Blechgehäuse (aus einer großen Teedose zusammengelötet) in das ein elektrischer Ventilator hineinpustet. Die warme Abluft wird mit einem Luftschlauch aus dem Motorraum hinaus ins Freie geleitet (wichtig, nicht in den Motorraum blasen!). Das Kühlgehäuse samt Ventilator fand rechts über der Batterie Platz. Mit dem zusätzlichen Kühlkreislauf fällt die Temperatur um etwa 8 - 10 Grad; das ist genug, um 130 Grad Öltemperatur bei vernünftiger Fahrweise nicht mehr zu überschreiten.

Alle auf dem Tuning-Markt angebotenen Ölkühlsysteme sind wesentlich teurer. Hinzu kommen häufig sehr lange, unter dem Wagenbogen verlegte Öldruckleitungen, die natürlich allen Angriffen im Gelände ausgesetzt sind.

Wir trafen immer wieder VW-Bus-Fahrer, die direkt hinter die Lufteinlaß-Schlitze 3 - 4 cm breite Blechstreifen montierten, die wie abstehende Ohren aussehen. Diese Streifen sollen Luft vor dem Einlaß stauen und demzufolge mehr Luft durch das Kühlsystem pressen. Genaue Angaben in Grad Celsius Temperatur-Senkung konnten wir nie erfahren.

Sehr verbreitet ist der "Trick", mit offener Motorraumklappe zu fahren. Das bringt mit Sicherheit keinen Gewinn. Abgesehen vom viel höherem Staubanfall im Motorraum wird natürlich der vom Luftkanal her kommende Überdruck eliminiert. Den Vogel in dieser Richtung schoß ein Mensch ab, der die Abdeckbleche im Motorraum entfernte, um den Luftzutritt zu erhöhen. In Wirklichkeit erhöhte er den Staub im Motorraum so, daß nach kurzer Zeit der Motor aufgearbeitet war.

C) Handgas

Es gibt so schnurgerade langweilige Straßen (nicht in Deutschland), da ist der Fuß auf dem Gas überflüssig. Ein Handgas läßt sich mit gringem Aufwand bauen. Man befestigt kurz vor dem Gaspedal aber unter dem Wagenbogen einen Winkel (Abb. 17). Von dort führe man einen Fahrradbowdenzug an eine gut erreichbare Stelle im Fahrerbereich. Dort wird ein entsprechender Feststellhebel aus dem Fahrrad- bzw. Motorradhandel befestigt. Nun muß noch die Verbindung zwischen Bowdenzug und Gasseil hergestellt werden. Dazu hängt man am Gaszug eine feingliedrige Kette ein und verbindet sie mit dem Ende des Bowdenzuges (theoretisch könnte man diesen auch direkt am Gasseil befestigen, er ist jedoch zu steif). Tritt man jetzt das Gaspedal und schiebt den Feststellhebel nach, so ist die Stellung arretiert. - Verwenden Sie das Handgas nur auf menschenleeren Straßen, also außerhalb Mitteleuropas!

In unseren neuen Bus haben wir eine automatische Geschwindigkeitsregelung eingebaut, die in den USA für $ 130 gekauft wurde (in Deutschland wesentlich teurer), sich aber langfristig schon deswegen amortisieren wird, weil man dann vermutlich insgesamt langsamer fährt, weniger Sprit verbraucht - und sich u.U. Strafmandate erspart.

D) "Schiebetür-Öffner"

Man sollte in einem Camper einen Notausstieg haben, der sich schnell öffnen läßt. Da das Schiebetürschloß vom Küchenschrank verdeckt wird, befestigten wir zum Öffnen der Tür von innen am Schloß (unsere Tür hat nur hinten ein Schloß) ein kräftiges Seil: wenn man daran zieht, springt die Tür auf. Um die richtige Befestigungsstelle zu finden: Türverkleidung abnehmen und beim Türöffnen beobachten, welche Stange für den Vorgang "Öffnen" zuständig ist. An dieser Stange (oder bei Modellen mit Bowdenzug an entspr. Hebel) "Zugseil" befestigen, einen 3 cm langen Schlitz dort in die Türverkleidung sägen, wo das Seil herausschauen soll. Dieses Seil war ursprünglich für schnelles Öffnen in Notfällen (Feuer etc.) gedacht, hat sich aber für den täglichen Gebrauch als ungeheuer vorteilhaft erwiesen.

E) Krimskrams

Vielfach unterteilte Hängetaschen aus kräftigem Stoff eignen sich vorzüglich, um allen möglichen Krimskram vom Kamm bis zum Kugelschreiber unterzubringen. Derartige Taschen stören nicht an den senkrechten Wänden im Dachgeschoß über dem Bett und z.B. an der Beifahrertür. - Sie gewinnen mindestens doppelt soviel Platz und Übersicht im Handschuhfach, wenn Sie es Ihren Bedürfnissen entsprechend mit dünnen Sperrholzbrettchen unterteilen.

Im neuen Bus haben wir in die hinteren Seitenwandverkleidungen Klappen eingebaut, hinter denen so manches Kleinzeug verschwindet. Denn wegen der recht dicken Dachholme entstand hinter der Verkleidung ziemlich viel ungenutzter Platz. - In den Hohlräumen der Heck-Klappe werden die Planen verstaut, die als Regen- bzw. Sonnenschutz über den Schiebetüren angebracht werden können.

F) Moskitonetze

Moskitonetze sollen sicher vor Insekten schützen, andererseits aber die Luftzirkulation möglichst nicht behindern. Normalerweise baut man Moskitonetze wie ein Zelt übers Bett, das ist im Camper nicht nötig und behindert nur den Luftaustausch in heißen Tropennächten. Wir klebten daher ein Klettband vom Bett, d.h. Kopfteil an der Schiebetürseite, an der Seitenwand hinauf, am Dach entlang und auf der anderen Seite wieder bis zum Bett hinunter. Dort wird im Bedarfsfall ein mit einem entsprechenden Klettband versehenes Moskitonetz "angeklettet" und in der Bettebene unter die Matratze geschoben. In Thailand erlebten wir Moskitos, die jede auch nur kleinste Chance zum Stechen nützten, so daß wir im unteren Viertel des Netzes Plastik einnähten, weil die Biester durchs Netz in den dort liegenden Arm stachen. - Es lohnt sich, noch hier alle Lücken zu untersuchen, durch die Moskitos schlüpfen könnten und diese noch hier sorgfältig abzudichten.

Mit dem auf dem Markt angebotenen Moskitonetz für die Heck-Klappe läßt sich dieser Teil nicht sicher schließen. Daher befestigten wir ein Netz mit einer Leiste unterhalb der Oberkante der Hecköffnung (das Netz bleibt ständig dort). Die Stützen der Klappe laufen in einer Art Netzschlauch, der auf der einen Seite mit Draht fest an der Stütze befestigt, auf der anderen in das Netz eingenäht ist. An den Seiten der Heckklappenöffnung wurde wiederum Klettband verklebt, auf dem das Netz dann geklettet und in der Waagerechten unter die Matratzen geschoben wird.

Die Schiebetüröffnung läßt sich leider mit Moskitonetz nicht sicher abdichten. Ein Kompromiß ist ein türgroßes Netz, das in der Dachrinne eingehängt und an den Seiten mit Magneten oder Magnetband gehalten wird. - Als Stoff für Moskitonetze eignet sich Gardinen- Tüll.

G) Elektrisches Zubehör

Die folgenden elektrischen Anlagen sollen nur eine Anregung sein, sie können, wenn nicht im Handel erhältlich, zum Teil nur von Fachleuten gebaut werden:

a) Ein Zerhacker (Spannungswandler) zum Betreiben von 220 V-Wechselstromgeräten wie Blitzlichtgerät, Rasierapparat etc. aus der Autobatterie.

b) Eine akustische Motorkontrolle, die bei fehlendem Öldruck oder fehlender Kühlung oder zu hoher Drehzahl akustischen Alarm schlägt.

c) Mit dem "Scharfmachen" der Alarmanlage den Strom im ganzen Auto über ein bistabiles Relais abschalten.

d) Eine Blitzlichtanlage mit Blitzen an jeder oberen Fahrzeugecke, die bei Einbruch oder Überfall in schneller Blitzfolge Angreifer blendet.

12. Ausbau eines normalen VW-Kombi

Der normale VW-Kombi oder Bus unterscheidet sich lediglich in der Höhe vom Hochraum-Bus, alle anderen Maße wie Grundfläche, Türen etc. sind gleich. Die in den Kap. 10 und 11 beschriebene Einrichtung für den Hochraumbus wurde aus der eines normalen Kombi entwickelt - jetzt ist also der Schritt in umgekehrter Richtung nötig. Die prinzipielle Einteilung des Wagens bleibt, es ändern sich lediglich die Wasserversorgung, die Fächer unter dem Kleiderschrank und einige Details am Bett.

Das Bett kann leider nicht so hoch über dem Motor liegen wie beim Hochraumbus, trotzdem sollte man über dem Motorraum noch Staufächer schaffen. Als optimale Höhe hat sich ein Maß von 16 cm herausgestellt (Abb. 15). Jetzt steht allerdings die Rückenlehne der Sitzbank über die Stauräume hinaus, sie kann nicht einfach durch ein Scharnier befestigt werden. Abb. 15 zeigt jedoch das Prinzip: An den beiden oberen Außenecken der Rückenlehne ist je eine ca. 15 cm lange Flacheisenführungsschiene (B) drehbar montiert. Diese Schiene ist am anderen Ende (Drehpunkt A) mit der Auto-Karosserie ebenfalls drehbar verschraubt (an unserem damaligen Kombi waren M 6 Muttern an dieser Stelle werksseitig in die Karosserie geschweißt).

Die übrige Bettkonstruktion entspricht der des Hcohraumwagens. Zum Bettenbauen wird die Sitzfläche hochgeklappt, Rückenlehne und Sitzfläche gemeinsam in die Waagerechte gehoben - dabei klappt die Führungsschiene F herunter, die Rückenlehnenkante legt sich auf Staufach (E) -, die seitlichen Stützen rasten ein und halten die Rückenlehne fest. Jetzt wird die Sitzfläche herumgeklappt und- wie gehabt - in Ketten einge-

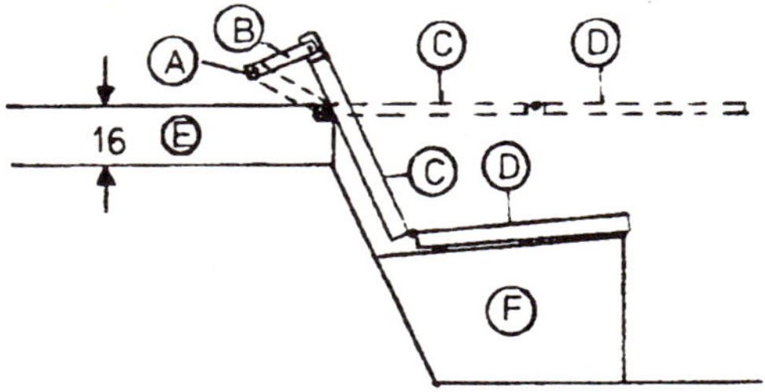

A Drehpunkt
B Führungsschiene
C Rückenlehne
D Sitzfläche
C,D gestrichelt: Bett
E Staufach
F Truhe

Abbildung 15: Bett/Sitzbank für den normalen VW-Bus

hängt (eine Alternative hierzu ist in Kap. 11.3 aufgezeigt).

Leider hat der Wasserkanister beim Normalbus keinen Platz unter dem Dach. Zwangsläufig muß man den Kanister an einer anderen Stelle unterbringen und die Wasserleitung mittels einer Pumpe versorgen. Als Platz bietet sich der Durchgang zwischen Kleider- und Küchenschrank an. Wenn man einen relativ flachen Kanister direkt an den Küchenschrank stellt, ist das Durchgehen kaum behindert. Als Wasserpumpe würden wir eine Tauchpumpe nehmen - weil sie so billig ist, daß man sich gleich mehrere Ersatzpumpen kaufen kann.

Im einschlägigen Handel gibt es inzwischen sehr gut angepaßte Unterflurtanks für den VW-Bus. Ein solcher Tank stiehlt keinen Platz im ohnehin schon engen Wohnbereich.

Der Kleiderschrank nimmt jetzt praktisch die gesamte Höhe des Wagens hinter dem Fahrersitz ein. Sie müssen allerdings ein Fach für die Gasflasche wie das Fach (T) in den Kleiderschrank einbauen. Die Türen unterteilt man am besten auch wieder so, daß die eine gleichzeitig als Tisch benutzt werden und die andere den Durchgang verschließen kann. - Der Kleiderschrank wurde nicht der Rundung des Fahrzeugdaches angepaßt, sondern erhielt ein gerades Dach. Daher ergibt sich zwischen Kleiderschrank und Autodach noch eine ca. 11 cm hohe Ablage.

Für Kamera und andere wertvolle Utensilien bauten wir ein Safe zwischen die Vordersitze, es ist allerdings nur 40 cm lang und 25 cm hoch. Bei diesen Abmessungen behindert es den Durchgang nicht allzu sehr.

Unter dem Dach oberhalb des Motorraums ließ sich auch ein kleines Staufach unterbringen, das 11 cm tief und 50 cm lang ist. Über dem Herd läßt sich sehr einfach eine Ablage unter das Dach montieren, die auf dem Horizontalholm der Schiebetür aufliegt.

13. Ausbau von VW-Bussen ab Baujahr 1979

13.1 Änderungen und Einbauten

Mit dem derzeit (Anfang 1989) letzten, 1979 eingeführten Modell änderte VW einige Details, die teils nachteilig, teils zum Vorteil des Campers gerieten.

Nehmen wir zunächst die Nachteile. Am ärgerlichsten ist die Service-Klappe für den Motor auf dem Motorraum. Sie bringt dem Mechaniker zwar viel Bequemlichkeit, den Wohnmobilisten stellt sie leider vor die unabänderliche Tatsache, den Mechaniker in seinem Wohnbereich eindringen lassen zu müssen. Das kann in Ländern, in denen schnell etwas verschwindet, zu erheblichen Wegräum-Arbeiten führen. Ärgerlicher ist jedoch, daß man diesen Platz stets zugänglich halten muß. Die kommerziellen Ausbauer haben sich dazu nichts anderes einfallen lassen, als das Bett weiterhin direkt auf dem jetzt viel tiefer liegenden Motorraum zu belassen. Damit wird wertvoller Platz in günstiger Schwerpunktlage verschenkt.

Als weiteren erheblichen Wohnmobil-Nachteil sehen wir, daß sich der Wagen aus aerodynamischen Gründen immer mehr von der Idealform des rechteckigen Kastens in Richtung Pyramide fortentwickelt hat: Das führt bei verbreiterter Grundfläche zu keinem nennenswerten Volumengewinn und, für den Bastler, zu noch mehr Abschrägungs- und Anpassungsarbeiten.

Im Fahrerhaus hat sich mehr Plastik breit gemacht, ein Tunnel wurde als Stolperstelle zwischen Fahrer- und Beifahrersitz gebaut, der Handbremshebel platzfressend von der ehemals nicht störenden Stelle unter der Armaturentafel neben den Fahrersitz verlegt. Die Wasserkühlung verlangte nach einem Kühler im Bug, damit ist der so praktische Ersatzradplatz endgültig verschwunden, im Heck sind die inzwischen fast arbeitslosen Luftkanäle zum Gedenken an Herrn Porsche erhalten geblieben - so, wie im Bug ein Loch für den Kühler geschaffen wurde, hätte man die Kanäle zum Nutzen von zusätzlichem Innenraum wenigstens ausdünnen können.

Daß wir uns wegen der wesentlich besseren Geländegängigkeit zum Synchro entschieden haben, wurde schon mehrmals erwähnt. Daß dieses

Auto jedoch in Graz von Steyr-Puch zusammengeschraubt wird und man dabei offensichtlich in Details großzügig vorgeht, schließen wir aus der Tatsache, daß bei unserem Wagen im Bodenbereich der Decklack auf Konservierungsüberzug aufgespritzt wurde, oder daß der mehrere hundert DM teure Unterbodenschutz nur dort aufgetragen war, wo man bequem hinkommt; wichtigere Stellen blieben dem Angriff von Wasser und Salz ausgesetzt. - Vom Preis dieses Wagens sollte man gar nicht reden.

Auch können wir die Probleme nicht verschweigen, die wir bis Anfang 1989, in gut zwei Jahren und erst knapp 30 000 km mit dem Wagen hatten: von der auslaufenden Batterie über einen undichten vorderen Stoßdämpfer und eine undichte Einspritzpumpe bis zum zeimaligen Ölaustritt aus dem Motor wegen undichtem Simering der Kurbelwelle, um nur die dicksten Brocken zu nennen.

Wenn Sie sich für den Synchro interessieren, so sollten Sie sich ernsthaft Gedanken über die Version mit den 16-Zoll-Rädern machen. Nach unseren Erfahrungen im Gelände ist die Bodenfreiheit mit den Normalrädern doch arg gering, wir würden heute die höher stehende Version bestellen (die damals noch nicht angeboten wurde). Weiterhin wäre wohl das sog. Schlechtwegepaket als ein wichtiger Mehrausstattungspunkt für Leute zu empfehlen, die häufig im Gelände herumfahren. Wir entschieden uns zunächst für die normalen 185/14-Reifen, um auf diese Weise eine Ersatzreifenwanne unter dem Vorderwagen zu bekommen. Der größere 205/14-Reifen paßt zwar mit verlängerter Halteschraube in die Wanne, er wird aber werksseitig dort nicht untergebracht, sondern er liegt im Wohnbereich im Weg herum; der Raum unter dem Vorderwagen wird dann durch eine starke Blechplatte geländegünstig (größerer Böschungswinkel, zusätzliche Versteifung des Vorderwagens) verstärkt, aber der Platz ist praktisch verloren. Inzwischen haben wir auf die 205/14-Reifen wegen der besseren Geländeeigenschaften umgestellt.

Doch zu den Vorteilen der derzeitigen Bus-Generation. Der wichtigste dürfte im wassergekühlten Motor liegen, der zuverlässiger, weniger wärmeempfindlich und sparsamer im Betrieb sein soll. Erfreulich ist die Dieselversion, wobei es sich allerdings eher um einen überzüchteten als um einen zu wenig belasteten Motor handelt, besonders in der Turboausführung. Sehr angenehm macht sich ein noch besseres Fahrverhalten als das des Vorgängers bemerkbar: Bequemer im größeren Fahrerhaus sitzend, leichter einen deutlich geringeren Wendekreis lenkend, der höheren Motorleistung und - ungeliebten - Pyramidenform wegen deutlich schneller dahinsausend, ist der Bus ein Auto, mit dem das Fahren wirklich und noch mehr Spaß als früher macht.

Der Innenraum wurde gegenüber dem Vorgängermodell verbreitert, der Vorteil geht jedoch nach oben hin rapide schnell verloren. Zusammen

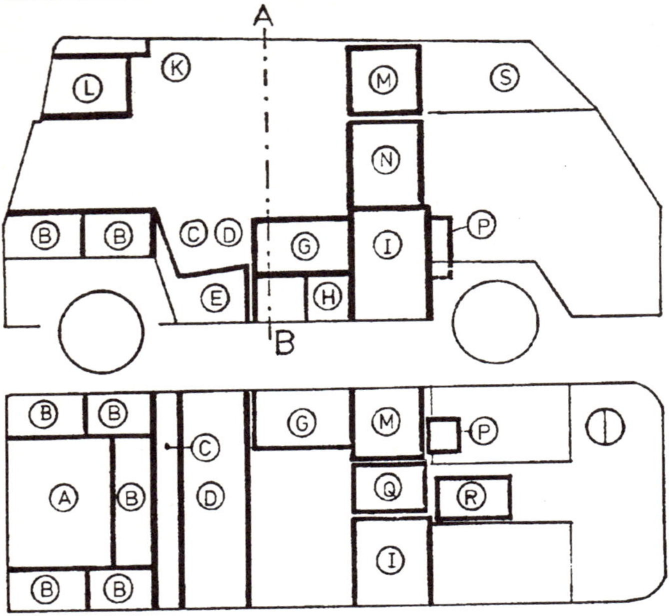

Abbildung 16: Raumeinteilung im VW-Bus ab Baujahr 1979

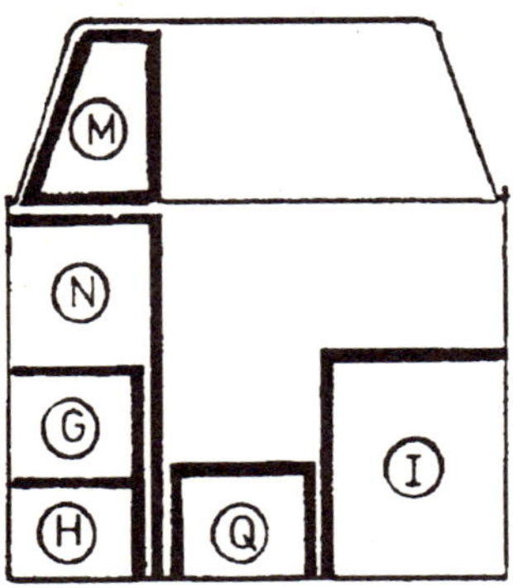

Abbildung 17: Schnitt A-B

A Aufklappbarer Staukasten über Motorraum
B Staufächer über Motorraum
C Rückenlehne
D Sitzfläche
E Truhe
G Kühltruhe
H Fach für Obst und Gemüse
I Küchenschrank mit Herd und Spüle
K Breites Staufach unter dem Dach
L Staufach für Bettzeug
M Staufach für Bücher, Schreibkram
N Kleiderschrank
P Fach für Betriebs-Gasflasche
Q Bewegbarer Sitz
R Safe
S Staufach über dem Fahrerhaus

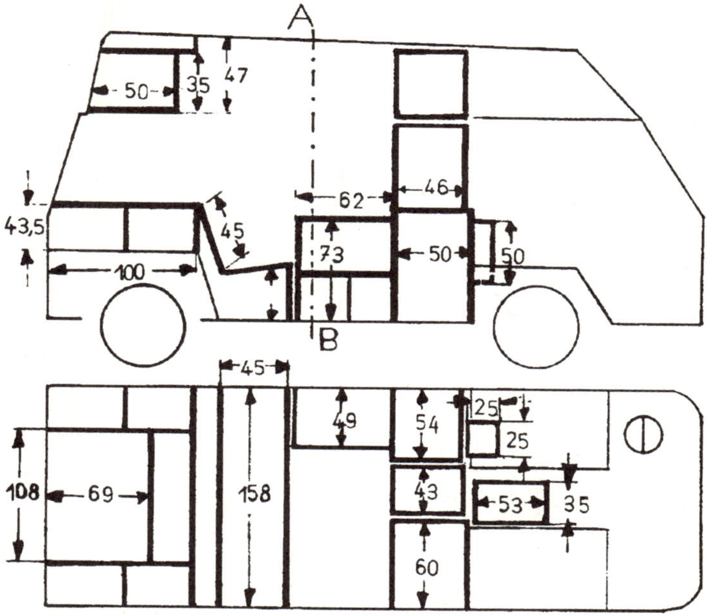

Abbildung 18: Maßangaben für die Einrichtung

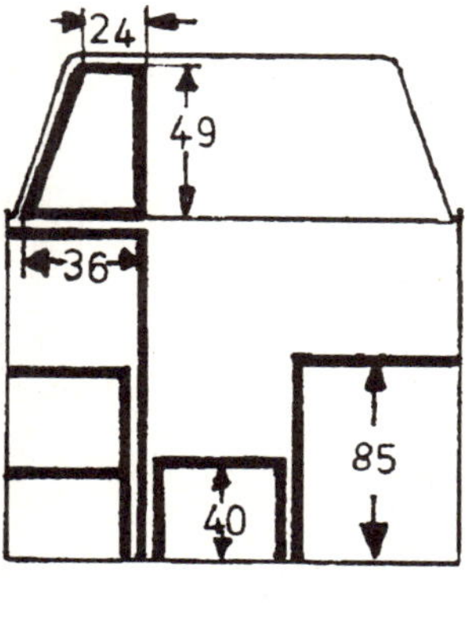

Abbildung 19: Schnitt A-B

mit dem niedriger gesetzten Motorraum ergibt sich vermutlich ein Gewinn an Volumen. Im Unterbodenbereich sind eine Reihe von Holmen offen oder mit so großen Löchern versehen, daß sich Dreck und Wasser nicht ansammeln können.

Das Synchro-Modell ist höher geworden. Daher hätten wir mit dem von VW angebotenen Hochdach Probleme mit unserer Garageneinfahrt gehabt. Wir bestellten einen normalen Bus und hofften, ein Hochdach im Zubehörhandel auf Garagenhöhe kürzen zu können. Als der Wagen geliefert war, stellte sich diese Hoffnung als trügerisch heraus. Wir beließen daraufhin das bei der Münchner

Firma Intercamp gekaufte Dach wie es war und fahren jetzt mit einer Gesamthöhe von 2,48 m spazieren. Wir werden deswegen keinen Dachständer mehr verwenden, sondern alle Utensilien im Wageninnern verstauen.

Gegenüber dem Vorgänger darf das Original-Blechdach im Fahrerhaus nicht herausgenommen werden, weil dieser gesamte Bereich als Sicherheitszelle konzipiert ist. Das ist bestimmt sehr vorteilhaft bei Gelegenheiten, bei denen man das Auto zu Kopfständen mißbraucht. In der täglichen Praxis wird der Durchgang nach hinten wesentlich beschwerlicher, wenn man wie wir ein Safe für die Kameraausrüstung zugriffsbereit zwischen den Vordersitzen anbringt. Zudem entsteht über dem Fahrerhaus ein riesiger und etwas schlecht zu unterteilender Stauraum.

Als wir uns 16 Jahre nach dem Kauf unseres vorigen Busses zu einem neuen Wagen entschieden, dachten wir lange und kritisch über die Inneneinrichtung nach. Schließlich kamen wir zu dem Schluß, daß sich unsere vorige Version bestens bewährt hat und wir daher an der prinzipiellen Aufteilung und Gestaltung nur im Detail Änderungen vornehmen werden.

Die Abbildungen 16 und 17 zeigen die prinzipielle Einteilung der Wohneinrichtung: große Staufächer (A,B) auf dem Motorraum, davor die Sitzbank, deren Sitzfläche (D) und Rükkenlehne (C) zum Bett umfunktioniert werden können. Links vor der Sitzbank hat die Kühltruhe (G) über einem Obst/Gemüsefach H einen Platz gefunden, dann folgt der Kleiderschrank (N), über dem sich ein weiterer Staukasten (M) befindet. Neben dem Kleiderschrank im Durchgang steht ein Sitzkasten (Q), der beweglich ist und in dem die chemische Toilette untergebracht ist. Hinter dem Beifahrersitz ist der Küchenschrank (I) mit Herd und Spüle befestigt. Zwischen den Vordersitzen ist das Safe (R) für die Kameraausrüstung fest mit dem Wagenboden vernietet, hinter dem Fahrersitz steht im Kasten (P) die Betriebs-Gasflasche. Im Dachgeschoß wurde im Heck in Staufach (L) Platz für Bettzeug geschaffen, darüber bleibt noch Raum für ein dachbreites Fach für Campingstühle; über dem Fahrerhaus steht der riesige Stauraum (S) zur Verfügung.

Aus den Abbildungen 18 und 19 gehen die prinzipiellen Abmessungen hervor, die wiederum nur Größenordnungen angeben. Details müssen anhand der individuellen Möbelwünsche, Holzstärken etc. geplant werden.

13.2 Ein expandierendes Auto

Auf der Suche nach dem Schrumpfauto, das während der Fahrt klein, beim Wohnen jedoch groß ist, fanden wir einen bescheidenen Ansatz. Wir bestellten ein Fahrzeug mit einer zweiten Schiebetür auf der linken Seite.

Wenn man diese Tür öffnet und alles, was einem im Wagen im Weg herumsteht, wie eine Schublade nach draußen zieht, dann läßt sich der Wohnbereich deutlich erweitern. Das Öffnen der Schiebetür und dann das Herausziehen von Kleider- und Kühlschrank in zwei getrennten Abläufen erschien uns zu umständlich, außerdem müßte die Schiebetür eigens gegen Regen geschützt werden. Daher nahmen wir die Schiebetür aus ihrer vorgesehenen Führung und befestigten sie am Kleider- und Kühlschrankrahmen. Dieser wiederum sitzt auf Teleskop-Auszugschienen, die ähnlich z.B. bei Schubladen verwendet werden. Wenn man nun die Verriegelung öffnet, läßt sich ein Paket aus Kleider-, Kühlschrank und Schiebetür quer zur Fahrtrichtung etwa 40 cm nach draußen schieben. Der jetzt im Innern gewonnene Platz reicht aus, um eine Plastikduschkabine aufzuhängen oder ihn einfach nur zur Bequemlichkeit, zum besseren Durchlüften etc zu nutzen.

Foto III/14 zeigt das äußere Bild, die Abbildungen 20 und 21 sollen das Prinzip verdeutlichen.

Abbildung 20: VW-Bus mit Erker

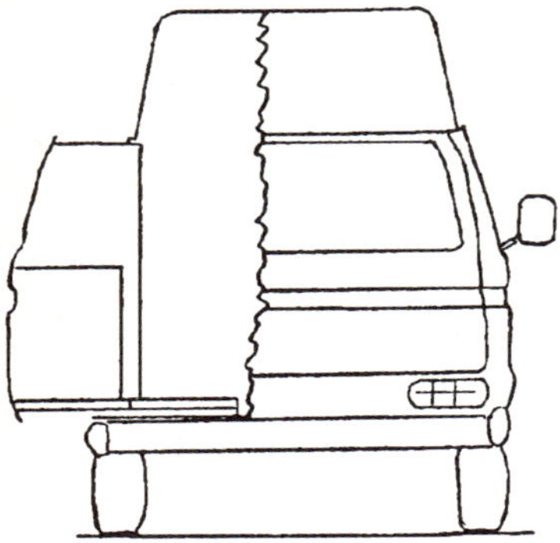

Abbildung 21: Erker von hinten

Zunächst wurde ein Rahmen aus Aluminium-Rechteckrohr 20 x 30 mm geschweißt, dessen Maße auf unsere Bedürfnisse - gut zugänglicher Kleiderschrank, elektrische Kühltruhe - zugeschnitten sind; die Abmessungen gehen aus Abbildung 22 hervor, in Foto III/15 ist er während der Ausbauphase fotografiert (die Dimensionen des Rahmens auf dem Foto stimmen nicht mit den Abmessungen der Zeichnung überein, weil wir damals noch eine andere Kühltruhe einbauen wollten). Der Rahmen wiederum sitzt auf Kugellager-Teleskopschienen mit einer Tragfähigkeit von insgesamt 100 kg, die von der Fa. Accuride GmbH, Postfach 1265, 6252 Dietz, hergestellt werden (Typenbezeichnung 522, rund DM 300 per Paar).

Die Teleskopschienen wurden so auf dem Wagenboden verschraubt, daß sich der Alu-Rahmen an den Kanten der linken Schiebetüröffnung vorbei herausziehen läßt. Als nächsten Schritt hängten wir die Schiebetür aus ihrer Führung und verschraubten sie mit dem Alu- Rahmen: jetzt lassen sich Rahmen und Schiebetür gemeinsam nach draußen ziehen.

Der Alu-Rahmen wurde an den Seiten und auf dem Kleiderschrank mit Alu-Blechen abgedeckt, zum Wageninnern hin mit entsprechenden Sperrholzplatten. Der ausgefahrene "Erker" stößt an Anschlagschienen, auf denen Gummilippendichtungen angebracht sind und die ihn im ausgefahrenen Zustand stabilisieren. Damit ist der größte Teil nach außen hin abgedichtet, aber der Bereich über dem Kühlschrank und vor dem Fenster in der Schiebetür steht völlig offen. Bei Regen wird über den Erker ein Zelt gestülpt, das am Wagendach und an den Seitenwänden dicht anliegt und aus dem dann nur die Schiebetür herausschaut. Abbildung 23 stellt den Mitteltrakt des Wagens bei ausgefahrenem Kühl/Kleiderschrank dar. Die

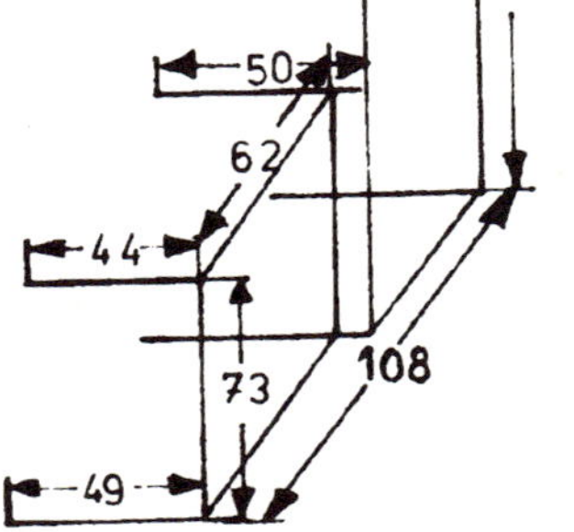

Abb. 22: Aluminium-Rahmen

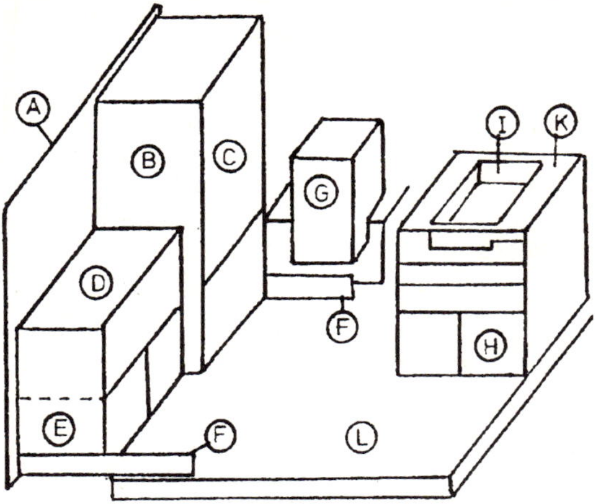

Abbildung 23: Mitteltrakt des Wagens bei ausgefahrenem "Erker"

A Linke Schiebetür
B Kleiderschrank
C Kleiderschranktür
D Kühltruhe
E Obst/Gemüsefach
F Teleskop-Auszugschienen
G Kasten für Betriebsgasflasche
H Küchenschrank
I Spüle
K Gasherd
L Wagenboden

Fotos III/16 und 17 sollen den Raumgewinn im Wagen durch dieses Prinzip veranschaulichen.

Der Raum über dem Kleiderschrank wurde für ein Staukästchen genutzt, das im Weg herumhängt, wenn man bei ausgefahrenem Erker duschen will. Daher wurde auch dieses Kästchen an Teleskopschienen gehängt, es kann einfach nach hinten fortgeschoben werden (Foto III/18) und die volle Stehhöhe ist erreicht.

Dieser gesamte Erker-Umbau war nicht einfach zu bewerkstelligen, er steckt voller Detailprobleme, die viel Zeit fressen. So ist die Öffnung der Schiebetür für eine Tür zum Wegschieben nach hinten konzipiert und nicht zum Querverschieben nach außen; daher muß z.B. die vordere obere Schiebetürhalterung soweit an der Tür abgeschnitten werden, daß sie sich überhaupt nach außen fahren läßt. Da dann die Schiebetür nicht mehr in ihrer Originalfunktion zu gebrauchen ist, steht man hier am Punkt ohne Umkehr. Rückblickend kann ich den Erker-Bau eigentlich nur Fanatikern empfehlen, die unbedingt mehr Platz im Wagen haben wollen. Wobei ich gestehen muß, daß ich selbst nur durch den Zwang, die ursprünglich so simpel aussehende Arbeit zu Ende führen zu müssen, in die Rolle eines solchen Fanatikers getrieben wurde. Doch jetzt, wo die ganze Sache fertig ist, möchten wir sie nicht mehr missen. Ein weiteres Problem, auf dessen sichere Lösung der TÜV natürlich Wert legt, ist die Verriegelung der Schiebetür. Das Originalschloß läßt sich für diesen Zweck nicht mehr verwenden. Passende Verschlüsse waren nicht aufzutreiben, daher befestigte ich an der Vorderkante eine vertikal verlaufende Welle, auf die oben und unten je ein Flacheisen geschweißt ist. Wenn die Welle über einen entsprechend langen Hebelarm gedreht wird, legen sich die Flacheisen an Gegenlager am Holm und ziehen die Tür in die Dichtung. Am rückwärtigen Teil der Schiebetür ist in der Mitte (an der Stelle vom ehemaligen Türschloß) ein Schließmechanismus von einer Verandatür angebracht, der ebenfalls die Tür so stramm in die Dichtung zieht, daß sie absolut sicher und dicht schließt.

Im Übrigen bestaunten die Herren vom TÜV zwar die ihnen bis dahin noch nicht untergekommene Expansionsmöglichkeit, erhoben aber keine Einwände gegen sie.

13.3 Bettkonstruktion

Die in Kap. 11.2 beschriebene Bettkonstruktion hat gegenüber den kommerziellen Lösungen den Nachteil, daß sie etwas umständlicher aufzubauen ist. Der unschätzbare Vorteil liegt hingegen in den Staukästen auf dem Motorraum.

Alle unsere Überlegungen, ob nicht doch eine andere Konstruktion einfacher sei, führten letztlich wieder auf das beschriebene Prinzip zurück. Nachteilig wirkte sich hier allerdings die Service- Klappe auf dem Motorraum aus, die jetzt mitten im Stauraum liegt. Man kann sie ignorieren, wenn man bei jedem Werkstattbesuch alles wegräumt. Dies erschien uns zu umständlich.

Wir konzipierten daher einen Kasten, der so breit wie die Service-Klappe ist und vom Heck bis zu ihrer vorderen Kante mißt, d.h. eine Grundfläche von 108 x 69 cm hat, siehe Abb. 24 (A). Als Höhe bietet sich ein Maß von 43,5 cm an, da dort gerade ein Falz in der Fahrzeug-Seitenwand endet. In diesem Kasten sind bequem ein Ersatzreifen, Campingstühle und -liegen etc unterzubringen. Rings um den Kasten sind Staufächer angeordnet, die fest mit dem Wagen verschraubt sind. Unser Kasten ist an der Vorderkante durch Scharniere mit dem vorderen festen Staukasten (D) verbunden. Wenn man nun den Motor durch die Serviceklappe besichtigen will, klappt man den Kasten nach oben, hängt ihn unter dem hinteren Wagendach ein und kann nahezu ungehindert am Motor hantieren. Bei der Planung dachte ich, daß dieser Ausschnitt zu unbequem sei und entwik-

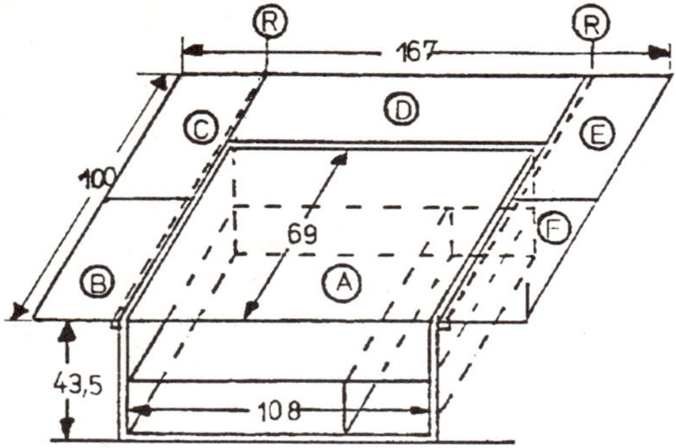

Abbildung 24: Staufächer auf dem Motorraum

A Hochklappbarer Kasten
B - F Staufächer
R Rechteckrohre als Teil der Bett-Stützen

kelte eine Scharnierkonstruktion, mit der sich der Kasten komplett umlegen läßt (Foto III/18 und 19). Im Nachhinein glaube ich, daß ein simples Scharnier, welches das Hochklappen bis zum Dachanschlag erlaubt, völlig ausreichend ist. Eventuell kann man dieses Scharnier mit Flügelschrauben so befestigen, daß sich der Kasten für eine umfangreichen Motorreparatur komplett herausnehmen läßt.

Die Staufächer (B) und (F) sind von der Hecklappe her zugänglich, in (F) steht außerdem die Reservegasflasche. (C), (D) und (E) sind von oben aus zugänglich. Als Material wurde für alle Seitenwände 8 oder 10 mm Gabun-Sperrholz, für die Deckplatten beschichtetes 16 mm Pappel-Sperrholz verwendet. An den oberen Innenkanten der Fächer (B/C) und (F/E) verläuft in einem kleinen Plastik-Kanal je ein Rechteck-Stahlrohr (R), das beim Bettenbauen nach vorn herausgezogen wird.

Auch die Sitzbank besteht aus 16 mm Pappelsperrholz. Ihre Rückenlehne ist an der Querwand von Staufach (D) mit Scharnieren befestigt, die Sitzfläche mit Klavierbandscharnier an der unteren Kante der Rückenlehne, außerdem ist die Sitzfläche noch einmal durch ein Klavierbandscharnier so unterteilt (Abstand zur Rükkenlehne 16 cm), damit man sie trotz aufliegender Polster besser hochklappen kann. Die Sitzfläche liegt auf der Truhe auf, die nach hinten um knapp 5 cm abgeschrägt ist.

Die Bett-Konstruktion wurde noch in einem anderen Detail gegenüber der in Kap. 11.2 beschriebenen Lösung geändert. Die seitlichen, in die Wand eingelassenen Stützen entfallen, stattdessen übernehmen zwei Rechteckrohre die Stützfunktion. Ihre hinteren Enden liegen im Staufach (D) (Abb. 25) auf. Am vorderen Ende ist je eine Flachbandschiene befestigt, die hochgeklappt und in die Dach-Längsholme gehängt wird. Beim Bett-Abbau verschwinden Rohre samt Schienen in Führungen der hinteren Staufächer.

Wenn nun aus der Sitzbank das Bett aufgefaltet werden soll, legt man die Polster aufs hintere Betteil, klappt die Sitzfläche hoch und hebt Sitzflä-

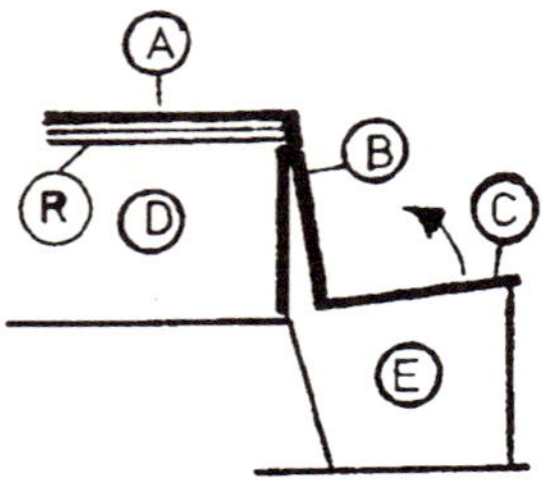

A) Sitzbank

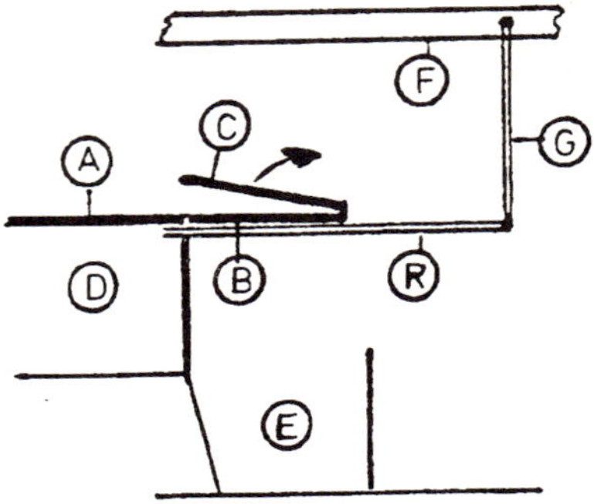

B) Umbau zum Bett

Abbildung 25: Betten-Bauen

A Abdeckplatte von Staufach D
B Rückenlehne
C Sitzfläche
D Staufach
E Truhe
F Dach-Längsholm
G Flachband-Aufhängeschiene
R Rechteck-Halterohr

che mitsamt Rückenlehne in die Horizontale (Abb. 25 A). Jetzt werden die beiden Rechteckrohre (R) herausgezogen und mittels der Flachbandschienen (die in den Rechteckrohren verstaut sind) in den oberen Seitenholmen des Wagens eingehängt, dann klappt man die Sitzfläche auf dieser Unterlage nach vorn (Abb. 25 B). Da das Sperrholz für zwei Personen nicht tragfähig genug ist, muß man die großen Flächen der Rückenlehne und Sitzfläche durch eine herabklappbare Mittelstütze unterstützen.

Unterm Dach - oberhalb der Staufächer auf dem Motorraum - ist ein Staufach für Bettzeug und Wäsche (Abb.1, L) eingebaut, darüber - noch weiter nach vorn gezogen - ein relativ niedriges Fach für eine Campingliege o.ä. (Abb. 1, K) Die Schlafsäcke werden im großen Staufach über dem Fahrerhaus untergebracht.

18.4 Küche, Gas- und Wasserversorgung

Der Küchenschrank (siehe auch Foto III/16) wurde genau auf die dort zu verstauenden Haushaltsgeräte und Vorratsbedürfnisse abgestimmt. Unterhalb der Spüle/Herdkombination ist eine etwas seltsam geformte Schublade zu sehen, die so gebaut ist, daß kein Platz ungenutzt bleibt. Es folgen zwei weitere Schubladen, darunter sind Vorratsfächer durch Türen zugänglich.

Der Küchenschrank steht direkt am Seitenholm und genau hinter der Wickelrolle für den Sicherheitsgurt. Die Abmessungen wurden so groß wie irgend vertretbar gewählt, um möglichst alle Tagesvorräte und alle Küchengeräte griffbereit unterzubringen.

Der Innentisch wird über eine Einhängeschiene an der Kühltruhen-Vorderwand befestigt und verlängert damit die Abstellfläche auf dem Deckel der Truhe. Soll er draußen verwendet werden, so geschieht dies wie unter Kap. 11.3 C beschrieben. Als zusätzlicher Sitz beim Essen im Wagen dient die Sitzkiste (Abb. 16, Q). Sie ist während der Fahrt nur eingerastet und kann daher ohne Umstände verschoben oder - z.B. beim Duschen - aus dem Weg geräumt werden.

Bei der Gasversorgung entschieden wir uns trotz einiger Vorteile gegen einen Außentank und nahmen lieber den Nachteil in Kauf, wertvollen Platz im Wohnbereich zu verschwenden. Am wenigsten genutzt schien der Platz direkt hinter dem Fahrersitz. Die dort installierte Zweitbatterie kam unter den Beifahrersitz, so daß der Kasten für die Betriebsgasflasche so dicht wie möglich an den Fahrersitz gerückt werden konnte. Die vorgeschriebene Bodenentlüftung mündet in den Vorderwagen. Die Reservegasflasche steht auf dem Motorraum. Sie ist geringfügig höher als das Staufach, was aber vom darüberliegenden Polster verdeckt wird.

Wir entschlossen uns wieder zu einer Gasheizung, und zwar für die Trumatic-E 1800 W, die verhältnismäßig klein und geräuscharm ist. Damit spielende Kinder den Schornstein nicht als Abfalleimer verwenden können, verlegten wir ihn so weit wie möglich nach oben, damit mußte die Heizung selbst (maximale Schornsteinlänge 1,50 m) im Staufach (C), Abb. 24, untergebracht werden.

Bei der Wasserversorgung möchten wir uns nicht von elektrischen Pumpen abhängig machen. Obwohl wir im alten Bus nur Kanister als Vorratsbehälter benutzten, haben wir diesmal einen Unterbodentank installiert. Von dort pumpen wir das Wasser mit einer billigen Tauchpumpe - von der wir mehrere in Reserve haben - in einen Kanister, der über dem Beifahrersitz im Dachgeschoß steht. An diesem Kanister hängt dann das Versorgungssystem des Wagens. Sollte die Tauchpumpe ausfallen oder die Batterie leer sein, können wir immer noch den Kanister herausnehmen und ihn über den Tankauslauf des Unterbodentanks füllen. - Das Abwasser wird in einem Unterflur- Abwassertank gesammelt.

Wenn wir beliebiges Wasser zu Trinkwasser filtern müssen, so stellen wir einen "Schmutzig"-Kanister neben den Versorgungskanister, in den wir das schmutzige Wasser aus dem Unterbodentank pumpen. Von dort sickert es durch den Katadyn-Filter (siehe Kap. 11.4 C), der hinter dem Beifahrersitz installiert ist, in einen Sammelkanister im Küchenschrank, aus dem es dann in den Versorgungskanister elektrisch gepumpt wird. Auch dieses System läßt sich sehr einfach auf Handbetrieb umstellen.

Foto III/1: Das aufgebaute Bett, vorn sind die Ketten (mit Stoff überzogen) für den Kopfteil zu erkennen.

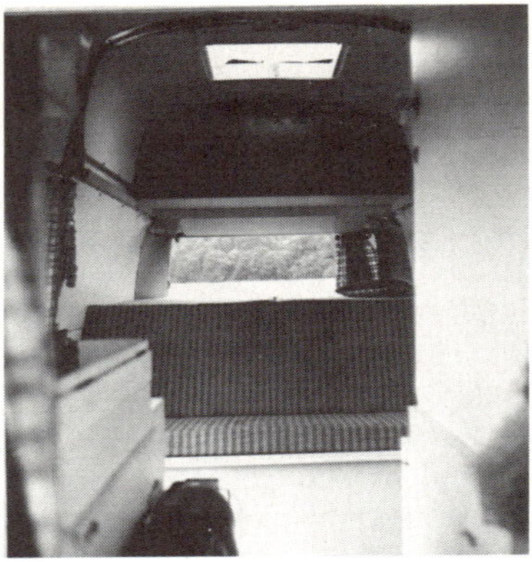

Foto III/2: Blick vom Fahrerhaus nach hinten. In der Bildmitte die Sitzbank, darüber die geöffnete Dachluke.

Foto III/3: Die geöffnete Truhe mit dem von vorn zugänglichen Staufach. Auf der linken (in Fahrtrichtung) Truhenseite ist deutlich das Stützbrett fürs Bett und darüber die Kette zu sehen.

Foto III/4: Küchenschrank mit eingehängtem Außentisch. Der Gasherd ist ein Stück herausgezogen, ebenso die Waschbeckenschublade und die beiden Schubladen darunter.

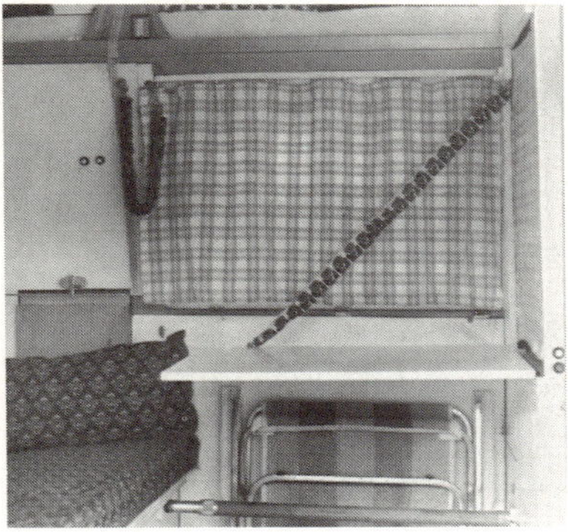

Foto III/5: Der Kleiderschrank-Tisch ist von einer mit Stoff überzogenen Kette gehalten. Dahinter der Vorhang des Seitenfensters.

Foto III/6: Der Tisch vor dem Beifahrersitz, der von Ketten gehalten wird.

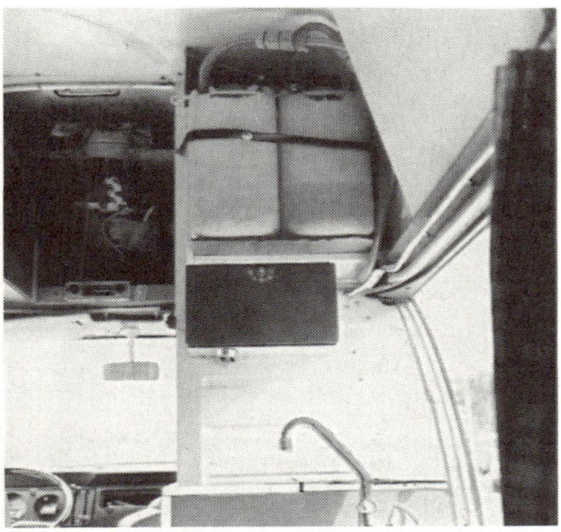

Foto III/7 : Die Wasserkanister über der Küche, links Schmutzig-Kanister, rechts Sauberkanister.

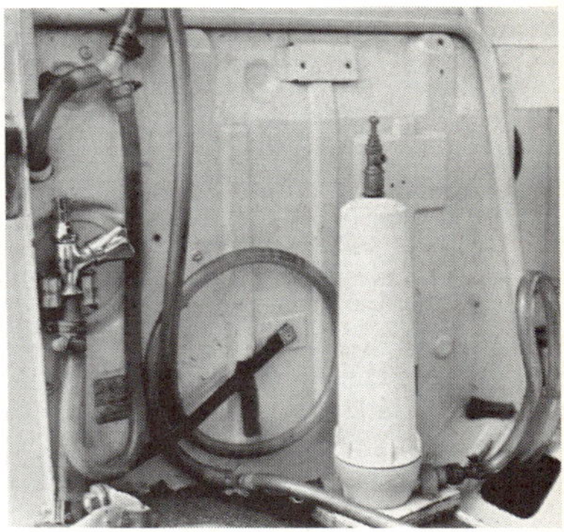

Foto III/8 (rechts): Das Wasserfiltersystem: der rechts von oben kommende Schlauch führt Schmutzigwasser. Er verläuft in einer Schleife zum Filter. Der Filterauslaufschlauch läuft wiederum in einer Schleife zum Sauberkanister. Von links oben kommt die Sauberwasser-Leitung, die sich zum Waschbekkenhahn und zum herausklappbaren Hahn verzweigt.

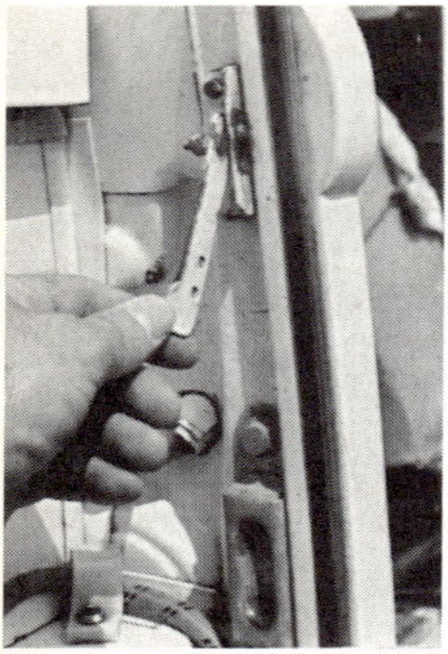

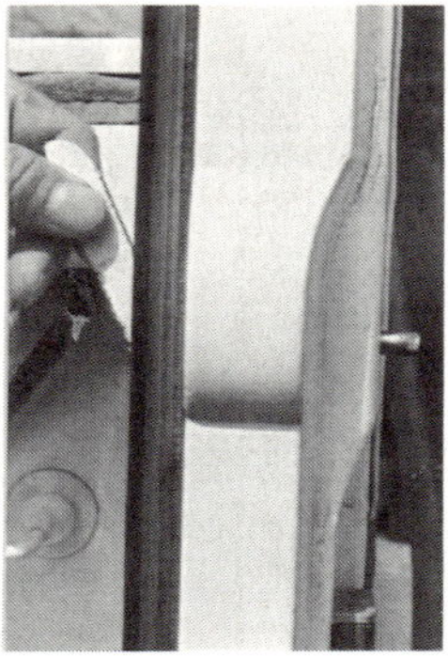

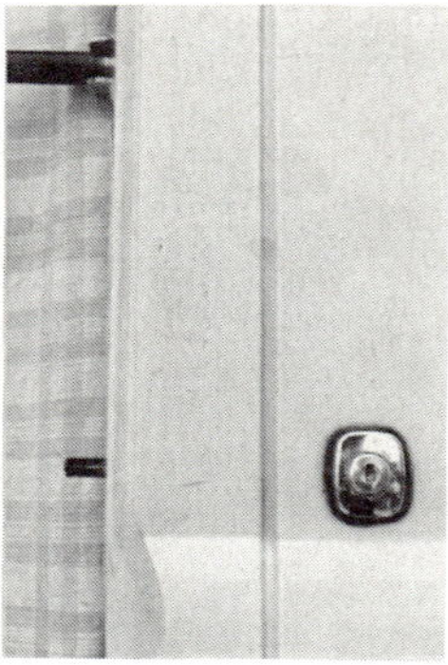

Foto III/9 (links) u. III/10 (Mitte): Einbruchsicherung für die Beifahrertür. Der Hebel wird nach oben gelegt, in III/10 liegt der Hebel oben, rechts im Bild ist der herausgeschobene Bolzen erkennbar.

Foto III/11: Einbruchsicherung an der Fahrertür: rechts das abgeschlossene Zusatzschloß, oben das U-Stück mit der eingelegten Sicherungsstange.

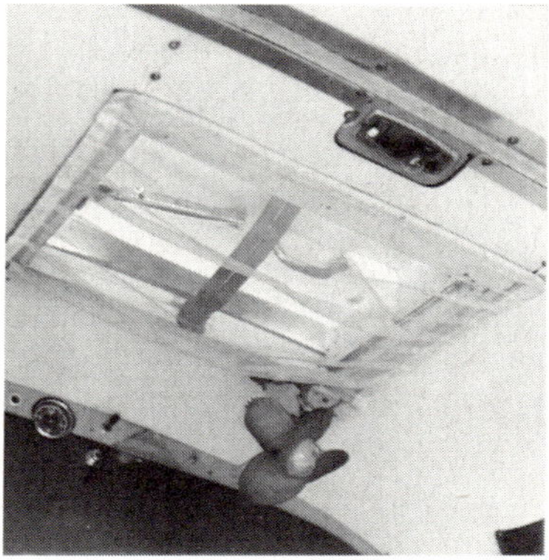

Foto III/12 (links):Staufächer. Ersatzteile und Werkzeug sind in Rechteck-Plastikcontainern untergebracht. Vor dem Fach Klappen, die vom Wageninnern her zu verriegeln sind, um bei geöffneter Heckklappe Diebstahl zu verhindern (z.B. beim Schlafen).

Unten links im Motorraum steht die Auto-Werkzeugkiste. Foto III/13 (rechts):Die große Dachluke, unter der ein Moskitonetz mit Klettband befestigt ist. In der Mitte der Luke die Ledersicherungsriemen, daneben die Arretierung der beweglichen Stütze.

Foto III/14: Unser neuer VW-Bus mit herausgefahrenem "Erker". Vorn im Schrank die Kühltruhe, dahinter der Kleiderschrank.

Foto III/15: Der Erker im Bau: Die Schiebetür ist an einem Aluminium-Rahmen befestigt, der seinerseits auf Teleskop-Auszugschienen steht.

Foto III/16 (links): Blick in den Innenraum von der Sitztruhe her: Rechts der Küchenschrank mit seinen zweckbestimmten Schubladengrößen und einem unteren Staufach. Links Kühltruhe und Kleiderschrank.

Foto III/17 (rechts): Kühl- und Kleiderschrank sind nach draußen gefahren, die freie Fläche im Fahrzeug verdoppelt sich. Etwa in Bildmitte ist die vordere Teleskopschiene zu erkennen, darüber steht der Gasflaschenkasten.

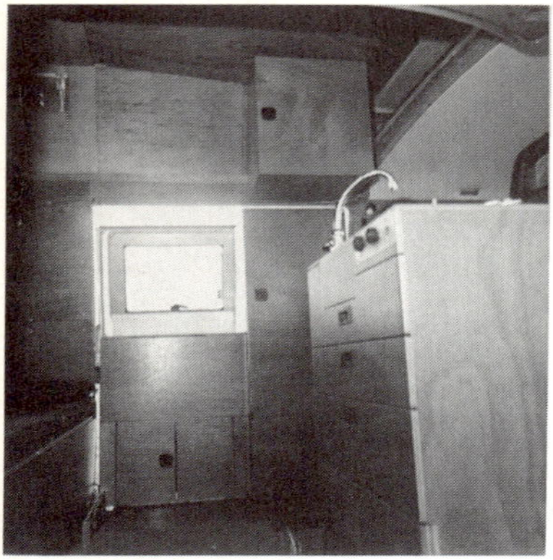

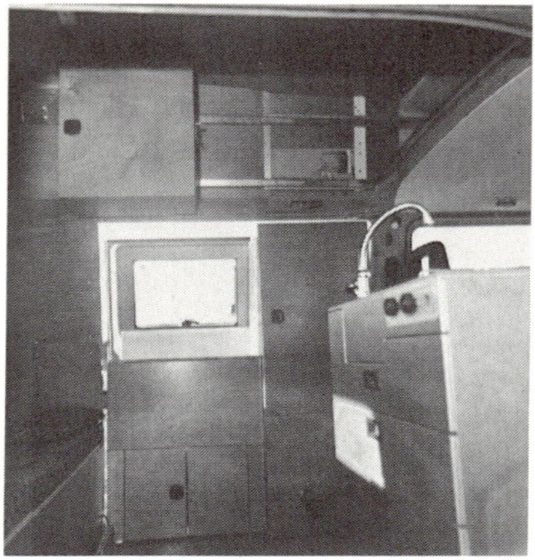

Foto III/18 und 19: Das Staukästchen über dem Kleiderschrank (rechts oben in Bild III/18) ist bei herausgefahrenem Erker z.B. beim Duschen im Weg. Es läßt sich daher an Teleskopschienen nach hinten schieben.

Foto III/20 und 21: Der Kasten über dem Motorraum - der mehrfach unterteilt ist (z.B. für das Ersatzrad) - kann hochgeklappt werden, um den Zugang zum Motor zu ermöglichen. In Bild III/21 ist er um 180 Grad nach vorn gedreht, in dieser Stellung behindert er Reparaturarbeiten am Motor überhaupt nicht mehr.

Programmübersicht

Reise Know-How Bücher
ntstehen aus zwei Grün-
len: Wir – die Autoren –
aben Freude an bewuß-
em Reisen und stellen fest,
laß unsere Erfahrungen
nderen von Nutzen sind.
)aher schreiben wir Bü-
her, deren Inhalt Hand
ınd Fuß haben, die helfen,
ein Ziel zu finden, ein Bett
ür die Nacht, einen Platz
m Bus, eine Straße im
ıächsten Ort, im Notfall ei-
ıen Arzt etc. etc. Diese
raktischen Tips sind uns
ehr wichtig. Am Herzen
iegt uns jedoch, den Men-
chen näher zu kommen,
hr Leben, ihre Besonder-
ıeiten und Probleme zu
erstehen. Wir sorgen da-
ür, daß jeder Band die ge-
neinsam gesetzten Quali-
ätsmerkmale erfüllt. Weil
ich alles laufend ändert,
ıktualisieren wir häufig
ınd drucken kleine Aufla-
gen.

Reiseführer

Hans-R. Grundmann
USA/CANADA
Erweiterte Auflage 88/89:
524 Seiten + 31 S. N.Y.-City, 50 Karten, zahlreiche Abb. & Fotos.
Verlag Dr. H.R. Grundmann, 2930 Varel.
ISBN 3-980 0151-3-0 DM 29,80

Rainer Lössl
PERU/BOLIVIEN
384 Seiten, viele Fotos und Pläne.
Rainer-Lössl-Verlag, München.
ISBN 3-980 0376-2-2 DM 29,80

Petra Brixel, Gerd Simper
NORD-JEMEN
324 Seiten, viele Abb. und Karten, 16 Farbseiten.
Därr Reisebuch-VerlagsgmbH, Hohenthann.
ISBN 3-921 497-10-8 DM 29,80

Wil & Sigrid Tondok
ÄGYPTEN für Globetrotter
404 Seiten, viele Abb. und Karten.
Reisebuchverlag die TONDOKs, München.
ISBN 3-921 838-07-x DM 28,80

Erika Därr
MAROKKO
468 Seiten, viele Karten und Abb., 16 Farbseiten.
Därr Reisebuch-VerlagsgmbH, Hohenthann.
ISBN 3-921 497-80-9 DM 32,80

P. Rump, F.P. Herbst
LAPPLAND-Handbuch
384 Seiten, über 100 Abb. und Karten, 31 in Farbe.
Peter-Rump-Verlag, Bielefeld.
ISBN 3-922 376-10-x DM 26,80

Peter Meyer, Barbara Rausch
JUGOSLAWIEN-Reisehandbuch
528 Seiten, 140 Abb., 50 Karten, Tab. und Register.
Peter Meyer Reisebuchverlag, 5429 Katzenelnbogen.
ISBN 3-922 057-16-0 DM 29,80

Edgar P. Hoff, Marita Korst
TÜRKEI-Handbuch
560 Seiten, 97 Karten, 80 Fotos.
Edgar Hoff Verlag, 6649 Rappweiler.
ISBN 3-923 715-02-8 DM 29,80

Edgar P. Hoff
AUSTRALIEN
In Vorbereitung, ca. 500 Seiten, zahlreiche Karten und Abb.
Edgar Hoff Verlag, 6649 Rappweiler.
DM 28,80

Peter Rump
BALI & LOMBOK mit Java
416 Seiten, über 100 Abb. (31 in Farbe).
Peter-Rump-Verlag, Bielefeld.
ISBN 3-922 376-06-1 DM 28,80

Gunda Urban
KOMODO, Sumbawa & West-Flores
ca. 280 Seiten, viele Karten und Fotos, 32 in Farbe.
Peter-Rump-Verlag, Bielefeld.
ISBN 3-922 376-60-6 DM 28,80

Eberhard und Klaudia Homann
SARAWAK-Handbuch
200 Seiten, viele Abb. und Karten.
Peter-Rump-Verlag, Bielefeld.
ISBN 3-922 376-90-8 DM 24,80

Peter Rump (Hrsg.)
SÜDOST-ASIEN Reisehandbuch
ca. 600 Seiten, über 100 Karten und Abb.
Peter-Rump-Verlag, Bielefeld.
ISBN 3-922 376-01-0 ca. DM 30

Sachbücher

Peter Meyer, Barbara Rausch
INDIEN/NEPAL
648 Seiten, 160 Abb., 135 Karten & Tab., Orts- & Kartenregister.
mandala verlag, Barbara Rausch, 6330 Wetzlar
ISBN 3-922 057-12-8 DM 34,80

Barbara Rausch, Peter Meyer
SRI LANKA und die Malediven
336 Seiten, 70 Abb., 30 Karten & Tab., Orts- und Kartenregister.
mandala verlag, Barbara Rausch, 6330 Wetzlar
ISBN 3-922 057-14-4 DM 24,80

Brigitte Blume
BIRMA – BURMA
280 Seiten, viele Abb., Pläne und Farbfotos.
Verlag Brigitte Blume, München.
ISBN 3-980 0464-2-7 DM 26,80

Peter Meyer
KORSIKA
ca. 400 Seiten, viele Karten und Abb.
Peter Meyer Reisebuchverlag, 5429 Katzenelnbogen.
ISBN 3-922 057-18-7 ca. DM 29,80

Lutterjohann/Homann
MALAYSIA/SINGAPUR-Handbuch
ca. 300 Seiten, viele Karten, Abb. und Fotos.
Peter-Rump-Verlag, Bielefeld.
ISBN 3-922 376-31-2 DM 28,80

Rainer Krack
THAILAND-Handbuch
ca. 300 Seiten, viele Karten, Abb. und Fotos.
Peter-Rump-Verlag, Bielefeld.
ISBN 3-922 376-27-4 DM 28,80

Heribert Seul
WELTFÜHRER für Reisen mit dem Rucksack
in Vorbereitung, ca. 300 Seiten.
Weltführer-Verlag, Berlin.
ISBN 3-980 0088-0-4 DM 19,80

Anne Wodtcke
WESTAFRIKA-Reisehandbuch
1. Aufl. Herbst '88, ca. 560 Seiten, Därr Reisebuch-VerlagsgmbH, Hohenthann.
ISBN 3-921 497-02-7 DM 36,80

Barbara Rausch
TUNESIEN
ca. 400 Seiten, zahlreiche Karten und Abb., Ende 1988.
mandala verlag, Barbara Rausch, 6330 Wetzlar ca. DM 29,80

Hans-R. Grundmann
MALLORCA
über 300 Seiten, 40 Karten, zahlreiche Zeichnungen, Tabellen und Fotos, 170 detaillierte Unterkunftsempfehlungen in 51 Ferienorten.
Verlag Dr. H.R. Grundmann, 2930 Varel 1.
ISBN 3-9800151-1-4 DM 24,80

Marita Korst, Edgar P. Hoff
ZYPERN-HANDBUCH
ca. 250 Seiten, 40 Karten und Pläne, 80 Fotos
Edgar-Hoff-Verlag, Rappweiler
ISBN 3-923 715-04-4 DM 24,80

Individuelles Reisen e.V. (Hrsg.)
REISE KNOW HOW
Handbuch für Selbstreiser
320 Seiten, viele Fotos und Abbildungen.
Individuelles Reisen e.V., München.
ISBN 3-925 796-00-2 DM 24,80

Sigrid & Wil Tondok
IM VW-BUS UM DIE ERDE
262 Seiten, viele Abb..
Reisebuchverlag die TONDOKs, München
ISBN 3-921 838-06-1 DM 24,80

Klaus Därr
TRANSSAHARA
Afrika-Führer Band 1
320 Seiten, viele Karten und Abb.
Därr Reisebuch-VerlagsgmbH, Hohenthann.
ISBN 3-921 497-01-9 DM 29,80

TCS/Klaus und Erika Därr
DURCH AFRIKA
Afrika-Führer Band 2
560 Seiten, viele Karten und Pläne.
Därr Reisebuch-VerlagsgmbH, Hohenthann.
ISBN 3-921 497-11-6 DM 49,80

Thomas Troßmann
MOTORRADREISEN
336 Seiten, 80 Fotos, 25 Farbfotos.
Därr Reisebuch-VerlagsgmbH, Hohenthann.
ISBN 3-921 497-20-5 DM 29,80

Helmut Hermann

DIE WELT IM SUCHER

Handbuch für perfekte Reisefotos
286 Seiten, 50 Farb- und
70 s/w-Fotos
Reisebuchverlag H. Hermann,
Markgröningen
ISBN 3-980 0975-2-8 DM 24,80

David Werner

WO ES KEINEN ARZT GIBT

328 Seiten, über 200 erläuternde Abb.
Peter-Rump-Verlag, Bielefeld.
ISBN 3-922 376-35-5 DM 26,80

A. Truelove, T. Pentes

REISEN MIT KINDERN IN INDONESIEN

ca. 224 Seiten, viele Abb. und Fotos.
Peter-Rump-Verlag, Bielefeld.
ISBN 3-922 376-95-9 DM 26,80

Christian Adler

ACHTUNG TOURISTEN

ca. 120 Seiten, 50 Fotos und Abb.
Peter-Rump-Verlag, Bielefeld.
ISBN 3-922 376-32-0 DM 16,80

Karsten/Micus/Remmel

FAHRRADREISEN

480 Seiten, viele Fotos, Zeichn.
Peter-Meyer Reisebuchverlag,
5429 Katzenelnbogen.
ISBN 3-922 057-51-9 DM 29,80

Max Rauner

ALS GASTSCHÜLER IN DIE/DEN USA

ca. 250 Seiten, zahlreiche Karten, Fotos und Illustrationen, mit Adressenanhang.
Verlag Dr. H.R. Grundmann,
2930 Varel.
ISBN 3-9800151-2-2 DM 19,80

In Vorbereitung Reise Know-How-Stadtführer

Das erste Buch dieser Sub-Reihe erscheint im Frühjahr 1989:

Die TONDOKs

KAIRO, Luxor & Assuan

Frühjahr 1989
Reisebuchverlag die TONDOKs,
München
ISBN 3-921 838-08-8

Sprachbücher

Reise Know-How/Sprachbücher sind Sammelausgaben (Sampler) von mehreren „Kauderwelsch"-Sprechführern. Sie bieten demjenigen, der mehrere Sprachregionen besucht, auf einfachste Art und Weise die Möglichkeit, sich mit Einheimischen in deren Sprache zu unterhalten. Die jeweiligen Einzelbände sind in der Reihe „Kauderwelsch-Sprechführer für Globetrotter" erschienen.

Sprachbuch AFRIKA

Kauderwelsch-Sampler 1
Enthält: Arabisch, Französisch, Kisuaheli
320 S., Taschenformat
Peter-Rump-Verlag, Bielefeld.
ISBN 3-922 376-13-4 DM 24,80

Sprachbuch SÜDOST-ASIEN

Kauderwelsch-Sampler 2
Enthält: Indonesisch, Tagalog, Thai
320 S., Taschenformat.
Peter-Rump-Verlag, Bielefeld.
ISBN 3-922 376-33-9 DM 24,80

Sprachbuch LATEIN-AMERIKA

Kauderwelsch-Sampler 3
Enthält: Spanisch, Brasilianisch, Quechua-Minisprachführer
224 S., Taschenformat.
Peter-Rump-Verlag, Bielefeld.
ISBN 3-922 376-18-5 DM 24,80

Sprachbuch SKANDINAVIEN

Kauderwelsch-Sampler 4
Enthält: Schwedisch, Norwegisch, Finnisch
336 S., Taschenformat.
Peter-Rump-Verlag, Bielefeld.
ISBN 3-922 376-59-2 DM 24,80

Sprachbuch CHINA

Kauderwelsch-Sampler 5
Enthält: Hochchinesisch (Mandarin), Kantonesisch, Tibetisch
336 S., Taschenformat.
Peter-Rump-Verlag, Bielefeld.
ISBN 3-922 376-68-1 DM 24,80

Sprachbuch HIMALAYA

Kauderwelsch-Sampler 6
Enthält: Tibetisch, Nepali, Hindi
304 S., Taschenformat.
Peter-Rump-Verlag, Bielefeld.
ISBN 3-922 376-23-1 DM 24,80

Reise Story

Bringt Reise-Erlebnisse für nachdenkliche Reisegenießer. Statt trokkener Fakten persönliche Empfindungen, Reflektionen, gemachte Erfahrungen in andersartigen Kulturbereichen. Vermischt mit wichtigen Sachinformationen eine wertvolle Hilfe bei der Reiseplanung und ein Lesevergnügen für jeden Fernwehgeplagten.

Helmut Hermann

TRAUMSTRASSE PANAMERIKANA

254 Seiten, über 70 Farb- und s/w-Fotos, Karten.
Reisebuchverlag H. Hermann,
Markgröningen.
ISBN 3-980 0975-3-6 DM 24,00

Joachim Nölte

UM-WELT-REISE

242 Seiten, 16 Farb- u. s/w-Fotos, Karten.
ISBN 3-980 0975-4-4 DM 22,80

Jörg Lohmann

AMERIKA VON UNTEN

224 Seiten, über 80 Zeichnungen, Karten.
Reisebuchverlag H. Hermann,
Markgröningen
ISBN 3-980 0975-4-4 DM 22,80

REISE KNOW-HOW ®

Unter dem Gütesiegel REISE KNOW-HOW erscheinen Reisebücher, Reise-Sachbücher, Reise-Stories und Sprachführer verschiedener Verlage, die der Verlegergemeinschaft „INDIVIDUELLES REISEN" e.V. angehören. Bevor ein Buch unter diesem Markenzeichen erscheinen darf, wird es von einem Expertengremium geprüft.

Verlegergemeinschaft
„INDIVIDUELLES REISEN" e.V.
Schönblick 10
8201 Hohenthann

KAIRO
Luxor
Assuan

Wenn Sie in den lebendigen Orient eintauchen wollen, wenn Sie Geschichten von Tausend-und-einer-Nacht nachspüren wollen, wenn Sie die ältesten und immer noch größten Steinbauwerke der Menschheit bestaunen oder mit freundlichen, herzlichen Menschen in Kontakt kommen wollen - dann fliegen Sie für ein paar erlebnisreiche, unvergeßliche Tage nach Kairo. Und wenn Sie schon am Nil sind, dann bietet sich eine Stipvisite im geschichtsträchtigen Luxor/Theben ebenso an wie ein Abstecher ins eher geruhsame, aber freundliche Assuan.

Überall wird Ihnen dieser Städte-Führer ein zuverlässiger Ratgeber sein, wenn es um Hotels, Restaurants, Besichtigungs-Programme oder den Transport von A nach B geht. Aber nicht nur praktische Probleme wird er lösen helfen, er wird Ihnen die wichtigen Sehenswürdigkeiten ohne große Umschweife erklären: Sie sollen nicht einen Haufen alter Steine vorfinden, sondern die Bauwerke sollen vor ihrem historischen Hintergrund lebendig werden.

Doch das alles genügt uns nicht. In diesem Buch können Sie in Mußestunden viel über die Menschen Ägyptens, über ihre täglichen Sorgen und über ihre Vergangenheit lesen. Wir wollen Zusammenhänge und Hintergründe aufzeigen, damit Sie ein bißchen hinter die vordergründigen Zäune und Mauern - und Ansichten - schauen können.

260 Seiten, viele S/W- und Farbfotos, Karten und Pläne, DM 22,80
ISBN3-921838-08-8

Reisebuchverlag die TONDOKs, Nadistr. 12, 8000 München 40